L'impact de l'OHADA sur le droit des sociétés commerciales en République démocratique du Congo

Collection « Études africaines »

dirigée par Denis Pryen et son équipe

Forte de plus de mille titres publiés à ce jour, la collection « Études africaines » fait peau neuve. Elle présentera toujours les essais généraux qui ont fait son succès, mais se déclinera désormais également par séries thématiques : droit, économie, politique, sociologie, etc.

Dernières parutions

KIYINDOU Alain, ANATE Kouméalo, CAPO-CHICHI Alain (Dir.), *Quand l'Afrique réinvente la téléphonie mobile*, 2015

FAME NDONGO (Jacques), *Essai sur la sémiotique d'une civilisation en mutation. Le génie africain est de retour*, 2015.

TCHAKOTEU MESSABIEM (Liliane), *Droit OHADA - Droit français. La protection des créanciers dans les procédures collectives d'apurement du passif*, 2015.

AMBOULOU (Hygin Didace), *Le Droit des entreprises en difficulté dans l'espace OHADA*, 2015.

AMBOULOU (Hygin Didace), *Le Droit de l'arbitrage et des institutions de médiation dans l'espace OHADA*, 2015.

BASSÈNE (René Capain), *Casamance. Récit d'un conflit oublié (1982-2014)*, 2015.

DOSSI (Faloukou), *L'universalisation de la démocratie, Vers la théorie habermassienne de la démocratie*, 2015.

NDOMBET (Wilson-André, dir.), *Processus électoraux et immobilisme politique au Gabon (1990-2009)*, 2015.

ANGOULA (Jean-Claude), *L'Église et l'État au Sénégal, Acteurs de développement ?*, 2015.

MOUCKAGA (Hugues), OWAYE (Jean-François) WANYAKA (Virginie), *Démocratie et/ou démocrature en Afrique Noire ?*, 2015.

Ces dix derniers titres de la collection sont classés
par ordre chronologique en commençant par le plus récent.
La liste complète des parutions, avec une courte présentation
du contenu des ouvrages, peut être consultée
sur le site www.harmattan.fr

Justin MONSENEPWO MWAKWAYE,
Junior BANZA KASEYA, Fabrice NSHINGU KAZADI
et Monique NDAYA MUTOMBO

L'impact de l'OHADA sur le droit des sociétés commerciales en République démocratique du Congo

Avant-propos de Jean-Michel KUMBU KI NGIMBI, LL. M.

Préface de Christoph TEICHMANN

L'Harmattan

Des mêmes auteurs

Justin Monsenepwo Mwakwaye, *Harmonisation du Droit Congolais avec le droit OHADA des transports*, Paris, Éditions universitaires européennes, 2012.

Justin Monsenepwo Mwakwaye, *Responsabilité pénal des dirigeants sociaux en droit congolais et OHADA des sociétés – Étude du droit pénal issu de l'OHADA, de ses ombres et de ses lumières*, Paris, Éditions universitaires européennes, 2011.

Fabrice Nshingu Kazadi, *Le Salarié actionnaire en droits Congolais, OHADA et Français : Analyse critique et comparative*, Paris, Éditions universitaires européennes, 2013.

Monique Ndaya Mutombo, *Le Droit congolais des contrats le contrat électronique, Tome 1, La formation du contrat*, Paris, 2013.

5-7, rue de l'Ecole-Polytechnique, 75005 Paris

http://www.harmattan.fr
diffusion.harmattan@wanadoo.fr

ISBN : 978-2-343-05008-9
EAN : 9782343050089

AVANT-PROPOS

L'Organisation pour l'Harmonisation en Afrique du Droit des Affaires (OHADA) constitue un modèle d'intégration juridique et institutionnel unique dont les règles uniformes se substituent aux législations nationales internes. De là à conclure qu'il n'y a plus de place pour toutes les règles de droit national qui ont le même objet que les dispositions des Actes uniformes, il n'y a qu'un pas que d'aucuns pourraient très vite franchir. Cependant, cette uniformisation législative de l'OHADA s'appuie sur les droits nationaux qui complètent utilement la réglementation communautaire, tel que l'indiquent les décisions de la Cour commune de justice et d'arbitrage de l'OHADA. Ainsi, cette marge laissée aux règles nationales conduit à une bipolarisation du droit des affaires applicable en République Démocratique du Congo, avec d'une part les Actes uniformes, et d'autre part les dispositions de droit interne qui, n'étant ni strictement contraires ni strictement identiques au droit de l'OHADA, complètent utilement celui-ci.

Les rapports complexes décrits *supra* entre l'ordre juridique congolais antérieur et le droit de l'OHADA dans le domaine du droit des sociétés n'étaient jusqu'ici que très peu mis en lumière. C'est dire tout l'intérêt du présent ouvrage pionnier qui pose les jalons d'une étude sur la nouvelle articulation complexe du droit des sociétés applicable en République Démocratique du Congo. Il apporte l'éclairage nécessaire à l'application du droit uniforme en précisant succinctement son incidence sur la réglementation nationale des sociétés.

Avec une rare clarté, cette étude reprend les textes du droit positif congolais des sociétés impactées par l'adhésion de la République Démocratique du Congo à l'OHADA et par l'entrée en vigueur du droit communautaire. En outre, elle confronte la réglementation congolaise en matière de droit des sociétés avec les règles de l'Acte uniforme relatif au droit des sociétés commerciales et du groupement d'intérêt économique en vue de déterminer les dispositions de droit congolais des sociétés abrogées, celles modifiées et celles maintenues.

Servi dans une langue excellente, c'est un ouvrage dont la lecture est à recommander à tout professionnel du droit des affaires et à toute entreprise devant mettre en harmonie ses statuts avec le droit de l'OHADA.

Dr. iur. KUMBU Ki NGIMBI, LL.M. (Hambourg)
Professeur Ordinaire et Avocat
Expert en gouvernance/PNUD
Kinshasa / R.D. CONGO

PRÉFACE

Le droit des sociétés constitue la charnière de l'ordre juridique de toute économie moderne. Par conséquent, l'élaboration des règles communes en droit des sociétés est une étape importante pour la construction d'un espace économique transnational. Cette étape a été franchie par les Etats membres de l'Organisation pour l'Harmonisation en Afrique du Droit des Affaires (OHADA).

Ainsi fait florès sur le continent africain une œuvre à laquelle travaille aujourd'hui encore l'Union Européenne. En effet, alors que l'OHADA est parvenue à élaborer des règles uniformes pour toutes les formes de sociétés, le droit européen des sociétés demeure encore à ce jour fragmentaire.

Partant, les informations contenues dans le présent ouvrage sont aussi d'un grand intérêt pour les juristes en Europe. Ce livre analyse le processus de transformation auquel le droit des sociétés en République Démocratique du Congo a été soumis après l'adhésion de ce pays à l'OHADA. D'une part y sont présentées les règles générales de l'Acte uniforme relatif au droit des sociétés commerciales et du groupement d'intérêt économique. D'autre part, il y est mis en évidence les changements particuliers intervenus en droit des sociétés après l'entrée en vigueur du droit de l'OHADA en République Démocratique du Congo. Cette étude fournit donc de précieux éléments non seulement sur l'état actuel du droit des sociétés en République Démocratique du Congo, mais aussi sur les règles d'intégration d'un espace économique transnational.

Prof. Dr. Christoph Teichmann
Professeur de droit civil, de droit commercial et de droit des sociétés
Julius-Maximilians-Universität Würzburg

Das Gesellschaftsrecht ist das Herzstück für die rechtliche Ordnung einer modernen Wirtschaft. Für die Bildung eines transnationalen Wirtschaftsraums ist daher die Schaffung gemeinsamer Regeln im Gesellschaftsrecht ein wichtiger Schritt. Dieser Schritt ist den Staaten der *OHADA* gelungen.

Damit ist auf dem afrikanischen Kontinent ein Werk gelungen, an dem die Europäische Union heute noch arbeitet. Während die *OHADA* ein Einheitsgesetz für alle Gesellschaftsformen geschaffen hat, ist das Europäische Gesellschaftsrecht immer noch Stückwerk.

Das vorliegende Werk verspricht daher auch dem Juristen in Europa wertvolle Erkenntnisse. Es analysiert den Transformationsprozess, dem sich das Gesellschaftsrecht der Demokratischen Republik Kongo nach dem Beitritt zur *OHADA* unterzogen hat.

Dabei werden einerseits die allgemeinen Regelungen des *Acte uniforme relatif au droit des sociétés commerciales et du groupement d'intérêt économique* vorgestellt, andererseits die besonderen Veränderungen hervorgehoben, die damit für das Gesellschaftsrecht der Demokratischen Republik Kongo verbunden waren.

Das Werk informiert nicht nur über den Status des Gesellschaftsrechts in der Demokratischen Republik Kongo, sondern erlaubt auch wichtige Erkenntnisse über das Zusammenwachsen eines transnationalen Wirtschaftsraumes.

Prof. Dr. Christoph Teichmann
Lehrstuhl für Bürgerliches Recht,
Deutsches und Europäisches Handels- und Gesellschaftsrecht
Julius-Maximilians-Universität Würzburg

ABRÉVIATIONS

Aff. : Affaire.

al. : Alinéa.

Arr. Arrêt.

Art. : Article.

AU : Acte uniforme.

AUA : Acte uniforme relatif au droit de l'arbitrage.

AUCTMR : Acte uniforme relatif aux contrats de transport de marchandises par route.

AUDCE : Acte uniforme sur la comptabilité des entreprises.

AUDCG : Acte uniforme sur le droit commercial général.

AUPSRVE : Acte uniforme portant organisation des procédures simplifiées de recouvrement et des voies d'exécution.

AUS : Acte uniforme portant organisation des sûretés.

AUSCGIE : Acte uniforme relatif au droit des sociétés commerciales et du groupement d'intérêt économique.

AUPCAP : Acte uniforme sur les procédures collectives d'apurement du passif.

AUSCOOP : Acte uniforme relatif au droit des sociétés coopératives.

B.A. : Bulletin Administratif.

BB. : Betriebsberater.

BGB : Bürgerliches Gesetzbuch.

B.O. : Bulletin Officiel.

Cass. : Cour de Cassation.

C.C.J.A. : Cour commune de justice et d'arbitrage.

Chron. : Chronique.

Civ. : Chambre civile.

C.J.C.E. : Cour de justice des Communautés européennes.

C.J.U.E. : Cour de justice de l'Union Européenne.

CNO-RDC : Commission Nationale OHADA – République Démocratique du Congo.

Comm. : Chambre commerciale

Comp. : Comparez.

COOP-CA : Coopérative avec Conseil d'administration.
COPIREP : Comité de pilotage de la Réforme des Entreprises du Portefeuille de l'Etat.
Crim. : Chambre criminelle.
Déc. : Décembre.
DGRAD : Direction Générale des Recettes
Administratives.
Dr. : Droit.
F.C. : Franc Congolais.
GIE : Groupement d'intérêt économique.
GmbH : Gesellschaft mit beschränkter Haftung.
Juill. : Juillet.
J.O. : Journal Officiel.
J.O.R.D.C. : Journal Officiel de la République Démocratique du Congo.
M.C. : Moniteur Congolais.
Nov. : Novembre.
Nr. : Numéro.
Obs. Observation.
Oct. : Octobre.
Patrim. : Patrimoine.
P.D.G. : Président-Délégué Général.
PME : Petites et moyennes entreprises.
P.N.B./h. : Produit National Brut par habitant.
RDC : République Démocratique du Congo.
Rec. Recueil de jurisprudence.
Rep. Répertoire de jurisprudence.
RIDC : Revue internationale de droit comparé.
RTD civ. Revue trimestrielle de droit civil.
RTD com. Revue trimestrielle de droit commercial.
s. : Suivants.
SNC : Société en nom collectif.
SA : Société anonyme.
SAS : Société par actions simplifiées.
SASU : Société par actions simplifiées unipersonnelle.
SARL : Société à responsabilité limitée.
SCA : Société en commandite par actions.
SCOOPS : Société coopérative simplifiée.
SCRI : Société coopérative à responsabilité illimitée.
SCRL : Société coopérative à responsabilité limitée.

Soc. : Social.
Sté. Société.
SUP : Societas Unius Personae.
t. : Tome.
Trib. : Tribunal.
Trib. Corr. : Tribunal correctionnel.
T.G.I. : Tribunal de grande instance.
UNIDROIT : Institut international pour l'unification du droit privé.
v./voy. : voir/voyez.

INTRODUCTION

Le principal obstacle rencontré par les investisseurs étrangers justifiant leur manque d'intérêt pour les pays africains est bien rendu par la formule « pays à haut risque ». Cette expression cristallise à elle seule les faiblesses de l'administration, l'instabilité économique, les tumultes politiques, et l'insécurité juridique et judiciaire pour ceux qui pourraient prendre le risque d'investir dans certains Etats du continent africain[1].

En vue de relancer son économie longtemps effondrée [2] et d'améliorer son climat des affaires, la République Démocratique du Congo a adhéré à l'Organisation pour l'Harmonisation en Afrique du Droit des Affaires (OHADA) depuis le 11 février 2010 par l'ordonnance présidentielle n°10/002 du 11 février 2010 portant ratification du Traité relatif à l'Harmonisation du Droit des Affaires en Afrique[3]. Ce processus d'adhésion a atteint son point culminant le 13

---

[1] Voy. Doing Business, Doing Business 2015. Going Beyond Efficiency, 12ème éd., International Bank for Reconstruction and Development, The World Bank, Octobre 2014 ; comp. F. BOUJEDRA, *L'analyse du risque d'investissement dans les pays en développement : Etude empirique*, http://www.oecd.org/fr/tad/xcred/cre-crc-current-francais.pdf, consulté le 24.11.2014, p. 1.

[2] P. LUWASANGU a parlé d'une « malédiction » pour saisir l'effondrement de l'économie congolaise (P. LUWANSANGU, « *Bilan économique de la RDC. 2001-2005 ; est-ce la fin de la malédiction ?* », in Le potentiel, n°2965, 4 novembre 2003). Voy. aussi : TSHIUNZA Mbiye, « *Vers la fin du triangle de l'hyper-inflation, de l'hyper-dépréciation, de l'hyper-récession* », in Le potentiel, n°2965,4 Novembre 2003. Voy. aussi Gr. BAKANDEJA WA MPUNGU, REMICHE B. (sous la direction de), *D'une économie populaire à une économie fiscalisée*, INEADEC - Actes du colloque international de Kinshasa du 19 septembre 2008, 2010, p. 16. Comp. BUABUA WA KAYEMBE, *La fiscalisation de l'économie informelle au Zaïre*, P.U.Z, Kinshasa.1995, pp.11-12.

[3] Voy. R. MASAMBA, « *L'OHADA et le climat d'investissement des affaires en Afrique* », in Revue Penant, n. 855, avril-juin 2006, Paris, Editions Juris Africa, pp. 137-150 ; MBAYE Kéba, « *L'unification du droit des affaires en Afrique* », in

juillet 2012 lors du dépôt des instruments d'adhésion auprès du gouvernement de l'Etat dépositaire du Traité de Port Louis (voy. art. 52 du Traité OHADA[4]). C'est donc le 12 septembre 2012 que l'ordre juridique congolais changea de visage, avec un droit des affaires harmonisé, moderne, dynamique et sécurisant.

L'OHADA est une nouvelle illustration de la volonté de regroupement qui anime les Etats africains depuis la décolonisation et qui s'est, jusqu'à ces dernières années, manifestée à travers une multitude d'organisations d'intégration dont certaines sont à caractère politique (Union africaine) et d'autres à caractère économique (COMESA, CEDEAO, UEMOA, CEMAC, OAPI, UMA, CIMA, CIPRES, BCEAO, BEAC, NEPAD)[5].

Revue sénégalaise de Droit, n. 10, décembre 1971, p. 65 ; R. MASAMBA, « *Avantages comparatifs des actes uniformes de l'OHADA* », in Revue Penant, Paris, Editions Juris Africa, n° 869, p. 489 ; J. LOHOUES-OBLE, « *L'apparition d'un droit international des affaires en Afrique* », in Revue internationale de droit comparé, 3, 1999, p. 543 ; MBAYE Kéba, « *L'histoire et les objectifs de l'OHADA* », in Les Petites Affiches, n. 20, Spécial, 13 octobre 2004 ; A. DIOUF et BA Yahya, « *Vers une harmonisation-réconciliation économique et juridique* », in Marchés Tropicaux, juin 1993, p. 1193 ; M. ALLIOT, « *Problèmes de l'unification du droit africain* », in Journal of African Law, Vol. II, n. 2, 1967 ; Gr. BAKANDEJA wa Mpungu, *Le droit du commerce international. Les peurs justifiées de l'Afrique face à la mondialisation des marchés*, 2001 ; L. HOMMANN-LUDIYE et N. GERAULT, « *L'harmonisation du droit des affaires en Afrique. Présentation générale* », in Cahiers juridiques et fiscaux, C.F.C.E., 1998, n. 2, p. 261 ; J. ISSA-SAYEGH et R. DEGNI-SEGUI, « *Codification et uniformisation du droit* », in Encyclopédie juridique de l'Afrique, Tome 1 ; C. DJUITCHOKO Sietchoua, « *Les sources du droit de l'OHADA* », in Penant 2003, p. 174.

[4] « Le présent traité est soumis à la ratification des Etats signataires conformément à leurs procédures constitutionnelles ».
« Le présent traité entrera en vigueur soixante jours après la date du dépôt du septième instrument de ratification. Toutefois, si la date de dépôt du septième instrument de ratification est antérieure au cent quatre vingtième jour qui suit le jour de la signature du traité, le traité entrera en vigueur le 240ème jour suivant la date de sa signature ».
« A l'égard de tout Etat signataire déposant ultérieurement son instrument de ratification, le traité et les actes uniformes adoptés avant la ratification entreront en vigueur soixante jours après la date dudit dépôt ».

[5] Voy. BA Ibrahima, « *Observations sur l'Acte uniforme sur les sociétés commerciales et le groupement d'intérêt économique du Traité OHADA* », in EDJA, n° 35, octobre-décembre 1997, Mélanges africains, Organisations africaines, Etudes doctrinales, OHADA-UEMOA, p. 115 ; I. BABA, « *Harmonization of Business Laws in Africa – An insight into the laws, Issues, Problems and Prospects* », in Unified Business Laws for Africa, Common Law perspectives on Ohada, Londres, 2ème édition, 2012, p. 29 et s.

Soucieux de renforcer la sécurité juridique et judiciaire de sorte à garantir un climat de confiance concourant à faire de l'Afrique un pôle de développement, 16 Etats Africains ont signé le 17 octobre 1993 à Port-Louis (Île Maurice) le traité instituant l'Organisation pour l'Harmonisation en Afrique du Droit des Affaires (OHADA)[6]. Le traité OHADA fut signé à Port-Louis (Île Maurice) le 17 octobre 1993. Il est entré en vigueur depuis le 18 septembre 1995, à la suite du dépôt auprès des autorités sénégalaises du septième instrument de ratification par le Niger le 5 juin 1995. Le 17 octobre 2008, les Chefs de Gouvernement et des Etats parties de l'OHADA ont signé au Québec (Canada) un Traité modifiant celui de Port Louis. Parmi les innovations majeures apportées par le Traité de Québec figurent le raffermissement du dispositif institutionnel de l'OHADA, l'augmentation du nombre de langues de travail de l'OHADA, le renforcement des effectifs de la Cour Commune de Justice et d'Arbitrage ainsi que l'amélioration du système d'arbitrage CCJA.

Cette organisation vise à remédier à l'insécurité juridique et judiciaire existant dans les États Parties, en mettant à la disposition des opérateurs économiques des règles communes, simples, modernes et adaptées[7].

---

[6] Voy. L. BEN Kemoun, « *L'OHADA, le temps et le diable, réflexions sur le Traité de Québec* », in Ohadata, p. 1 ; A. NZAOU, « *L'OHADA, un nouveau visage avec le Traité de Québec de 2008* », in Ohadata, Ecole doctorale de l'Université de Limoges, 09/12/2011, pp. 1 et s.; A. HARISSOU, « *Nouveau Traité OHADA : forces et faiblesses* », in Ohadata, Acte de l'Atelier d'information sur le Traité OHADA révisé, Conseil Supérieur du Notariat, Paris, 13 janvier 2009, in Revue de Droit Uniforme Africain n° 00 / 1er trimestre 2010, pp. 1 et s.; G. KENFACK Douajni, « *Les innovations du Traité OHADA révisé* », Acte de l'atelier d'Information sur le Traité OHADA révisé, Conseil supérieur du notariat, Paris, 13 janvier 2009, in Revue de Droit Uniforme Africain n° 000 - 09/08/2010, pp. 1 et s. ; Cl. FEVILIYE-DAWEY, « *La révision du traité de l'OHADA* », in Revue Congolaise de Droit et des Affaires, n° 1 – Oct.-Déc. 2009, p. 35.

[7] B. MARTOR et al., *Le droit uniforme africain issu de l'OHADA*, Paris, éd. Jurisclasseur, 2004, pp. 1-3 ; MBAYE Keba, « *L'unification du droit en Afrique* », in Revue sénégalaise de droit n°10, Décembre 1971, p. 65 et s. ; J. LOHOUES-OBLE, « *L'apparition du droit international des affaires en Afrique* », in Revue international du droit comparé Nr. 3, 1999, p. 543 ; KEBA Mbaye, « *L'histoire et les objectifs de l'OHADA* », in Les Petites Affiches, n° 20, Spécial, 13 octobre 2004 ; R. MASAMBA Makela, *Modalités d'adhésion de la RDC au Traité de l'OHADA*, Volume I, Numéro spécial, Kinshasa, Rapport final de Copirep, 2005 ; J. ISSA Sayegh et J. LOHOUES-OBLE, *Harmonisation du droit des affaires*, éd. Bruxelles, Bruylant, 2002, p. 44.

L'OHADA, qui compte actuellement 17 Etats membres (Bénin, Burkina Faso, Cameroun, Centrafrique, Comores, Congo, Côte d'Ivoire, Gabon, Guinée Conakry, Guinée Bissau, Guinée Equatoriale, Mali, Niger, Sénégal, Tchad, Togo, et depuis peu la République Démocratique du Congo), organise l'unification[8] du droit des affaires et le règlement des litiges par une juridiction supranationale ainsi que la promotion de l'arbitrage[9], afin de favoriser le développement harmonieux de tous les Etats parties[10]. Cette unification passe par l'adoption des Actes uniformes. Aux termes de l'article 5 du Traité de l'OHADA, les Actes uniformes sont définis comme « les actes pris pour l'adoption des règles communes ». BITSAMANA[11] en donne la définition suivante : « Ensemble des dispositions légales qui réglementent un domaine déterminé du droit économique OHADA, lesquelles s'appliquent dans tous les pays africains signataires du traité de l'OHADA. Autrement dit, l'Acte uniforme est une loi harmonisée.

[8] Même si l'expression « harmonisation » est utilisée dans sa dénomination, l'OHADA vise une unification _ et non une harmonisation _ du droit des affaires en Afrique. Sur ces notions d'uniformisation, d'harmonisation ainsi que d'unification, voy. P. G. POUGOUE, *Présentation générale et procédure OHADA*, P.U.A., Coll. Droit uniforme, p. 11. Selon cet auteur, « dans l'harmonisation, on cherche à coordonner des systèmes juridiques différents ou à respecter la sensibilité essentielle de la législation donnée. Il s'agit de réduire les différences pour atteindre des objectifs communautaires… L'uniformisation, par contre, ou l'unification, est plus radicale. Elle aboutit, dans une matière juridique donnée, à une réglementation unique, identique en tout point de vue pour les Etats concernés. Il n'y a pas de place, en principe, pour des différences. » Voy. aussi S. CHATILLON, *Le droit des affaires international*, Paris, édition Vuibert (gestion internationale), 2005, p. 32 ; KEBA Mbaye, « *L'unification du droit en Afrique* », in Revue sénégalaise de droit n° 10, 1971, p. 65 s.; A. DIOUF, BA Yahyah, « *Vers une harmonisation-réconciliation économique et juridique* », in Marchés tropicaux, juin 1993, p. 1193 ; M. ALLIOT, « *Towards the unification of laws in Africa* », in Int. Comp. L.Q. 14, 1965, p. 366 ; C. BAASCH Andersen, « *Defining uniformity in law* », in Revue de droit uniforme (UNIDROIT), 2007-1, Vol. XI, p. 5.

[9] L. VANDERSTRAETE, *L'impact de la future adhésion de la République démocratique du Congo à l'OHADA*, LLM Paper, Ghent, Ghent University Law School, Faculté de Droit, LLM in European and comparative Law, 2007, pp. 7 et s., inédit ; D. NDOYE, « *Le traité relatif à l'harmonisation en Afrique du droit des affaires, la constitution sénégalaise et les principes du droit processuel* », in EDJA n° 22, p. 2.

[10] Les articles 1er et 2 du Traité en témoignent largement. Il faut noter, cependant, que le champ juridique à uniformiser est buté à certaines limites (voy. à ce sujet J. ISSA-SAYEGH et J. LOHOUES Oble, *Harmonisation du droit des affaires*, Bruxelles, Ed. Bruylant, 2002, pp. 116-123).

[11] H. A. BITSAMANA, *Dictionnaire de droit OHADA*, p. 11.

[Il] est adopté par le conseil des ministres de l'OHADA ». Les matières ci-après font l'objet d'Actes uniformes : droit commercial général [12], sociétés commerciales et GIE [13], sûretés [14], procédures simplifiées de recouvrement et voies d'exécution, procédures collectives, arbitrage, comptabilité, ainsi que transport de marchandises par route. D'autres projets sont en cours, notamment le droit des contrats ainsi que le droit du travail, avec le concours d'une expertise tant africaine qu'internationale[15].

Dotée de la personnalité juridique internationale, cette organisation comprend cinq institutions : la Conférence des Chefs d'Etat et de Gouvernement, le Conseil des ministres (organe législatif votant les actes uniformes à l'unanimité), la Cour commune de justice et d'arbitrage (organe judiciaire veillant à l'interprétation et réglant le contentieux de l'application du Traité) qui intervient comme cour suprême supranationale autant que comme structure d'appui à l'arbitrage, le Secrétariat permanent (organe exécutif, qui assiste le Conseil des ministres et est en charge de la gestion de l'organisation) et l'Ecole Régionale Supérieure de la Magistrature.

Du point de vue de ses effets sur l'ordre juridique des Etats membres, il est consacré dans le Traité de l'OHADA (art. 10) non seulement la primauté du droit communautaire sur le droit national, mais aussi la substitution du droit communautaire au droit national. A ce sujet, il a été jugé que les Actes uniformes étant obligatoires et

---

[12] Adopté le 15 décembre 2010 à Lomé, l'Acte uniforme révisé sur le droit commercial général est entré en vigueur le 16 Mai 2011. Voy. M. BEHIRA Ehi, « *Le nouveau droit des opérations commerciales : les contrats commerciaux* », Communication au 1er colloque national de l'Association ivoirienne Henri Capitant (Abidjan, 2 avril 2001) sur « Le nouvel environnement juridique des entreprises dans la zone franc. Quel bilan ? », Actes du colloque, p. 84.

[13] Portée par un projet de plus de deux ans, la réforme de l'Acte uniforme du 17 avril 1997 sur le droit des sociétés commerciales et du groupement d'intérêt économique a finalement abouti à Ouagadougou le 30 janvier 2014 à l'adoption d'un Acte uniforme révisé.

[14] Le nouvel Acte uniforme portant organisation des sûretés a été adopté le 15 décembre 2010 à Lomé. Il est entré en vigueur le 16 mai 2011. Voy. M. BRIZOUA Bi, « *L'attractivité du nouveau droit OHADA des hypothèques* », in Droit et Patrimoine, n° 197, p. 86 ; M. BRIZOUA Bi, « *Le nouveau visage des sûretés personnelles dans l'espace OHADA* », in Droit et Patrimoine, n° 197, p. 60.

[15] Voy. M. FONTAINE, « *L'avant-projet d'Acte uniforme OHADA sur le droit des contrats : vue d'ensemble* », in Revue de droit uniforme, UNIDROIT, 2008, n°1/2, p. 203. Voy. aussi : Avant-projet d'Acte uniforme relatif au Droit du Travail, Douala final 4 - 24/11/2006.

d'application immédiate, il n'est pas possible, tacitement ou explicitement, d'y renoncer au profit d'une norme de droit interne[16].

Suite à l'entrée en vigueur du Traité et des Actes uniformes, le droit congolais des affaires en général ainsi que le droit congolais des sociétés commerciales en particulier ont connu des modifications substantielles[17].

Aussi convient-il d'examiner les questions suivantes :

- Dans quelle mesure le droit congolais des sociétés s'interpénètre-t-il avec le « droit communautaire des sociétés »[18] issu de l'OHADA de la même matière ?

---

[16] «(...) Les parties aux actes de cautionnement en cause ne pouvaient légalement décider de renoncer à un Acte Uniforme pour se mettre sous l'empire du décret N° 95-637 du 29 août 1995 régissant les activités des exportateurs de café et de cacao et de la convention de contrats de vente de café et de cacao en date du 24 avril 1996 ; qu'en motivant ainsi sa décision, la Cour d'Appel d'Abidjan a violé le texte et l'esprit de l' article 10 du Traité relatif à l'harmonisation du droit des affaires en Afrique ; que les Actes Uniformes du Traité OHADA étant obligatoires et d'application immédiate, il n'est pas possible, tacitement ou explicitement, d'en écarter l'application au profit d'une norme de droit interne. » CCJA, Arrêt n° 018/2003 du 19 octobre 2003, Aff. Société AFROCOM C/ Caisse de Stabilisation et de Soutien des Prix des Productions Agricoles dite CSSPPA, JURIDATA N° J018-10/2003.

[17] Comp. P. DIEDHOU, « *L'article 10 du Traité de l'OHADA : quelle portée abrogatoire et supranationale* », in Revue de droit uniforme (UNIDROIT), Vol XII, 2007, p. 265 ; J. ISSA-SAYEGH, « *La portée abrogatoire des actes uniformes de l'OHADA sur le droit interne des Etats-Parties* », in Revue Burkinabè de Droit, n. 3940, n. spécial (2001), p. 57.

[18] Cette expression est elle-même sujet à controverse. En droit européen, elle est utilisée par certains auteurs pour laisser supposer de sa réalité dans tous les domaines qu'elle recouvre (not. L. DUBOIS, « *Droits nationaux, droit communautaire : influences croisées. Introduction* », in Actes du colloque organisé par le CERIC de l'Université d'Aix-Marseille III, La doc.fr., 2000, pp. 7 et s.; C. GALVADA, G. PARLEANI, *Droit des affaires de l'Union européenne*, 2ème éd., Litec, 1998, p. 135, § 244 ; C. HAGUENAU, *L'application effective du droit communautaire en droit interne. Analyse comparative des problèmes rencontrés en droit français, anglais et allemand*, thèse, Bruylant/éd., Univ. Brux., 1995, p. 7 ; J. B. BLAISE et alii, *Droit européen des affaires*, t. II, 5ème éd., PUF, 1984, p. 661). D'autres auteurs par contre émettent plus de réserves par rapport à son effectivité, considérant que l'expression « droit européen des sociétés » est excessive (L. et P. JULIEN-SAINT-AMAND, « *Droit des sociétés et construction du marché européen* », in Le droit des sociétés et l'Europe, Dr. & Patrim., n. 54, 1997, p. 46 ; Y. GUYON, « *La coordination communautaire du droit des sociétés* », in Rev. trim. dr. europ., n. 2, 1990, p. 243, 252. Sur ce sujet voy. aussi : L.-D. MUKA Tshibende, « *Voies comparées africaine et européenne d'unification du régime juridique de la*

- Quel a été l'impact du droit OHADA sur le droit congolais des sociétés d'avant l'entrée en vigueur de l'AUSCGIE[19] ?
- Dans quelle mesure peut être déterminé l'agrégat des dispositions de droit congolais des sociétés ayant survécu à l'entrée en vigueur de l'AUSCGIE ?

Pour rencontrer ces interrogations, il est de bon aloi de combiner l'article 10 du Traité de l'OHADA avec les articles 2[20] et 919-1[21] de l'AUSCGIE.

Afin de délimiter le champ matériel d'application des Actes uniformes, il faut partir de l'article 10 du Traité de l'OHADA qui dispose :

> « Les Actes uniformes sont directement applicables et obligatoires dans les Etats parties nonobstant toute disposition contraire de droit interne, antérieure ou postérieure ».

Cette disposition se rapproche de l'art. 6 du Traité de l'UEMOA qui dispose (au sujet de la force juridique et de la portée des actes communautaires) :

> « [Les actes communautaires] sont applicables dans chaque Etat membre, nonobstant toute législation nationale contraire, antérieure ou postérieure ».

---

société anonyme », Penant n° 856, p. 294 ; Chr. TEICHMANN, *Binnenmarktkonformes Gesellschaftsrecht*, De Gruyter, Berlin, 2006).

[19] Sur une étude comparable en droit gabonais, voy. F. JOHNSON K. A., « *Réflexion sur le maintien de l'obligation de transformation des sociétés à responsabilité en société anonyme au regard du code des participations du Gabon après l'entrée en vigueur de l'Acte uniforme relatif au droit des sociétés commerciales et du GIE* », in Flash n° 4 de la Revue des experts associés, n°5 - novembre 2005.

[20] « Les statuts de la société commerciale et du groupement d'intérêt économique ne peuvent déroger aux dispositions du présent acte uniforme sauf dans le cas où celui-ci autorise expressément l'associé unique ou les associés, soit à substituer des clauses statutaires aux dispositions du présent Acte uniforme, soit à compléter par des clauses statutaires les dispositions du présent Acte uniforme.
Est réputée non écrite toute clause statutaire contraire à une disposition du présent Acte uniforme.».

[21] « Est abrogé, sous réserve de son application transitoire pendant une période de deux ans à compter de la date d'entrée en vigueur du présent Acte uniforme, aux sociétés n'ayant pas procédé à la mise en harmonie de leurs statuts avec les dispositions du présent Acte uniforme, l'Acte uniforme du 17 avril 1997 relatif au droit des sociétés commerciales et du groupement d'intérêt économique ».

Le premier réflexe serait d'interpréter l'art. 10 du Traité de l'OHADA comme consacrant l'interdiction, pour tout Etat partie, d'adopter une disposition de droit interne s'opposant au principe d'une application directe et immédiatement obligatoire des Actes uniformes. Cette interprétation est d'autant plus justifiée que c'est la seule, dans le Traité, susceptible de consacrer le principe de la supranationalité[22].

Le corollaire de cette interprétation est que les Actes uniformes sont directement applicables et obligatoires en droit interne sans passer par le truchement d'un quelconque instrument juridique national tel que la publication des Actes uniformes au journal officiel national ou un décret d'application ou une ratification par le parlement. Il s'ensuit que les Actes uniformes deviennent obligatoires nonobstant toutes dispositions contraires de droit interne.

La seconde interprétation consisterait à dire que les Actes uniformes abrogent le droit interne en ses dispositions contraires, antérieures ou postérieures, l'abrogation étant ici comprise comme la suppression de la loi lui faisant perdre son caractère obligatoire pour l'avenir[23].

Cette dernière interprétation apparaît d'autant plus autorisée qu'elle est confirmée par les dispositions abrogatoires des Actes uniformes qui contiennent presque toutes la formule selon laquelle toutes les dispositions de droit interne qui leur sont contraires sont abrogées.

A supposer que cette seconde interprétation soit retenue (seule ou complétée par celle qui précède), il surgit une autre difficulté d'interprétation. Faut-il comprendre cette abrogation comme concernant tout texte ayant le même objet général que l'Acte uniforme (envisagé par son titre général : sûretés, sociétés commerciales, procédures collectives… ou, au demeurant par l'intitulé d'un chapitre ou

---

[22] Concernant le rapport de l'art. 10 du Traité OHADA à des dispositions de droit international, la CCJA a arrêté que les dispositions de l'article 10 du Traité qui énonce l'application directe et le caractère obligatoire des Actes uniformes ne sont pas applicables lorsqu'il s'agit de deux normes internationales. « (...) Mais attendu que cette disposition n'est pas applicable lorsqu'il s'agit de deux normes internationales, comme dans le cas d'espèce ; le Code CIMA ayant été institué par un Traité entré en vigueur le 15 janvier 1995 ; qu'il échet donc de rejeter cette deuxième branche. » CCJA, Arrêt n° 040/2013 du 16 mai 2013, Aff. Jean Samvi de SOUZA contre GTA- C2A IARDT, JURIDATA N° J040-05/2013.

[23] H. A. BITSAMANA, *op. cit.*, p. 6 : « En adoptant les textes du droit harmonisé dits 'Actes Uniformes', les pays signataires du traité de Port-Louis dénommés 'Etats parties' abrogent les textes antérieurs contraires. Ils opèrent ainsi un 'toilettage' complet de leur dispositif de droit des affaires ».

d'une section...) ou simplement telles ou telles dispositions précises d'un texte national (antérieur ou postérieur) contraires à celles des Actes uniformes ayant le même objet bien délimité ?

La première méthode reviendrait à dire, par exemple, que désormais, sans aucune distinction entre elles, toutes les dispositions antérieures ou à venir du droit commercial interne (antérieure ou postérieure) sont abrogées ou interdites sans qu'il soit nécessaire de se demander si ces textes antérieurs contiennent ou non des dispositions précises contraires à celles des Actes uniformes.

La seconde méthode consisterait à ne considérer comme abrogées (ou interdites pour l'avenir) que les seules dispositions nationales contraires à des dispositions précises des Actes uniformes ayant le même objet.

Dans son avis du 30 avril 2001 sur demande de la République de Côte d'Ivoire concernant l'effet abrogatoire des AU sur le droit interne[24], la CCJA a consacré l'interprétation selon laquelle seules les dispositions de droit interne identiques et/ou contraires sont abrogées au cas par cas :

> « L'effet abrogatoire de l'art. 10 concerne l'abrogation de (...) toutes les dispositions de droit interne ayant le même objet que celles des actes uniformes, qu'elles soient contraires ou identiques.
>
> Selon le cas d'espèce, la disposition peut désigner un article d'un texte, un alinéa de cet article ou une phrase de cet article »[25].

Cet avis fait écho à la conclusion de la CJCE dans l'arrêt *Factortame* en droit européen :

> « (...) serait incompatible avec les exigences inhérentes à la nature même du droit communautaire toute disposition d'un ordre juridique national ou toute pratique, législative, administrative ou judiciaire, qui aurait pour effet de diminuer l'efficacité du droit communautaire... »[26].

---

[24] Voir annexe III.

[25] Comp. CCJA, avis n. 002/99/EP du 13 octobre 1999, Juriscope.org, Ohada.com/ohadata J-02-02, sur demande de la République du Mali en date du 22 mai 1999 ; CA Port-Gentil, 9 décembre 1999, Société Kossi, Penant 2001, p. 345, Ohada.com/Ohadata J-02-33 ; CA Douala, 15 mai 2000, Société Soccia, Revue camerounaise de droit des affaires, janvier-février 2001, n. 12, note G. KENFACK Douajni). Voy. B. BOUMAKANI, « *Le juge interne et le droit OHADA* », in Penant 2002, p. 146 et s.

[26] Arrêt Factortame, affaire C-213/89 de la CJCE du 19 juin 1990, Rec. P. I-2433. Voy. aussi arrêt Vand Gend en Loos, Affaire 26/62 du 5 février 1963, Rec. P. 3 : « (il s'agit) d'un ordre juridique de droit international, au profit duquel les Etats ont

De ce fait, les dispositions de tous les textes législatifs ou réglementaires de droit interne antérieurs ou postérieurs sont abrogées du fait de l'art. 10 du Traité de l'OHADA du moment qu'elles sont soit contraires à un Acte uniforme « dans le fond, la forme ou l'esprit », soit strictement identiques (et donc inutiles). Ainsi, les spécificités et traditions d'affaires nationales peuvent être maintenues, du moment qu'il n'y a aucune interférence avec le droit OHADA[27].

Dans l'AUSCGIE, la question de l'abrogation du droit interne en matière de sociétés commerciales et de GIE est résolue d'une façon un peu plus complexe et indirecte par les articles 1 et 919 d'une part, et 916 d'autre part[28].

Les alinéas 1 et 2 de l'article 1 AUSCGIE disposent, de façon large, que toute société commerciale (ou tout GIE) ayant son siège social dans un des Etats parties au Traité de l'OHADA est soumise aux dispositions de cet Acte uniforme. L'alinéa 3 de l'art. 1 AUSCGIE dispose que, outre les dispositions de l'AUSCGIE, les sociétés commerciales et les GIE restent soumis aux lois non contraires à cet acte qui sont applicables dans l'Etat partie de leur siège social.

Cela revient à dire que les SNC, les SCS, les SARL, les SA, les SAS, les sociétés en participation, les sociétés de fait (sous réserve qu'elles aient un objet commercial pour ces deux dernières catégories) et les GIE peuvent être régis par une combinaison de règles, les unes provenant de l'Acte uniforme, les autres des lois nationales dont les dispositions ne seraient pas contraires à celles de l'Acte uniforme.

L'art. 919 al. 1 AUSCGIE dispose que toutes dispositions légales contraires aux dispositions de l'AUSCGIE sont abrogées. Ce texte a le même objet abrogatoire que l'art. 1 al. 3 AUSCGIE [29]; cependant cette

---

limité, bien que dans des domaines restreints, leurs droits souverains, et dont les sujets sont non seulement les Etats membres, mais également leurs ressortissants ». Comp. CJCE, affaire 28/67 ; Firma Molkerei, 3 avril 1968, Rec. p. 211, selon laquelle « les dispositions communautaires pénètrent dans l'ordre juridique interne sans le secours d'aucune mesure nationale ».

[27] J. ISSA-SAYEGH, P.G. POUGOUE, F. M. AWADOGO, *OHADA, Traité et Actes uniformes commentés et annotés*, Mayenne, Juriscope, 2014, art. 10, pp. 36, 37.

[28] Voy. J. ISSA-SAYEGH, *« Présentation des formalités de constitution des sociétés commerciales »*, in Ohadata, pp. 1 et s.

[29] Comp. N'Djamena, 1ère ch. civ. et com., arrêt civil n. 459/2000 ; CCJA n. 001/2001/EP du 30 avril 2001, points 1, 2, 3, 4a, 4b et 4c, Ohada.com/Ohadata J-02-04. Dans le sens contraire : CA Cotonou, arrêt n. 174/99 du 30 septembre 1999,

disposition a une formulation différente concernant les dispositions légales contraires audit acte. Cette différence de rédaction entre ces deux textes ayant le même objet jette le trouble dans l'esprit de l'interprète dans la mesure où les mots « lois » et « dispositions » peuvent être interprétés différemment.

Quant à l'art. 916 al. 1 AUSCGIE, il dispose que l'AUSCGIE « *n'abroge pas les dispositions auxquelles sont assujetties les sociétés soumises à un régime particulier.* » En visant les sociétés soumises à un régime particulier, les rédacteurs de ce texte n'ont certainement pas voulu faire double emploi avec l'article 1 AUSCGIE.

L'article 916 al. 1 vise les sociétés à régime particulier et concerne toutes les sociétés qui, par le passé, étaient considérées comme étant soumises à un régime particulier (ou un statut spécial), c'est-à-dire à un ensemble de règles plus ou moins vaste et complet dont certaines sont celles du droit commun et d'autres (une plus ou moins grande partie) dérogeant au droit commun pour tenir compte des spécificités de ces personnes morales (présence d'une personne morale de droit public ; finalités économiques et sociales particulières…) telles que : les SA à participation ouvrière, les sociétés à capital variable, les sociétés d'assurance, de banque et de crédit, de bourse, les mutuelles, les coopératives, les sociétés d'investissement, les sociétés de capital-risque, les sociétés nationales ou d'Etat, les sociétés d'économie mixte.

Bien que les dispositions abrogatoires de l'AUSCGIE semblent s'écarter dans leur rédaction du libellé de l'art. 10 du Traité de l'OHADA, la CCJA a précisé dans son avis du 30 avril 2001 :

> « (…) les dispositions abrogatoires contenues dans les Actes uniformes sont conformes à l'Art. 10 du Traité OHADA »[30].

Par conséquent, le régime juridique de l'art. 10 du Traité OHADA est élargi à toutes les dispositions abrogatoires des Actes uniformes,

---

Affaire Sté Jos Hansen et Soehne, Sté Match Trading Limited c/ M. Francois Dossou, Juriscope.org. J. ISSA-SAYEGH, P.G. POUGOUE, F. M. AWADOGO, *op. cit.*, art. 919 AUSCGIE, p. 656.

[30] Comp. N'Djamena, 1ère ch. civ. et com., arrêt civil n. 459/2000 ; CCJA n. 001/2001/EP du 30 avril 2001, points 1, 2, 3, 4a, 4b et 4c, Ohada.com/Ohadata J-02-04. Dans le sens contraire : CA Cotonou, arrêt n. 174/99 du 30 septembre 1999, Affaire Sté Jos Hansen et Soehne, Sté Match Trading Limited c/ M. Francois Dossou, Juriscope.org. J. ISSA-SAYEGH, P.G. POUGOUE, F. M. AWADOGO, *op. cit.*, art. 919 AUSCGIE, p. 656.

afin de garantir une cohérence d'interprétation et d'application dans tous les Etats Membres.

De ce qui précède, il appert que le droit congolais des sociétés se compose *stricto sensu*[31] de trois paliers de textes :

- Les règles de l'Acte uniforme relatif au droit des sociétés commerciales et du groupement d'intérêt économique, c'est-à-dire les règles générales sur la société commerciale (théorie générale des sociétés commerciales) et celles prévues particulièrement pour les seules formes de sociétés commerciales reconnues (SNC, SCS, SARL, SA, société en participation) et pour le GIE (article 1, alinéas 1 et 2 AUSCGIE) ;
- Les règles de l'Acte uniforme relatif au droit des sociétés coopératives ;
- Les dispositions de droit interne qui, bien que pouvant avoir le même objet, ne sont pas strictement identiques à l'AUSCGIE ou à l'ASCOOP et qui viennent le compléter.

Ainsi, au-delà d'une simple comparaison entre les dispositions de l'AUSCGIE et leurs correspondances en droit interne congolais avant l'entrée en vigueur du droit OHADA en République Démocratique du Congo, nous tenterons de déterminer les dispositions de droit interne congolais ayant survécu à l'entrée en vigueur de l'AUSCGIE et celles abrogées du fait de l'effet de l'art. 10 du Traité OHADA et de la jurisprudence de la CCJA y relative. Pour des raisons uniquement de commodité, les expressions « droit congolais » ou « législation congolaise » seront employées dans la suite pour désigner le droit interne congolais avant l'entrée en vigueur du droit OHADA en République Démocratique du Congo.

Il sera d'abord question de l'étude des règles communes à toutes les sociétés commerciales (partie I) et des innovations majeures apportées par l'Acte uniforme relatif au droit des sociétés commerciales et du groupement d'intérêt économique (partie II).

[31] *Lato sensu*, certaines dispositions de l'AUDCG, l'AUDCE, et de l'AUPSRVE sont aussi applicables au droit des sociétés.

PREMIÈRE PARTIE

DES FORMES CLASSIQUES DES SOCIETES COMMERCIALES

La présente partie portera sur la comparaison entre les deux droits au niveau de la constitution (chapitre I), du fonctionnement (chapitre II) et de la dissolution (chapitre III) des sociétés de forme classique.

CHAPITRE I.

LA CONSTITUTION DES SOCIETES COMMERCIALES EN DROIT CONGOLAIS ET EN DROIT OHADA

1. La société voit le jour à l'issue de multiples étapes destinées à la rendre viable. A l'issue de ce « voyage », elle sera dotée d'une personnalité juridique et bénéficiera de tous les attributs y attachés, à savoir le droit à un patrimoine propre, un siège social, une dénomination, etc. Dans ce chapitre, il sera question de retracer les différentes étapes à travers lesquelles les futurs associés devront passer pour arriver à « engendrer » un nouvel être constituant une individualité juridique distincte de la leur.

2. Cependant, il importe d'énumérer au préalable les différentes formes de sociétés organisées par ces deux législations. Le droit congolais reconnaissait comme sociétés commerciales en raison de leur forme et quel que soit leur objet :

- la société en nom collectif (SNC) ;
- la société en commandite simple (SCS) ;
- la société privée à responsabilité limitée (SPRL) ;
- la société par actions à responsabilité limitée (SARL) ;
- la société coopérative (SC)[32].

En droit OHADA, sont commerciales à raison de leur forme et quel que soit leur objet, les sociétés en nom collectif, les sociétés en commandite simple, les sociétés à responsabilité limitée, les sociétés anonymes et les sociétés par actions simplifiées[33]. Ainsi, Toutes personnes, quelle que soit leur nationalité, désirant exercer en société, une

[32] Article 1er al. 2 du décret du 27 février 1887.

[33] Article 6 alinéa 2 de l'AUSCGIE ; voy. BA Ibrahima, op. cit., p. 115 ; Cour d'appel de Douala, arrêt n. 198 du 27 juillet 2005, AF c/ AD, Le Juris-Ohada, n. 2/2006, p. 48, Ohada.com/Ohadata J-07-05, Juriscope.org. Les personnes morales mentionnées à l'article 6 AUSCGIE doivent toujours indiquer leur forme juridique.

activité commerciale sur le territoire de l'un des États parties, doivent choisir l'une des formes de société qui convient à l'activité envisagée, parmi celles prévues par le présent Acte uniforme. Elles peuvent aussi choisir de s'associer, dans les conditions prévues par l'Acte uniforme, en groupement d'intérêt économique (art. 3 AUSCGIE).

Notons par ailleurs que la société en commandite par actions n'a pas été reprise parmi les formes de sociétés prévues à l'article 6 al. 2 AUSCGIE. Ce type de société existe en France, en Suisse et en Belgique, notamment.

3. Précisons déjà ici que mise à part une différence dans l'appellation, la société privée à responsabilité limitée et la société par actions à responsabilité limitée en droit congolais peuvent être rapprochées respectivement en droit OHADA à la société à responsabilité limitée et à la société anonyme, quant aux dispositions qui les régissent. De plus, la société coopérative n'est pas reprise par l'AUSCGIE, objet de notre étude, et est plutôt réglementée par un Acte uniforme particulier adopté le 15 décembre 2010 à Cotonou au Bénin[34].

Il convient d'aborder d'une part, les conditions de constitution communes à toutes les sociétés commerciales (section 1) et d'autre part, les conditions de constitution qui leur sont propres (section 2).

SECTION 1. CONDITIONS COMMUNES A TOUTES LES SOCIETES

Dans les lignes qui suivent seront abordées les conditions de constitution communes à toutes les sociétés commerciales : celles résultant du droit commun, et celles résultant du droit des sociétés en particulier.

§1. Conditions résultant du droit commun

4. En tant que contrat, la société est soumise en droit congolais au respect des conditions de validité de tout contrat[35]. Ces conditions de droit commun sont édictées en droit congolais à l'article 8 du Décret du 30 juillet 1888 :

[34] Voir J.-M. KUMBU ki NGIMBI, *Législation en matière économique. Manuel d'enseignement*, 3ème édition, Kinshasa, Galimage, 2013, pp. 179-181.
[35] Comp. H. A. BITSAMANA, *op. cit.*, pp. 195, 196.

« Quatre conditions sont essentielles pour la validité d'une convention :
- le consentement de la partie qui s'oblige ;
- sa capacité de contracter ;
- un objet certain qui forme la matière de l'engagement ;
- une cause licite dans l'obligation ».

Le consentement doit être réel, non vicié ; la capacité requise peut être civile ou commerciale selon le type de société ; l'objet doit être réel et licite, et la cause licite et morale.

I. Le consentement

5. Le consentement en matière contractuelle a deux acceptions : premièrement, il s'agit de la manifestation de volonté de chacune des parties, l'acquiescement qu'elle donne aux conditions du contrat projeté. C'est sous ce prisme que le mot « consentement » est employé quand il est fait mention d'un « échange des consentements ». Etymologiquement, le mot consentement (*cum sentire*) désigne deuxièmement le concours de deux volontés, à savoir celle du débiteur qui s'oblige, et celle du créancier envers lequel il s'oblige. Selon une thèse d'inspiration germanique, le contrat n'est rien d'autre qu'une simple juxtaposition de deux déclarations unilatérales de volonté, qui sont chacune par elles-mêmes obligatoires[36]. En effet, selon cette thèse, « ce qui apparait essentiel, ce n'est plus la rencontre et l'échange de volontés, c'est chacune des volontés exercées isolément. Car chacune d'elles a son effet propre, et chacune d'elles suffit à lier son auteur »[37].

Les partenaires à un contrat de société doivent tous avoir cette volonté. Le consentement doit par conséquent exister et être intègre. Il doit être sincère, c'est-à-dire non simulé ; ainsi, les règles de droit commun sanctionnant la simulation sont applicables aussi bien à

---

[36] F. TERRE, P. SIMLER, Y. LEQUETTE, *Droit civil les obligations*, Paris, Dalloz, 10ème édition, 2009,p. 110, nr. 91.

[37] WORMS, De *la volonté unilatérale considérée comme source d'obligations*, thèse Paris, 1891, p. 93. Au sujet des rapports entre cette thèse et celle défendue par l'auteur autrichien Siegel, auteur de la première expression scientifique de la théorie de l'engagement unilatéral, voy. A. RIEG, *Le rôle de la volonté dans l'acte juridique en droit civil français et allemand*, thèse Strasbourg, éd. 1961, n. 430 et s p. 430. Comp. C. GRIMALDI, *Quasi-engagement et engagement en droit privé*, thèse Paris II, éd. 2007 ; M. A. FRISON-ROCHE, « *Remarques sur la distinction de la volonté et du consentement en droit des contrats* », RTD civ. 1995, p. 573, RJ com. Nov. 1995, p. 151 et s.

propos de l'acte secret que de l'acte apparent ; en plus la faculté est offerte aux tiers et spécialement au fisc, d'opter pour l'acte apparent ou pour l'acte secret selon leur intérêt. La société ne doit pas être fictive ou de façade.

6. Le droit OHADA ne règle pas la question du consentement ni celle de la cause. De ce fait, il faut donc se référer aux lois nationales des Etats parties au Traité de l'OHADA[38]. Ainsi donc, nonobstant l'entrée en vigueur en République Démocratique du Congo de l'AUSCGIE, le respect des conditions de l'article 8 précité est toujours exigé de ceux qui voudront conclure un contrat de société[39].

II. La capacité et l'objet

7. Les règles de capacité sont celles de droit interne. Les associés peuvent être des personnes physiques ou morales. Des SA ou des SARL peuvent donc constituer une SNC. Les droits des personnes morales seront exercés par l'intermédiaire de leurs représentants, personnes physiques.

8. L'article 7 (du titre 2) de l'AUSCGIE réglemente l'aptitude à être associé d'une société. Il dispose que « toute personne physique ou morale peut être associée dans une société commerciale lorsqu'elle ne fait l'objet d'aucune interdiction, incapacité ou incompatibilité visée notamment par l'AU portant sur le droit commercial général » (voy. articles 6 à 12 de l'Acte uniforme portant droit commercial général)[40].

9. A côté de cette capacité générale, il peut être exigé une capacité spéciale. Celle-ci est déterminée par le type de société et la qualité de l'associé. Ainsi, tous les associés tenus solidairement et personnellement des dettes sociales doivent avoir la capacité commerciale (par exemple les associés en nom collectif)[41]. Par contre, les autres asso-

---

[38] Comp. H. A. BITSAMANA, *op. cit.*, pp. 195, 196.

[39] Voy. J. ISSA-SAYEGH, « *Présentation des formalités de constitution des sociétés commerciales* », *op. cit.*, p. 1.

[40] Comp. J-M. KUMBU Ki NGIMBI, *Législation en matière économique*, op. cit., pp. 18 et s. ; G. SAKATA Moke Tawab, *Droit commercial congolais, jurisprudence, commerçants, actes de commerce, registre de commerce, capacité, fonds de commerce, concurrence déloyale, faillite*, Kinshasa, Presse Université de Kinshasa, 2012.

[41] Voy. l'article 7 (du titre 2) de l'AUSCGIE et les articles 6 à 12 de l'Acte uniforme portant droit commercial général. Notons en droit comparé que la qualité de fonctionnaire est incompatible avec celle de commerçant. « (...) Attendu que les fonctionnaires consacrent l'intégralité de leur activité professionnelle aux tâches qui leur sont confiées, qu'ils ne peuvent exercer à titre professionnel une activité privée

ciés (commanditaires, actionnaires ou associés en SARL) sont *a priori* non commerçants et tombent sous le simple régime du droit civil.

10. Par ailleurs, certaines personnes ne peuvent être associées d'une société dans laquelle elles seraient tenues des dettes sociales au-delà de leurs apports. Ainsi en est-il du mineur non émancipé et des majeurs incapables (article 8 AUSCGIE) et dans une certaine mesure d'une personne mariée (article 9 AUSCGIE). Pour ce qui est des personnes mariées, la loi ne visait autrefois que la femme mariée ; celle-ci avait en effet quelques problèmes pour participer à une société dont les membres étaient des commerçants. Cela expliquait qu'en droit commercial, la société entre époux[42] qui conférerait à ces derniers une égalité de droit, restait discutable. « De manière traditionnelle, la jurisprudence majoritaire estimait que les sociétés entre époux étaient susceptibles de porter atteinte à trois principes fondamentaux du Code civil : l'autorité maritale, le principe de l'immutabilité des régimes matrimoniaux, ainsi que l'interdiction de déroger au régime légal des successions par le moyen des libéralités clandestines entre époux »[43]. L'article 9 de l'Acte uniforme sur le droit des sociétés consacre le principe de la validité des sociétés entre époux. Cependant, ce principe est accompagné d'une limite. En effet, des époux ne peuvent être associés d'une société dans laquelle ils seraient tenus des dettes sociales indéfiniment ou solidairement. Ils ne peuvent donc pas être associés en nom collectif ni associés commandités. Cette limitation doit s'analyser sous le prisme de l'article 7 de l'Acte uniforme sur le droit commercial général aux termes duquel le conjoint du commerçant n'a

---

lucrative de quelque nature que ce soit ; attendu que pour dire que le refus de renouvellement du bail n'était pas justifié, l'arrêt retient qu'il n'est pas démontré que l'activité salariée de Mme A..., agent d'entretien à temps partiel à la Mairie de Beziers, était incompatible avec l'exploitation du commerce de Valras Plage, rien ne s'opposant en outre à ce que le fonds soit exploité par un parent mandataire ; qu'en statuant ainsi, alors que la qualité de fonctionnaire est incompatible avec celle de commerçant, la cour d'appel a violé les textes susvisés. » Cass. 3ème Civ., Arr. n° 200 du 16 février 2011, Pourvoi n° 09-71.158.

[42] KLUWER, *Lexique des sociétés commerciales. SA, SPRL, SCRL, SCRI, SCA*, Waterloo, Wolters Kluwers Belgium, 2007, p. 65.

[43] P. G. POUGOUE, Fr. ANOUKAHA, J. NGUEBOU TOUKAM, « *Sociétés commerciales et GIE* », in Programme de formation en ligne avec le soutien du fonds francophone des inforoutes, p. 15. Comp. R. ADILO, « *Les sociétés entre époux : survivance du principe de la prohibition dans la réforme de l'OHADA* », in Penant 846, pp. 380 et s.; J. NGUEBOU TOUKAM, « *Les sociétés créées de fait entre époux de droit camerounais* », in Revue Penant 1989, Aout-Septembre, n. 801, p. 461.

la qualité de commerçant que s'il accomplit les actes visés aux articles 3 et 4 ci-dessus, à titre de profession et séparément de ceux de l'autre conjoint.

11. L'article 4 alinéa 1 de l'AUSCGIE, de même que l'article 1832 du Code civil français, précise que l'objet de la société est la mise en commun de quelque chose, des biens, en vue de se partager le bénéfice ou de profiter de l'économie qui pourra en résulter[44]. Cependant, il y a lieu d'y ajouter une autre acception plus concrète, à savoir le genre d'activité que cette dernière se propose d'exercer. La société est créée pour une exploitation déterminée. Celle-ci constitue l'objet qui doit être mentionné avec une relative précision dans les statuts[45]. La formulation de l'objet dans les statuts doit être la plus précise possible. En effet, un objet trop vague est à éviter. En outre, il doit être licite et moral (article 20 AUSCGIE) *:* il ne doit pas s'agir d'une activité interdite, ou limitativement réglementée. Ainsi, l'objet doit être limité et précisé dans la mesure du possible. Il doit en outre être possible, c'est-à-dire susceptible d'être réalisé[46].

12. L'objet de la société est un élément *sine qua non* dans la détermination de la nature commerciale ou civile d'une société (critère objectif). Dans ce sens, l'article 6 alinéa 1 AUSCGIE dispose que le caractère commercial d'une société est déterminé par sa forme ou son objet. La commercialité par l'objet veut dire que la société accomplit de actes de commerce et en fait sa profession habituelle (art. 2 et 3 de l'AUDCG). Par contre, sont commerciales à raison de leur forme et quel que soit leur objet, les sociétés en nom collectif, les sociétés en commandite simple, les sociétés à responsabilité limitée, les sociétés anonymes et les sociétés par actions simplifiées. Ces différentes formes de sociétés sont commerciales, indépendamment de la nature de leur objet. Elles doivent en outre toujours indiquer leur forme juridique[47].

---

[44] Comp. KLUWER, *op. cit.*, p. 649.

[45] J. ISSA-SAYEGH, « *Présentation des formalités de constitution des sociétés commerciales* », *op. cit.*, p. 4.

[46] P. G. POUGOUE, Fr. ANOUKAHA, J. NGUEBOU TOUKAM, *op. cit.*, p. 15.

[47] Voy. par exemple en matière de saisie : Cour d'appel de Daloa, arrêt n. 198 du 27 juillet 2005, AF c/ AD, Le Juris-Ohada, n. 2/2006, p. 48, Ohada.com/Ohadata J-07-05, Juriscope.org.

§2. Conditions propres au contrat de société

Nous distinguerons les conditions de fond de celles de forme.

I. Conditions de fond

13. De la définition du contrat des sociétés peuvent être ressorties trois conditions de fond propres au contrat de société. Il s'agit de :

- La mise en commun des apports ;
- La vocation de tous les associés au partage des bénéfices réalisés en commun (cet avantage ayant pour contrepartie la contribution aux pertes) ; et
- L'*affectio societatis* ou le *jus fraternitatis*.

A. La mise en commun des apports

14. Chaque associé est tenu de faire un apport[48]. Cette exigence est impérative et la société est annulable en cas d'apport fictif ou d'absence d'apport. Les apports sont des biens ou valeurs que chaque associé met en société et en contrepartie desquels des parts sociales ou des actions lui sont remises ou attribuées[49].

15. Les apports sont un élément de la définition de la société (art. 1832 Code civil français ; § 705 BGB ; art. 4 AUSCGIE)[50]. Chaque associé peut apporter à la société : (i) de l'argent, par apport en numéraire ; (ii) des droits portant sur des biens en nature, mobiliers ou immobiliers, corporels ou incorporels, par apport en nature ; (iii) des connaissances techniques ou professionnelles ou des services, par apport en industrie. Tout autre apport est interdit (art. 40 AUSCGIE).

Il en résulte donc qu'il existe trois types d'apport :

➢ *L'apport en numéraire*[51] : il consiste à apporter à la société une somme d'argent qui est versée soit en une seule fois lors de la constitution de la société, soit en plusieurs fois selon les vœux des associés. Sauf disposition contraire de l'AUSCGIE, les apports en numéraire sont libérés intégralement lors de la constitution de la société. Ne sont considérés comme libérés que les apports en numéraire correspondant à des sommes dont la société est devenue propriétaire et qu'elle a intégralement et définitivement encaissées. S'agissant du

---

48 KLUWER, *op. cit.*, p. 317.
49 Voy. Id., 2007, pp. 237 et s. G. CORNU, *Vocabulaire juridique*, Paris, Ed.PUF, 1987, p. 59.
50 H. A. BITSAMANA, *op. cit.*, p. 22.
51 KLUWER, *op. cit.*, 2007, p. 327.

type de société, la loi ou les statuts fixent alors librement le pourcentage du capital à libérer lors de la souscription[52]. Dans tous les cas, le débiteur de l'apport en numéraire est soumis à des modalités rigoureuses. Ainsi, en cas de retard dans la libération des apports, les sommes restant dues à la société portent de plein droit intérêt au taux légal à compter du jour où le versement devait être effectué[53]. Le tribunal peut attribuer à la société des dommages et intérêts complémentaires, destinés à réparer le dommage qu'elle a pu éprouver à la suite de ce retard. Il s'agit d'un régime plus sévère que celui de droit commun, car la bonne ou la mauvaise foi du débiteur de l'apport promis et non libéré n'est pas considérée. L'Acte uniforme prévoit que les apports en numéraire réalisés à l'occasion d'une augmentation de capital de la société peuvent être réalisés par compensation avec une créance certaine, liquide et exigible sur la société. Les statuts peuvent cependant interdire une telle transaction[54]. Il convient de souligner que cette règle très stricte ne concerne que l'augmentation du capital et non sa constitution.

Notons que l'apport en numéraire ne doit pas être confondu avec la pratique de l'avance en compte courant d'associé, qui n'est qu'une sorte de dépôt de l'associé au profit de la société[55]. Ce dépôt constitue un prêt à la société. Il peut être constitué par une renonciation de l'associé à exiger la mise en œuvre immédiate d'un droit (perception des rémunérations dues ou des dividendes). Ainsi, avec l'apport en numéraire, l'associé est débiteur de l'apport promis, alors que dans le cas de la pratique de l'avance en compte courant d'associé, l'associé agit comme un créancier de la société.

➢ *L'apport en nature*[56] : c'est l'apport de tout bien, meuble ou immeuble, corporel ou incorporel, réel ou personnel, susceptible d'une évaluation pécuniaire et pouvant être exploité commercialement[57]; en d'autres termes, il est réalisé par le transfert des droits réels ou personnels correspondants aux biens apportés et par la mise à la disposition effective de la société des biens sur lesquels portent ces droits (article

---

[52] J. ISSA-SAYEGH, « *Présentation des formalités de constitution des sociétés commerciales* », *op. cit.*, p. 4.
[53] Art. 43 AUSCGIE. Com. KLUWER, *op. cit.*, 2007, p. 419.
[54] P. G. POUGOUE, Fr. ANOUKAHA, J. NGUEBOU TOUKAM, *op. cit.*, p. 16.
[55] J. ISSA-SAYEGH, P.G. POUGOUE, F. M. AWADOGO, *op. cit.*, p. 400.
[56] KLUWER, *op. cit.*, p. 329.
[57] F. GUIRAMAND et A. HERAUD, *Droit des sociétés, des autres groupements et des entreprises en difficulté*, 9e édition, Paris, Ed. Dunod, 2002, p.13.

45 AUSCGIE). Cet apport peut être fait en pleine propriété ou en jouissance. L'apport en propriété transfère la propriété de la chose apportée à la société et produit le même effet qu'une vente ; dès lors, les risques de la chose sont transférés à la société. L'apport en jouissance comporte sous cette forme d'apport aussi bien l'apport de l'usufruit que l'apport de jouissance. Dans le premier cas, l'apporteur transfère à la société l'usufruit d'un bien dont il conserve la nue-propriété ; aux termes de l'article 47, il est garant envers la société comme un bailleur envers son preneur. Dans le second cas, l'apport consiste en une obligation de faire, c'est-à-dire fournir l'usage du bien apporté. Le bien promis doit être mis à la disposition de la société pour un temps déterminé (terme fixé par les parties). La société peut user librement de ce bien pendant le délai prévu, mais l'apporteur demeure le seul propriétaire. Il récupérera donc son bien à la dissolution de la société. Les apports en nature doivent être libérés intégralement lors de la constitution de la société (article 45 alinéa 2 AUSCGIE) ; son évaluation doit être faite par les associés dans les statuts et dans les cas prévus par l'acte uniforme (SARL : article 312 ; SA : article 400 AUSCGIE). Cette évaluation est contrôlée par un commissaire aux apports (article 49 AUSCGIE).

➢ *L'apport en industrie*[58] : les apports en industrie sont réalisés par la mise à disposition effective de la société de connaissances techniques ou professionnelles ou de services. Ils sont constitués en général par le travail ou l'activité que l'apporteur effectue ou promet d'effectuer, en raison de ses compétences techniques ou commerciales, ou encore des services qu'il rendra en faisant bénéficier la société de son crédit, de son savoir-faire ou même de son expérience.

16. La législation congolaise et celle de l'OHADA connaissent presque les mêmes types d'apport. Seulement des précisions méritent d'être apportées en ce qui concerne les apports en industrie en droit OHADA. En effet, la formulation originelle (celle datant d'avant la modification de l'AUSCGIE) de l'article 40 de l'AUSCGIE, complétant l'article 4 en ce qui concerne les différents types d'apport, limitait l'apport en industrie à l'apport de main d'œuvre[59]. Le mot industrie

---

[58] KLUWER, op. cit., p. 330.

[59] On pouvait ainsi lire : « (...) Toutefois, l'AUSCGIE précise bien que sous cette forme, seul l'apport de main d'œuvre est autorisé (art. 40). L'apporteur en industrie doit donc être un travailleur. Mais à la différence du salarié, l'apporteur en industrie n'est pas subordonné à ses coassociés, il ne reçoit pas de salaire, mais une part dans

était ainsi pris au sens étymologique du terme (du latin « *industria* »), c'est-à-dire d'un travail de direction exécuté en qualité d'associé. On pouvait également lire dans les commentaires de cet article : « S'agissant de l'apport en industrie, il faut véritablement qu'il y ait travail ; sont donc exclues les autres formes d'apport en industrie constituées simplement par le savoir-faire, le crédit commercial, la notoriété, etc. »[60].

Cependant, la nouvelle formulation de l'article 40 al. 1 Nr. 3 de l'AUSCGIE s'en départit et prévoit que les connaissances techniques ou professionnelles ou des services peuvent être apportées par un associé par apport en industrie. L'apport en industrie en termes de « main d'œuvre » (travail) n'est plus prévu par le texte et est donc interdit. De ce fait, les apports en termes de crédit[61] ne sont pas prévus en droit OHADA. La réalisation des apports en industrie se fait par la mise à disposition effective de la société desdites connaissances techniques ou professionnelles ou de services[62] (art. 50-1 al. 1 AUSCGIE).

17. L'apport en industrie ne peut être admis dans les sociétés anonymes[63] (art. 50-1 al. 2 AUSCGIE). En effet, les apports en industrie ne font pas partie du capital social[64]. Ils ne contribuent pas à la formation du capital social mais donnent lieu à l'attribution des titres sociaux ouvrant droit au vote et au partage des bénéfices ainsi que de l'actif net, à charge de contribuer aux pertes (art. 50-3 al. 3 AUSCGIE). Ils échappent donc à toute saisie des créanciers sociaux. Par conséquent, ils ne sont possibles que de la part d'associés qui

---

d'éventuels bénéfices au même titre que les autres associés » (H. A. BITSAMANA, *op. cit.*, p. 22).

[60] P.G. POUGOUE, J. NGUEBOU et F. ANOUKAHA, in Commentaire de l'Acte uniforme du 17 avril 1997 relatif au droit des sociétés commerciales et du groupement d'intérêt économique, p. 317 : « L'Acte uniforme précise que l'apport en industrie ne peut être qu'un apport de main d'œuvre. L'apporteur en industrie doit donc être un travailleur. Son apport consiste en un engagement de travailler pour la société ».

[61] « Le crédit commercial consiste dans la réputation favorable de solvabilité, probité, de sens des affaires dont jouit une personne » (E. TYAN, *Droit commercial*, T.1, p. 255). « Il représente la notoriété attachée au nom, à la réputation d'une personne dont la présence au sein de la société sera considérée comme une garantie de sérieux, de solvabilité, et rejaillira en terme de confiance dans l'esprit des tiers » (Jurisclasseur Sociétés, Vol.1, fasc. 10-20, « Théorie des apports : apports en industrie » par R. BESNARD GOUDET, numéro 27).

[62] Comp. KLUWER, *op. cit.*, p. 333.

[63] H. A. BITSAMANA, *op. cit.*, p. 22.

[64] KLUWER, *op. cit.*, pp. 333, 335, 401, 402.

répondent du passif social sur leurs biens personnels (singulièrement les sociétés de personnes)[65]. A défaut de précision dans l'acte de société, celui qui n'a apporté que son industrie doit être traité comme le plus petit apporteur en nature ou en numéraire.

18. En contrepartie des apports, l'apporteur reçoit des titres sociaux. Ceux-ci représentent les droits des associés (droits sur les bénéfices en cas de décision de leur distribution, droit sur les actifs nets de la société lors de leur répartition en cas de réduction de capital ou de dissolution de la société, droit de vote et de participation aux décisions collectives). Ils sont appelés actions dans les sociétés anonymes et parts sociales dans les autres sociétés. Ce sont des biens meubles ayant une valeur nominale déterminée [66] (article 56 AUSCGIE).

19. La somme des apports représente le capital social[67]. Celui-ci doit être indiqué dans les statuts (article 61 AUSCGIE).

La notion de capital social revêt deux aspects : un aspect comptable et un aspect juridique. Du point de vue comptable, le capital est une valeur inscrite au passif du bilan. C'est la dette de la société envers les apporteurs. Du point de vue juridique, le capital social se caractérise par sa fixité et son intangibilité. Cela signifie que le capital social est la valeur portée à l'actif du bilan, indiquant le montant au-dessous duquel les associés s'interdisent tout prélèvement à leur profit. Cela emporte à la fois la condamnation de la distribution de dividendes fictifs[68] et l'interdiction de la clause d'intérêt fixe au profit de chaque associé. Le capital social est donc un élément fixé par le contrat ou l'acte de société (article 67 AUSCGIE) et comme tel, il ne peut être modifié sans l'accord des contractants. Son montant est invariable tant que les associés n'ont pas décidé de le modifier. La modification peut être une augmentation ou une réduction. Les conditions de modifica-

[65] P. G. POUGOUE, Fr. ANOUKAHA, J. NGUEBOU TOUKAM, *op. cit.*, p. 17.

[66] Voy. KLUWER, *op. cit.*, pp. 53, 97 et s.

[67] Id., p. 401. Le capital social représente le montant des apports en capital fait par les associés, à la société et augmenté, le cas échéant, des incorporations de réserves de bénéfices ou de primes d'émissions (art. 62 AUSCGIE). Le capital social est différent du capital personnel qui (à la création de l'entreprise exploitée sous la forme individuelle) est égal à « la différence entre la valeur des éléments actifs et la valeur des éléments passifs que l'exploitant, à défaut de règle de droit, décide d'inscrire au bilan de son entreprise » H. A. BITSAMANA, *op. cit.*, p. 36.

[68] Voy. *infra*.

tion sont prévues par les articles 67 et suivants de l'Acte uniforme ; mais elles dépendent aussi du type de société dont il est question[69].

20. Par ailleurs, l'Acte uniforme offre la possibilité à certaines sociétés d'utiliser un capital variable, qui permet de faire varier le capital social très simplement dans les limites fixées dans les statuts[70]. Ce sont les sociétés dites « à capital variable » (art. 269-1 et ss. AUSCGIE). En effet, les statuts des sociétés anonymes ne faisant pas appel public à l'épargne et des sociétés par actions simplifiées peuvent prévoir que le capital social est très simplement susceptible soit d'augmentation par des versements successifs des associés ou d'admission d'associés nouveaux, soit de diminution par la reprise totale ou partielle des apports effectués (art. 269-1 AUSCGIE), dérogeant ainsi aux dispositions de l'AUSCGIE en organisant librement les modalités de souscription, de libération et de reprise des apports (art. 269-2-1 AUSCGIE).

L'utilisation d'un capital variable offre ainsi l'avantage de permettre de faire varier le montant du capital social, dans certaines limites, sans avoir à convoquer d'assemblée générale extraordinaire, ni à réaliser les formalités y liées (notamment les formalités de publicité et de dépôt au RCCM). Ne sont pas assujettis aux formalités de dépôt et de publication les actes constatant les augmentations ou les diminutions du capital social opérées dans les termes de l'article 269-1 de l'Acte uniforme mentionné ci-dessus, ou les retraits d'associés, autres que les gérants ou les dirigeants sociaux de la société par actions simplifiées, qui auraient lieu conformément à l'article 269-6 AUSCGIE. Les dispositions relatives au droit d'opposition des créanciers en cas de réduction de capital non motivée par des pertes sont inapplicables (art. 269-3 AUSCGIE). C'est donc une formule intéressante lorsque les associés au sein de la société changent souvent. Il faut bien prendre garde au fait que la société à capital variable n'est pas une forme juridique ou une forme particulière de société commerciale au sens de l'art. 6 al. 2 AUSCGIE. Il s'agit uniquement d'une clause insérée dans les statuts qui prévoit que le capital peut être modifié simplement dans certaines limites (soit au moyen de versements effectués par des associés, soit par des reprises d'apports) conformément aux art. 269-1 et suivants de l'AUSCGIE.

---

[69] P. G. POUGOUE, Fr. ANOUKAHA, J. NGUEBOU TOUKAM, *op. cit.*, p. 16 ; H. A. BITSAMANA, *op. cit.*, p. 35.

[70] S. JONGBLOED, *EURL-SARL à capital variable*, Cap Aventures éditions (sic), p. 19.

La clause de variabilité du capital est insérée soit lors de la création de la société, soit en cours de vie sociale. Si la société use de la faculté accordée par l'article 269-1 mentionné ci-dessus, cette circonstance doit être mentionnée dans tous les actes et documents émanant de la société et destinés aux tiers, par l'addition à la forme sociale des mots "*à capital variable*" (art. 269-2 AUSCGIE).

21. Les statuts d'une société à capital variable peuvent prévoir que chaque associé peut se retirer de la société à tout moment (art. 269-6 al. 1 AUSCGIE). En outre, il peut être aussi prévu que l'assemblée générale ou la collectivité des associés dispose du droit de décider, à la majorité fixée par les statuts, qu'un ou plusieurs des associés cessent de faire partie de la société[71] (art. 269-6 al. 2 AUSCGIE). Cependant, l'art. 269-6 al. 3 AUSCGIE ajoute que l'associé qui cesse ainsi de faire partie de la société reste tenu, pendant 5 ans, envers les associés et envers les tiers, de toutes les obligations existant au moment de son retrait. Il n'est dans ce cas tenu que dans la limite des sommes qui lui ont été restituées avant son départ.

22. Les actes constatant les augmentations ou les diminutions de capital social ou les retraits d'associés (autres que les gérants ou les dirigeants sociaux de la société par action simplifiée) ne sont pas soumis aux formalités de dépôt et de publication[72] (art. 269-3 al. 1 AUSCGIE). C'est l'un des avantages que présente ce mécanisme. En outre, ces opérations sur le capital social dans les sociétés à capital variable échappent aux dispositions relatives au droit d'opposition des créanciers en cas de réduction de capital non motivée par des pertes (art. 269-3 al. 2 AUSCGIE). Cependant, les statuts peuvent donner, soit aux dirigeants soit à l'assemblée générale ou à la collectivité des associés, le droit de s'opposer aux titres sociaux sur les registres de la société. Tout transfert réalisé en violation du droit d'opposition stipulé dans les statuts est nul (art. 269-4 AUSCGIE). Les statuts d'une société à capital variable doivent déterminer un « capital plancher », c'est-à-dire une somme minimum au-dessous de laquelle le capital ne peut être réduit par les reprises des apports autorisés par l'article 269-1 AUSCGIE et par les statuts, sous peine de nullité. Cette somme ne peut être inferieure ni au dixième du capital social stipulé dans les statuts, ni au montant minimal du capital exigé pour la forme de la société considérée par les dispositions la régissant. L'AUSCGIE ne

---

[71] Comp. KLUWER, *op. cit.*, pp. 85 et s.
[72] Id., pp. 403-407.

prévoit pas par contre un « capital plafond », c'est-à-dire une somme maximale au-dessus de laquelle toute augmentation du capital doit être effectuée en respectant les conditions de droit commun, à savoir la tenue d'une assemblée générale extraordinaire et la réalisation d'autres formalités y liées (notamment les formalités de publicité).

Enfin, comme mentionné supra, l'article 269-2 AUSCGIE dispose que tous les documents commerciaux (comme les factures ou les conditions générales de vente) et actes de la société destinés aux tiers doivent comporter la mention « capital variable ».

B. La participation aux résultats de l'exploitation

Il s'agit de partager le bénéfice qui pourra résulter de l'activité de la société et de contribuer aux pertes éventuelles.

23. Le partage consiste à se répartir les bénéfices. Ceux-ci sont des « gains pécuniaires ou matériels s'ajoutant à la fortune des associés. Le bénéfice augmente le patrimoine de la société et celui des associés lorsqu'il est distribué : il se distingue de l'économie, qui consiste à éviter une dépense et donc une diminution de ce patrimoine »[73].

La part de chaque associé se détermine à proportion de sa quotité dans le capital social. Mais les statuts peuvent prévoir un mode de partage différent. Sera qualifiée de léonine et réputée non écrite car étant en contradiction avec l'essence même du contrat de société la clause procurant un avantage disproportionné à certains associés[74]. Notons qu'une clause léonine n'entraine pas la nullité de la société. En effet, cette clause est réputée non écrite et sera automatiquement remplacée par le principe de partage des résultats proportionnellement aux apports. Il a été jugé que la seule sanction prévue en cas de défaut d'harmonisation des statuts est de réputer non écrites les dispositions statutaires concernées[75]. La situation était la même en droit congolais.

[73] H. A. BITSAMANA, *op. cit.*, p. 30.

[74] « Est léonine, la clause qui soit attribué à un associé la totalité des bénéfices, soit celle qui l'affranchit de toute contribution aux pertes ». G. CORNU, *op.cit.*, p. 462.

[75] « (...) Pour ce qui est de l'incapacité prétendue d'APC à ester en justice, il importe de souligner qu'aux termes de l'article 104 de l'Acte uniforme relatif au droit des sociétés commerciales et du groupement d'intérêt économique, « à partir de la signature des statuts, les dirigeants sociaux se substituent aux fondateurs. Ils agissent au nom de la société constituée et non encore immatriculée au registre du commerce et du crédit mobilier. Leurs pouvoirs et leurs obligations sont fixés conformément aux dispositions du présent Acte uniforme et le cas échéant, par les statuts » ; que l'article 14, alinéa 2 des statuts d'APC produits au dossier de la présente procédure dispose que « le gérant unique ou les gérants agissent ensemble ou séparément s'ils

Seulement, le droit OHADA semble avoir une vue beaucoup plus large du but poursuivi par les associés en créant leur société. En effet, il est désormais décidé que la mise en commun des apports est faite, aussi bien dans le but de se partager les bénéfices, que de profiter de l'économie qui pourrait en résulter. Par ailleurs, l'Acte uniforme détermine dans les articles 144 à 146 les modalités de répartition des dividendes aux associés[76].

C. L'*affectio societatis* ou le *jus fraternitatis*

24. L'*affectio societatis* est la volonté des associés de collaborer sur un pied d'égalité à l'œuvre commune[77]. Elle est une condition indispensable pour qu'il y ait contrat de société[78]. Le défaut d'*affectio societatis* permet de déceler les sociétés fictives dans lesquelles les associés ne sont que des prête-noms. Cette exigence résultait en droit congolais de la jurisprudence et ressort en droit OHADA de l'article 4 al. 2 de l'AUSCGIE d'après lequel la société doit être constituée dans « l'intérêt commun des associés ».

II. Conditions de forme

Ces conditions sont relatives à la rédaction des statuts, à leur dépôt au greffe du tribunal compétent et à leur publication.

A. Rédaction des statuts

25. La constitution des sociétés requiert absolument dans les deux réglementations la rédaction des statuts qui peuvent être définis comme « l'ensemble des dispositions constitutives d'un être moral »[79]

---

sont plusieurs, jouissent vis-à-vis des tiers des pouvoirs les plus étendus pour représenter la société, agir en son nom en toutes circonstances sans avoir à justifier des pouvoirs spéciaux et accomplir tous actes relatifs à l'objet de la société par tous les moyens et voies de droit ». CCJA, Arrêt n° 044/2010 du 1er juillet 2010, Aff. AFRICAN PETROLEUM CONSULTANTS SARL dite APC C/ CHEVRON TEXACO CAMEROUN SA anciennement SHELL CAMEROUN SA, TEXACO CAMEROUN SA, CHEVRON TEXACO AFRICA HOLDINGS LIMITED, CHEVRON MIDDLE EAST HOLDINGS LIMITED, JURIDATA N° J044-07/2010.

[76] KLUWER, *op. cit.*, pp. 539, 541.

[77] F. GUIRAMAND et A. HERAUD, *op.cit.*, p.19.

[78] Cet élément permet de distinguer le contrat de société d'autres types de contrats (mandat, contrat de travail, etc.).

[79] G. CORNU, *op. cit.*, p.759.

ou l' « acte écrit déterminant les droits et obligations des associés et les règles de fonctionnement de la société »[80]. Ces statuts étaient en droit congolais un contrat[81]. Par contre, ils constituent, en droit OHADA, soit le contrat de société, en cas de pluralité d'associés, soit l'acte de volonté d'une seule personne, en cas d'associé unique[82].

26. L'exigence de la forme authentique des statuts était une obligation, en droit congolais, pour la SPRL et la SARL. Ils pouvaient en effet être sous seing privé pour les autres formes de société. La loi camerounaise n. 61-20 du 27 juin 1961 exigeait aussi la forme authentique pour tous les actes constitutifs de SA, de sociétés en commandite par actions ou de SARL. Le droit nigérien et le droit sénégalais imposaient aussi que les statuts devaient obligatoirement revêtir la forme notariée. Cependant, certains autres Etats prévoyaient que les statuts devaient obligatoirement revêtir la forme notariée seulement en cas d'apport des biens immobiliers à la société[83].

L'AUSCGIE est sur ce point plus libéral. En effet, l'exigence d'un acte authentique n'y est plus de rigueur. Les statuts peuvent, en droit OHADA, être constitués ou modifiés soit par acte authentique soit par acte sous seing privé[84]. Aux termes de l'article 10 de l'Acte uniforme, sauf dispositions nationales contraires, les statuts sont établis par acte notarié ou par tout acte offrant des garanties d'authenticité dans l'Etat du siège de la société déposé avec reconnaissance d'écritures et de signatures par toutes les parties au rang des minutes d'un notaire. L'acte de société peut donc être sous seing privé à condition d'être ainsi enregistré auprès d'un notaire. L'exigence de l'enregistrement des statuts auprès du notaire et une condition de validité du contrat de société ou de l'acte de volonté de l'associé unique. Son non-respect peut entrainer une nullité d'ordre public.[85]

Certains Etats membres de l'OHADA ont déjà usé de la flexibilité introduite par l'AUSCGIE, relativement à l'intervention du notaire dans la constitution des sociétés commerciales. On peut mentionner, à cet égard, les textes complémentaires suivants, adoptés dans cinq Etats pour favoriser la création des SARL :

---

[80] H. A. BITSAMANA, *op. cit.*, p. 201.
[81] J-M KUMBU Ki Ngimbi, *op. cit.*, pp. 52 et s.
[82] Article 12 de l'AUSCGIE.
[83] J. ISSA-SAYEGH, P.-G. POUGOUE, F. M. SAWADOGO, *op. cit.*, p. 393.
[84] Articles 10 et 11 de l'AUSCGIE.
[85] J. ISSA-SAYEGH, P.-G. POUGOUE, F. M. SAWADOGO, *op. cit.*, p. 394.

– Bénin : *Décret N° 2014-220 du 26 mars 2014 portant modalités de création des SARL en République du Bénin.* Par ce texte, auquel sont annexés des statuts-types, le législateur béninois prévoit que les statuts de la SARL unipersonnelle ou pluripersonnelle sont établis par acte sous seing privé (art. 2) et que les associés fixent librement le montant du capital social dans ce type de société (art. 6). Il est également prévu que les fonds provenant de la libération des parts sociales sont déposés en banque ou dans tout autre établissement de crédit ou de microfinance dûment agréé, le récépissé de versement suffisant à constater la libération et le dépôt des fonds (art. 7 et 8). Ce décret est entré en vigueur le 05 mai 2014. D'autres textes ont aussi été adoptés au Benin pour la simplification du processus de création d'entreprise par la réduction des délais et coûts et l'amélioration du climat des affaires. Il s'agit notamment :
  - du décret n°2014-194 du 13 mars 2014 portant modification du décret n°2009-542 du 20 octobre 2009 portant création, attributions, fonctionnement du Guichet Unique de Formalisation des Entreprises (GUFE)[86] ;
  - de l'arrêté interministériel portant réglementation des formalités relatives à la déclaration de l'entreprenant à la création, à la modification d'entreprises, et à l'exercice de toutes activités entrepreneuriales en République du Bénin ; et
  - de la note de service 318-c du 15 mai 2013 de la Direction Générale des Impôts et des Domaines portant sur l'obtention et la validation de l'Identifiant Fiscal Unique (IFU) qui permet la génération du numéro IFU directement au GUFE le même jour. La même note dispense du relevé d'identité bancaire (RIB) comme préalable à l'obtention de l'IFU.
– Côte d'Ivoire : *Ordonnance N° 2014-161 du 02 avril 2014 relative à la forme des statuts et au capital social de la société à responsabilité limitée.* Le législateur ivoirien indique que les statuts de la SARL « sont établis par acte notarié, par tout acte offrant des garanties d'authenticité ou par acte sous seing privé ». Il laisse aux associés la liberté de fixer le montant du

[86] Le Gouvernement béninois a procédé au lancement officiel du site Web du GUFE (www.gufebenin.org), le 18 février 2014, en vue d'assurer, entre autres, la publication, en ligne, des extraits du Registre du Commerce et du crédit Mobilier (RCCM), avec pour conséquences la suppression des coûts de publication et la continuité du service.

capital social (art. 5) et rend facultative l'intervention du notaire pour l'établissement de la déclaration de souscription et de versement.

- Togo : *Décret N° 2014-119/PR du 19 mai 2014 déterminant la forme des statuts et le capital social pour les sociétés à responsabilité limitée.* Le législateur togolais, par ce texte, offre aux opérateurs économiques le choix entre l'acte notarié et l'acte sous seing privé pour la constitution des SARL (article 2) et rend également optionnelle l'intervention du notaire pour la déclaration notariée de souscription et de versement (article 6). Le capital social minimum est fixé à 100.000 F CFA (article 3).
- Burkina Faso : *Décret N° 2014-462/PRES/PM/MJ/MEF/MICA du 26 mai 2014 portant fixation des dispositions nationales applicables à la forme des statuts et au capital social pour les sociétés à responsabilité limitée au Burkina Faso.* Le législateur burkinabè offre le choix entre l'acte notarié et l'acte sous seing privé pour l'établissement ou la modification des statuts des SARL (article 2). Par ailleurs, il fixe à 100.000 F CFA (cent mille francs) le capital social minimum pour cette forme de société (article 3) et rend facultative l'intervention du notaire en vue d'établir la déclaration de souscription et de versement (articles 5 et 6).

27. La société naît au jour de la signature du pacte social. Les statuts, contrat entre les parties, constituent leur loi ; en ce sens, ils ont autorité à l'égard de tous les associés, dès la signature du contrat. Dès lors, toute modification suppose une délibération extraordinaire, avec un quorum ou une majorité qualifiée.

28. Nous avons vu plus haut que l'AUSCGIE est libéral en ce qu'il n'impose pas la forme authentique pour les actes constitutifs. Cependant, il prévoit des règles plus rigoureuses concernant le contenu des statuts. Ceux-ci doivent contenir un certain nombre d'indications obligatoires. C'est le cas de la forme de la société, de sa dénomination ou sa raison sociale[87], de la nature et du domaine de son activité, de

[87] Concernant la question de la désignation des sociétés commerciales par une raison ou une dénomination sociale, la législation congolaise et le droit OHADA semblent entretenir une confusion. La doctrine établit, en effet, une différence entre la dénomination et la raison sociale. Alors que la raison sociale est la désignation de la société qui comprend le nom patronymique d'un ou de plusieurs associés, on entend par dénomination sociale, une abréviation, un sigle, aux aspects parfois fantaisistes. Com. KLUWER, *op. cit.*, pp. 533, 535. Voy. R MASAMBA MAKELA, *Droit des*

son siège[88], de sa durée[89], etc. (art. 5 du Décret du 27 février 1887 et 13 de l'AUSCGIE.)

> « L'énonciation incomplète des mentions dans les statuts ne saurait entraîner la nullité d'une société commerciale dès lors qu'il est offert la possibilité à toute personne intéressée de solliciter de la juridiction compétente[90] la régularisation desdits statuts »[91].

---

affaires : cadre juridique de la vie des affaires au Zaïre, Editions Cadicec, Kinshasa, 1996, p. 233.

88 La preuve du siège réel de la société relève de l'appréciation souveraine par le juge des pièces produites dans le dossier. «(...) En retenant, après examen des différentes pièces du dossier, qu'aucun élément de celui-ci ne permet d'affirmer que les bureaux de Treichville constituent le siège réel de la société IVOIRE COTON, et qu'en tout état de cause, le siège social de ladite société, avant le transfert à Bouaké, était bien du 62, boulevard Victor Schoelcher à Abidjan Cocody, la Cour d'Appel a souverainement apprécié les faits » ; CCJA, Arrêt n° 009/2002 du 21 mars 2002, Aff. Maître BOHOUSSOUG. Juliette c/ Société IVOIRE COTON, JURIDATA N° J009-03/2002.

Par ailleurs, le siège social d'une société commerciale établi au lieu de son immatriculation, à la constitution, peut être modifié ou transféré dans une autre ville au cours du fonctionnement de ladite société. « (...) Mais attendu que, même si au moment de la constitution de la Société IVOIRE COTON, son siège social était situé à Abidjan, lieu de son immatriculation du Registre du Commerce et du Crédit Mobilier, aux termes de l'article 27 de l'Acte uniforme relatif au Droit des sociétés commerciales et du groupement d'intérêt économique, le siège social peut être modifié, pour chaque forme de société, dans les conditions prévues par ledit Acte uniforme pour la modification des statuts ; qu'en affirmant que le siège social d'Ivoire Coton se trouve à Bouaké à la suite d'un transfert, comme indiqué dans l'acte de cession rédigé par la requérante elle-même et son confrère Maître OHOUO Assi Gervais, la Cour d'Appel n'a violé aucune disposition de l'article 27 de l'Acte uniforme portant sur le Droit commercial général ; qu'il s'ensuit que le moyen n'est pas fondé.» CCJA, Arrêt n° 009/2002 du 21 mars 2002, Aff. Maître BOHOUSSOUG. Juliette c/ Société IVOIRE COTON, JURIDATA N° J009-03/2002.

89 Cette durée est de 99 ans en droit OHADA sauf prorogation. La société en participation peut être constituée pour une durée indéterminée. En droit congolais, une société pouvait être constituée pour une durée indéterminée. Comp. KLUWER, *op. cit.*, p. 571.

90 Voy. Art. 75 AUSCGIE.

91 J. M. MBOCK Biumla, *OHADA, Code bleu*, 3ème edition, Juriafrica, 2014, Art. 75, p. 167. « (...) Mais attendu que les articles 75 et 242, alinéa 2 de l'Acte uniforme susvisé disposent respectivement que « si les statuts ne contiennent pas toutes les énonciations exigées par le présent Acte uniforme ou si une formalité prescrite par celui-ci pour la constitution de la société a été omise ou irrégulièrement accomplie, tout intéressé peut demander à la juridiction compétente, dans le ressort de laquelle est situé le siège social, que soit ordonnée, sous astreinte, la régularisation de la

En plus, les statuts peuvent, selon les stipulations des associés, contenir toutes les dispositions utiles à la marche, à l'organisation et à la fin de la société. Ces mentions sont, en tout état de cause, valides à condition de ne pas violer les règles d'ordre public[92].

L'AUSCGIE prévoit aussi des mentions supplémentaires concernant les statuts des SA. Ceux-ci doivent en outre énoncer le mode d'administration et de direction retenu ; selon le cas, soit les nom, prénom, adresse, profession et nationalité des personnes physiques membres du premier conseil d'administration de la société ou représentants permanents des personnes morales membres du conseil d'administration, soit ceux de l'administrateur général ainsi que ceux du premier commissaire aux comptes et de son suppléant ; la dénomination sociale, le montant du capital et la forme sociale des personnes morales membres du conseil d'administration ; la forme des actions émises ; les clauses relatives à la composition, au fonctionnement et aux pouvoirs des organes de la société ; le cas échéant, les restrictions à la libre négociabilité et à la libre cession des actions, ainsi que les modalités de l'agrément et de la préemption des actions (art. 397 AUSCGIE).

29. Par ailleurs, l'une des innovations portées par la révision de l'AUSCGIE est la réglementation des « conventions extra-statutaires » à l'art. 2-1 AUSCGIE. Il s'agit d'un « juste milieu »[93] en droit des sociétés entre la liberté contractuelle et la protection assurée par l'ordre public[94]. Comme son nom l'indique, la clause extra-statutaire

---

constitution. Le ministère public peut également agir aux mêmes fins » et « l'énonciation incomplète des mentions devant figurer dans les statuts n'entraine pas la nullité de la société » ; qu'il suit, en l'espèce, que c'est à tort que le demandeur au pourvoi soulève la nullité de la société INTERTRANS TRADING LIMITED GABON pour le défaut dans les statuts de celle-ci de certaines mentions prévues par l'article 13 précité de l'Acte uniforme susvisé ; qu'il échet de rejeter ledit moyen comme étant non fondé ». CCJA, Arrêt n° 001/2010 du 04 février 2010, Aff. Monsieur Vincent ATHEY BOWER C/ INTERTRANS TRADING LIMITED GABON SARL, INTERTRANS TRADING LIMITED NIGER SARL et AMAR TALEB Automobiles (SATA) SARL, JURIDATA N° J001-02/2010.

[92] J. ISSA-SAYEGH, « *Le caractère d'ordre public des dispositions de l'acte uniforme relatif au droit des sociétés commerciales et du groupement d'intérêt économique (AUSCGIE)* », Penant, n° 869, p. 393.

[93] J.-P. BERTREL, « *Liberté contractuelle et sociétés – Essai d'une théorie du 'juste milieu' en droit des sociétés* », in RTD com., 1996, p. 595 et B. SAINTOURENS, « *La flexibilité du droit des sociétés* », in RTD. com., 1987, p. 457.

[94] C. LEROY, *Le pacte d'actionnaires dans l'environnement sociétaire*, Thèse de doctorat, Université Paris – Est Créteil Val de Marne, Paris, 2010, p. 5. Comp. J-C.

n'est pas insérée dans les statuts. Elle n'est pas non plus publiée et relève donc du droit commun des contrats. Cela s'explique par la grande discrétion qu'entendent assurer ces clauses. Ainsi, les associés peuvent conclure ces conventions extra-statutaires en vue d'organiser : les relations entre les associés, la composition des organes sociaux, la conduite des affaires de la société, l'accès au capital social et la transmission des titres sociaux. Ainsi, dans leur application, les conventions extra-statutaires peuvent être, par exemple, le siège de la définition d'une stratégie de rémunération du capital en prenant en considération la situation de l'associé dans la société et les rapports de force qui animent la vie de la collectivité.[95] Si un des signataires de la clause extra-statutaire viole la clause, il engage sa responsabilité contractuelle pour non-exécution du contrat. Pour ce qui est des tiers à la clause extra-statutaire, ceux-ci ne sont pas en principe liés par elle, conformément au principe de la relativité des contrats. Cependant, en cas de mauvaise foi, le tiers qui viole la clause extra-statutaire peut engager sa responsabilité.

B. Dépôt des statuts au greffe

30. Après rédaction et signature des statuts, ceux-ci devront être déposés au greffe de la juridiction compétente [96] aux fins d'immatriculation. Cette immatriculation se faisait, en droit congolais, auprès du Nouveau Registre du Commerce tel qu'organisé par l'Ordonnance n°79-025 du 7 février 1979 relative à l'ouverture d'un Nouveau Registre du Commerce, modifiant et complétant l'Ordonnance n°41/161 du 15 juin 1951 relative au Registre du Commerce. Par contre, en droit OHADA, l'immatriculation est l'acte par lequel la société accède à la vie juridique (art. 98 AUSCGIE)[97]. En

---

HOUNKPE, « *Pactes d'actionnaires et prévention des conflits dans la société anonyme de l'espace OHADA* », Ohadata, pp. 1 et s.; Y. MEUKE Béranger, « *De la validité en OHADA d'un pacte d'actionnaires précédant les statuts et la constitution de la société* », in Ohadata, pp. 1 et s.; DIALLO Bakary, KONATE Mamadou Ismaïla, Y. MEUKE Bérenger, « *Gestion de crise en OHADA : anticipation conventionnelle et statutaire - Gestion négociée et règlement des conflits internes* », in Jurifis info, n° 4, juillet-août 2009, p. 2 ; KLUWER, *op. cit.*, pp. 125 et s.

[95] Fr. PASQUALINI, « *Les conventions extra-statutaires, outils de modulation de la rémunération des associés* », in Rev. sociétés 2010, p. 79.

[96] Il s'agit, en droit congolais, du tribunal de Commerce ou à défaut du Tribunal de Grande Instance dans le ressort duquel est situé le siège social.

[97] « (...) Qu'en outre, APC a produit au dossier un extrait des minutes du greffe du Tribunal de commerce de Douala contesté par la défenderesse mais faisant foi

droit OHADA, l'immatriculation est faite au Registre du Commerce et du Crédit Mobilier (pour l'organisation du RCCM, voir les art. 20 à 24 de l'AUDCG) dans le mois de leur constitution (art. 27 AUDCG) auprès du greffe de la juridiction dans le ressort où est situé leur siège social[98]. Les formalités d'immatriculation ainsi que les effets sont prévus par les articles 25 à 43 de l'Acte uniforme sur le droit commercial général. Notons que la production d'un extrait du Registre du Commerce et du Crédit Mobilier prouve la personnalité juridique de la société commerciale jusqu'à inscription de faux conformément à l'article 98 susmentionné.

31. Lorsque, de par l'AUSCGIE, une société n'est pas soumise à la formalité d'immatriculation, elle est considérée : soit comme une société en participation lorsqu'il y a un écrit à la base de l'engagement des associés (art. 114 AUSCGIE), soit comme une société créée de fait en l'absence d'écrit (art. 115 et 864 AUSCGIE)[99].

32. L'autre différence entre le droit congolais et le droit OHADA sur ce point réside en ce que le délai de dépôt des statuts au greffe était de 6 (six) mois en droit congolais, tandis qu'il est de 1 (un) mois en droit OHADA.

33. Le droit OHADA va beaucoup plus loin en ce qui concerne les documents à déposer au greffe. Une formalité supplémentaire est en effet exigée. Il s'agit de la déclaration de régularité et de conformité prévue à l'article 73 de l'AUSCGIE. Elle est exigée à peine de rejet de la demande d'immatriculation de la société[100]. Cependant, l'article 73 n'est pas applicable lorsqu'une déclaration notariée de souscription et

---

jusqu'à inscription de faux et qui mentionne le nombre 016024 comme numéro d'immatriculation de la société AFRICAN PETROLEUM CONSULTANTS au registre de commerce ; qu'il suit, au regard de tout ce qui précède, que cette fin de non-recevoir n'est pas fondée et doit être rejetée ». CCJA, Arrêt n° 044/2010 du 1er juillet 2010, Aff. AFRICAN PETROLEUM CONSULTANTS SARL dite APC C/ CHEVRON TEXACO CAMEROUN SA anciennement SHELL CAMEROUN SA, TEXACO CAMEROUN SA, CHEVRON TEXACO AFRICA HOLDINGS LIMITED, CHEVRON MIDDLE EAST HOLDINGS LIMITED, JURIDATA N° J044-07/2010. Voy. J. M. MBOCK Biumla, *op. cit.*, Art. 98, p. 167.

[98] J. ISSA-SAYEGH, « *Présentation des formalités de constitution des sociétés commerciales* », *op. cit.*, p. 7.

[99] Voir *infra.*

[100] J. ISSA-SAYEGH, « *Présentation des formalités de constitution des sociétés commerciales* », *op. cit.*, pp. 7 et 8 ; J ISSA-SAYEGH, P. G. POUGOUE, F. M. SAWADOGO, *op. cit.*, p. 393.

de versement des fonds[101] a été établie et déposée dans les conditions déterminées par l'AUSCGIE ainsi que par l'AUDCG[102].

34. Enfin, il est à noter la création en République Démocratique du Congo du Guichet Unique de Création d'Entreprise[103]. Il est un service public doté de l'autonomie administrative et financière. Il est placé sous l'autorité directe du Ministre ayant la Justice dans ses attributions (art. 1 et 2 du Décret n° 14/ 014 du 08 Mai 2014 portant création, organisation et fonctionnement du Guichet Unique de Création d'Entreprise). Ainsi, le Guichet Unique de Création d'Entreprise exerce sur toute l'étendue du territoire national, toutes les missions relatives à la création d'entreprise, aux inscriptions modificatives et aux formalités de radiation de l'immatriculation des personnes physiques ou morales (art. 4 du Décret n° 14/ 014 du 08 Mai 2014 portant création, organisation et fonctionnement du Guichet Unique de Création d'Entreprise). A ce titre, il est chargé de :

- Recevoir les demandes de création d'entreprise et de modification des actes y compris celles introduites par voie électronique et les procès-verbaux des entreprises ;
- Procéder, dans les conditions de transparence, d'efficacité et de célérité, à l'accomplissement de toutes les formalités de création

[101] La preuve de la qualité d'associé d'une SARL se fait par la production de l'acte notarié de déclaration de souscription et de versement des parts sociales. « (...) Mais attendu que c'est après avoir apprécié souverainement les statuts soumis aux débats par Messieurs SAMAILA DAN NANA et ALI MARE, lesquels ne comportaient ni signature ni date, et ceux produits par Monsieur HAMIDOU ABDOU dit « CRISE », gérant de la Compagnie « CONTACT », lesquels avaient été régulièrement établis par Maître NAKOBO, Notaire à Niamey, et ne mentionnaient pas « la participation » à ladite société de Messieurs SAMAILA DAN NANA et ALI MARE, que la Cour d'Appel de Niamey a estimé que ces derniers ne rapportaient pas la preuve de leur qualité d'associés de la Compagnie « CONTACT »; que de ces constatations, il résulte que la Cour d'Appel de Niamey s'est prononcée en l'espèce, en considération des documents produits par toutes les parties au litige ; que dès lors, la charge de la preuve a été supportée par toutes les parties litigantes et non par les seuls requérants ; que par conséquent, le moyen pris de la violation de l'article 314 susvisé de l'Acte uniforme sus indiqué, lequel ne comporte pas de dispositions spécifiques régissant le mode de preuve, n'est pas fondé et doit être rejeté. » CCJA, Arrêt n° 024/2006 du 16 novembre 2006, Aff. SAMAILA DAN MOUSSA - ALI MARE c/ HAMIDOU ABDOU dit « CRISE », JURIDATA N° J024-11/2006

[102] C'est le cas pour les SARL (articles 314 et 361 de l'AUSCGIE) et pour les SA (articles 393 et suivants, 612 et suivants de l'AUSCGIE).

[103] Décret n° 14/ 014 du 08 Mai 2014 portant création, organisation et fonctionnement du Guichet Unique de Création d'Entreprise.

d'entreprise, de modification des actes des entreprises, d'installation de filiales, représentations ou succursales, de radiation de l'immatriculation d'entreprise ; et
- Rassembler et délivrer tous les documents relatifs aux formalités ci-dessus.

Les services étatiques suivants interviennent dans le processus de création d'entreprise en République Démocratique du Congo : l'Office notarial, le Greffe du Registre du Commerce et du Crédit Mobilier, l'Administrateur de l'Economie Nationale, la Direction Générale des Impôts, la Direction Générale des Recettes Administratives, Domaniales, Judiciaires et de Participations, l'Institut National de Sécurité Sociale, l'Office National de l'Emploi, l'Inspection Générale du Travail, l'Institut National de Préparation Professionnelle, l'Administration de l'Environnement.

Ces différents services étatiques interviennent, les uns au sein du Guichet Unique de Création d'Entreprise, par leurs délégués, les autres en dehors du Guichet Unique. En outre, les services ci-après interviennent également au sein du Guichet Unique de Création d'Entreprise : l'Office notarial, le Greffe du Registre du Commerce et du Crédit Mobilier, et le Centre d'ordonnancement de l'administration des recettes non fiscales.

Les modalités pratiques d'intervention des différents services sont fixées dans un manuel des procédures visé à l'article 18 du Décret n° 14/014 du 08 Mai 2014 portant création, organisation et fonctionnement du Guichet Unique de Création d'Entreprise. Ainsi, les opérateurs économiques en République Démocratique du Congo n'ont plus à errer d'une administration à une autre pour accomplir les formalités requises pour la création d'une entreprise. Cela concourt à la simplification du processus de création d'entreprise et à l'amélioration du climat des affaires[104].

C. La formalité de publication

35. Soucieux de l'intérêt des tiers appelés à traiter avec la société, le législateur congolais et le droit OHADA ont organisé une publicité de l'acte constitutif de la société commerciale. La publication se faisait, en droit congolais, par les soins du Ministre de la justice au Journal Officiel de la République Démocratique du Congo

[104] Pour plus d'informations sur le Guichet Unique, voir http://www.guichetunique.cd/spip.php?article8.

(J.O.R.D.C.)[105]. En droit OHADA, les formalités de publicité sont effectuées à la diligence et sous la responsabilité des représentants légaux des sociétés[106]. Ainsi, dans un délai de 15 jours suivant l'immatriculation, un avis doit être inséré dans un journal habilité à recevoir les annonces légales[107] dans l'Etat partie du siège social (art. 261 AUSCGIE). L'article 262 précise les modalités et les énonciations de cet avis. Une publicité est également exigée lors de leur modification[108] (art. 263 et s. AUSCGIE). L'avis, signé par le notaire qui a reçu le contrat de société ou par le ou les fondateurs, contient les mentions suivantes (outre les mentions prévues à l'article 257-1 ci-dessus): l'objet social indiqué sommairement, la durée de la société, le montant des apports en numéraire et des apports en nature, le nombre de titres émis en contrepartie d'apports en numéraire, d'apports en nature et d'apports en industrie, les nom, prénom et domicile des associés tenus indéfiniment des dettes sociales, les nom, prénom et domicile des premiers dirigeants et des premiers commissaires aux comptes, les références du dépôt, au registre du commerce et du crédit mobilier de l'État partie du siège social, des pièces de constitution, les références de l'immatriculation au registre du commerce et du crédit mobilier, le montant de la partie libérée, la mention éventuellement que le capital n'est pas entièrement libéré, ainsi que les avantages particuliers stipulés. Si l'une des mentions de l'avis est frappée de caducité par suite de la modification des statuts ou de tous actes, de toutes délibérations ou de toutes décisions des assemblées de la société ou de ses organes, la modification est publiée par avis inséré dans un journal habilité à recevoir les annonces légales dans l'État partie du siège social.

---

[105] Article 2 alinéa 2 du Décret du 27 février 1887.

[106] Article 258 de l'AUSCGIE ; voir J. ISSA-SAYEGH, « *Présentation des formalités de constitution des sociétés commerciales* », *op. cit.*, p. 9.

[107] Article 257 de l'AUSCGIE : « Sont habilités à recevoir les annonces légales, d'une part, le journal officiel, les journaux habilités à cet effet par les autorités compétentes, d'autre part, les quotidiens nationaux d'information générale de l'Etat partie du siège social justifiant une vente effective par abonnement, dépositaires ou vendeurs, sous les conditions supplémentaires suivantes :
1°) paraître depuis plus de six mois ;
2°) justifier d'une diffusion à l'échelle nationale ».

[108] J. ISSA-SAYEGH, « *Présentation des formalités de constitution des sociétés commerciales* », *op. cit.*, p. 9.

III. Sanctions de la violation des conditions de formation d'une société

36. En droit OHADA, les sanctions du non-respect des conditions de formation d'une société sont d'une part la nullité[109] et d'autre part la responsabilité de toute personne intervenant dans la constitution de la société.

37. Dans le cas où l'un des éléments constitutifs de la société fait défaut, la société est théoriquement nulle. A cause de nombreux inconvénients qui peuvent en résulter, le législateur OHADA a réduit autant que possible les cas d'annulation. Ainsi, l'article 242 de l'AUSCGIE dispose :

> « La nullité d'une société ou de tous actes, décisions ou délibérations modifiant les statuts ne peut résulter que d'une disposition expresse du présent Acte uniforme ou des textes régissant la nullité des contrats en général et du contrat de société en particulier[110].
>
> L'énonciation incomplète des mentions devant figurer dans les statuts n'entraîne pas la nullité de la société ».

38. Au cas où la nullité ne résulte pas d'une disposition expresse de l'AUSCGIE ou des textes régissant la nullité des contrats en général et du contrat de société en particulier, l'art. 75 AUSCGIE reconnait le droit à toute personne de demander la régularisation. Cette régularisation peut être ordonnée sous astreinte. L'appréciation de l'opportunité de prononcer ou non la nullité revient au juge[111].

L'AUSGIE prévoit que l'action en nullité est éteinte lorsque la cause de nullité a cessé d'exister le jour où la juridiction compétente statue sur le fond en première instance, sauf si cette nullité est fondée sur le caractère illicite de l'objet social (art. 246 AUSCGIE). Il en résulte que la nullité fondée sur le caractère illicite de l'objet social est absolue. Il convient, pour apprécier l'illicéité de l'objet d'une société, de prendre en compte l'activité effectivement exercée et non l'objet

---

[109] Comp. KLUWER, *op. cit.*, p. 645.

[110] A cela s'ajoute le renvoi à certains principes généraux du droit, notamment en ce qui concerne le caractère fictif de la société (s'il y a lieu) et la fraude d'une manière générale (fraude à la loi, aux droits des créanciers, aux droits des héritiers réservataires, etc.). Voir P. G. POUGOUE, Fr. ANOUKAHA, J. NGUEBOU TOUKAM, *op. cit.*, p. 19.

[111] CCJA, arrêt n. 034/2008, BASSIROU Ka c/A. CISSE. Voy. M. El Béchir SSSOKO et Dj. CISSE, *Les grandes décisions de la CCJA*, Paris, l'Harmattan, p. 121, obs. Réné Njeufack Temgwa.

social mentionné dans les statuts. Par contre, la nullité est relative pour toutes les autres causes[112].

SECTION 2. CONDITIONS PARTICULIERES A CHAQUE TYPE DE SOCIETES

Nous allons, dans la présente section, analyser les différentes conditions particulières de chaque type de société, à savoir : la SNC, la SCS, la SARL et la SA. La Société par actions simplifiées sera analysée en détail dans la deuxième partie de l'ouvrage.

§1. La Société en Nom Collectif (SNC) en droit congolais et en droit OHADA

39. La société en nom collectif est le paradigme même de la société de personnes. Elle est « la plus commerciale des sociétés commerciales »[113] car non seulement elle est commerciale par la forme, mais aussi tous les associés ont la qualité de commerçant et répondent indéfiniment et solidairement des dettes sociales. Par ailleurs, elle est fondée sur l'intuitu personae. La simplicité des règles de son fonctionnement font d'elle « l'archétype de la société »[114].

Elle est définie par l'article 270 de l'AUSCGIE en ces termes :

> « La société en nom collectif est celle dans laquelle tous les associés sont commerçants et répondent indéfiniment et solidairement des dettes sociales ».

40. Plusieurs principes se retrouvent dans les deux législations :
- La pluralité des associés ;
- La capacité commerciale est requise pour devenir associé ;
- Les associés en nom sont tenus indéfiniment et solidairement du passif social. Aucune stipulation contraire n'est admise ;
- Les statuts prennent la forme soit authentique soit sous seing privé.

41. Il en est autrement en ce qui concerne :
- La qualité requise pour être associé : les associés ne pouvaient être exclusivement que des personnes physiques en droit congo-

112 J. ISSA-SAYEGH, P. G. POUGOUE, F. M. SAWADOGO, *op. cit.*, p. 460.
113 Id., p. 468.
114 Ibid.

lais. En droit OHADA, ils peuvent également être des personnes morales ;

- La dénomination ou la raison sociale : la dénomination sociale devait contenir le nom d'un ou de plusieurs associés en droit congolais. En droit OHADA, la dénomination sociale peut ne pas contenir le nom d'un associé. En outre, le nom d'un ancien associé peut y être inclus.

I. Constitution de la société

A. Associés

42. Les associés de la société en nom sont indéfiniment et solidairement responsables du passif social et ont tous la qualité de commerçant. Cela explique l'existence, dans l'Acte uniforme, de règles particulières fixant les conditions exigées des associés de ce type de société. Ceux-ci doivent être deux au minimum, puisque la société en nom collectif ne peut résulter d'un acte unilatéral de volonté. Aucun maximum n'est cependant fixé.

Le consentement et la capacité occupent aussi une place particulière dans les conditions de constitution de la société en nom collectif. Le consentement se traduit par la volonté de s'associer. Celle-ci doit être consciente. Elle doit également être sincère. De ce point de vue, il n'y a aucune différence entre la société en nom collectif et les autres formes de société.

43. La différence se situe par contre au niveau de l'intégrité du consentement. La société en nom collectif est, avec la société en commandite simple, la seule forme de société dans laquelle les vices du consentement sont en principe des causes de nullité. C'est ce qui résulte d'une interprétation *a contrario* de l'article 243 AUSCGIE qui dispose :

> « Dans les sociétés à responsabilité limitée et dans les sociétés anonymes, la nullité de la société ne peut résulter ni d'un vice de consentement ni de l'incapacité d'un associé, à moins que celle-ci n'atteigne tous les associés fondateurs ».

En effet, ce texte, qui veut que la nullité résultant d'un vice du consentement ne puisse être prononcée que si tous les associés fondateurs sont atteints, ne s'applique qu'aux sociétés à responsabilité limitée et aux sociétés anonymes[115].

---

[115] P. G. POUGOUE, Fr. ANOUKAHA, J. NGUEBOU TOUKAM, *op. cit.*, p. 37.

44. Etant une société dont les associés ont la qualité de commerçants, tous les associés doivent avoir la capacité commerciale et ne pas être interdits d'activité ou atteints d'une incompatibilité (art. 7 à 10 AUSCGIE). Ainsi, un mineur, même émancipé, ne peut être participant à une telle société. Par contre, pour la SA ou la SARL, un mineur émancipé peut être valablement associé. Ce type de société est donc interdit aux mineurs, aux majeurs en tutelle ou en curatelle, aux personnes soumises à une incompatibilité, à une déchéance ou à une interdiction.

45. Quant aux conjoints, deux époux ne peuvent être associés d'une société dans laquelle ils seraient tenus des dettes sociales indéfiniment et solidairement (art. 9 AUSCGIE). Deux époux ne peuvent donc pas être associés d'une SNC[116].

46. Par contre, la présence d'une personne frappée d'interdiction ou exerçant une profession incompatible avec une activité commerciale dans une société en nom collectif n'est pas une cause de nullité de la société. L'associé subit des sanctions civiles et pénales. Celles-ci sont prévues par l'Acte uniforme portant organisation des procédures collectives d'apurement du passif (art. 196[117], 197 et 229[118]).

B. Capital social

47. L'AUSCGIE ne fixe aucun capital minimum pour la société en nom collectif. La règle de la responsabilité solidaire et indéfinie des associés constitue une sérieuse garantie pour les créanciers. Dans ces conditions, le capital social ne présente pas une grande importance dans ce type de société. Il peut donc être purement symbolique.

48. La somme des apports constitue le capital social. L'AUSCGIE ne fixe aucune règle contraignante en matière de capital social, car il n'y a ni montant minimum, ni délai de libération des apports, ni

---

[116] Comp. J. NGUEBOU TOUKAM, « *Les sociétés créées de fait entre époux en droit camerounais* », in Revue Penant, 1989, Aout-Septembre, n. 801, p. 461 ; J. NGUEBOU TOUKAM, « *L'entreprise familliale* », Juridis Info, n. 21-22, 1995.

[117] Il s'agit de la faillite personnelle. L'Acte uniforme relatif à l'apurement du passif désigne ainsi l'ensemble des déchéances et interdictions dont les dirigeants peuvent être frappés lorsqu'ils ont eu un comportement anormal ou immoral pour une durée de trois à dix ans. Ces interdictions sont : l'interdiction générale de faire du commerce, de diriger, d'administrer ou de contrôler une entreprise commerciale, ainsi que des interdictions politiques, électives et administratives. Voir F. M. SAWADOGO, *Droit des entreprises en difficulté*, Bruxelles, Bruylant Bruxelles, 2002, n. 356 et s.

[118] Il s'agit de la banqueroute frauduleuse (voy. *infra*).

interdiction d'apports en industrie. Le capital social est divisé en parts sociales de même valeur nominale[119].

49. Les parts sociales ne peuvent être cédées qu'avec le consentement unanime des associés. Toute clause contraire est réputée non écrite. Il s'agit donc d'une règle d'ordre public. A défaut d'unanimité, la cession ne peut avoir lieu, mais les statuts peuvent aménager une procédure de rachat pour permettre le retrait de l'associé cédant[120]. Etant donné que les associés sont responsables solidairement et sur leur patrimoine propre, il est normal qu'il y ait une confiance réciproque entre eux et un accord de tous pour l'entrée des tiers dans la société[121].

50. La cession de parts doit être constatée par écrit. Elle n'est rendue opposable à la société qu'après accomplissement de l'une des formalités suivantes :

- 1° signification à la société de la cession par exploit d'huissier ;
- 2° acceptation de la cession par la société dans un acte authentique ;
- 3° dépôt d'un original de l'acte de cession au siège social contre remise par le gérant d'une attestation de dépôt.

Elle n'est opposable aux tiers qu'après accomplissement de cette formalité et après publication par dépôt en annexe au registre du commerce et du crédit mobilier[122].

C. Objet social

51. L'objet présente un intérêt particulier dans les sociétés en nom collectif. C'est lui qui, dans ce type de société, détermine les pouvoirs des dirigeants, ceux-ci pouvant accomplir tous les actes entrant dans l'objet social.

Les associés doivent dans ces conditions, veiller particulièrement à la détermination de l'objet social dans les statuts[123].

D. Conditions de forme

52. Nous avons vu qu'en droit OHADA, les statuts peuvent être soit sous forme authentique, soit sous seing privé. Le choix est laissé

---

[119] Voy. KLUWER, *op. cit.*, pp. 237 et s.
[120] Articles 274 et 275 de l'AUSCGIE.
[121] P. G. POUGOUE, Fr. ANOUKAHA, J. NGUEBOU TOUKAM, *op. cit.*, p. 37.
[122] Article 275 de l'AUSC. Comp. KLUWER, *op. cit.*, pp. 87, 127 et s.
[123] P. G. POUGOUE, Fr. ANOUKAHA, J. NGUEBOU TOUKAM, *op. cit.*, p. 38.

aux associés. Même si l'Acte uniforme ne prévoit pas la nullité comme sanction de l'absence de statuts, dans les sociétés en nom collectif la nullité est encourue à défaut d'écrit. En effet, l'absence d'écrit empêche l'accomplissement des formalités de publicité qui sont exigées à peine de nullité.

II. Responsabilité des associés

54. Dans cette société, comme dans la SNC congolaise, les associés répondent solidairement et indéfiniment des dettes sociales[124]. Les statuts ne peuvent y déroger. Cependant, le droit OHADA, à la différence du droit congolais, précise que les créanciers de la société ne peuvent poursuivre le paiement des dettes sociales contre un associé que 60 jours au moins après avoir vainement mis en demeure la société par acte extrajudiciaire. Ce délai peut être prorogé par ordonnance du président de la juridiction compétente statuant à bref délai sans que la prorogation ne puisse excéder 30 jours.

III. Risques et avantages de la SNC

55. Malgré les risques que comporte un tel type de société (responsabilité indéfinie et solidaire des associés), deux avantages au moins justifient son choix :

- d'une part, cette forme sociétaire convient particulièrement aux entreprises qui groupent un petit nombre d'associés et aux commerçants ayant un patrimoine modeste ;
- d'autre part, la simplicité de ses règles de constitution et de fonctionnement la rend particulièrement attrayante.

§2. La Société en Commandite Simple (SCS) en droit congolais et en droit OHADA

56. La société en commandite simple est celle dans laquelle coexistent un ou plusieurs associés indéfiniment et solidairement responsables des dettes sociales dénommés « associés commandités », avec un ou plusieurs associés responsables des dettes sociales dans la limite de leurs apports dénommés « associés commanditaires » ou « associés en commandite », et dont le capital est divisé en parts sociales.

---

[124] J. ISSA-SAYEGH, « *Présentation des dispositions particulières sur les sociétés commerciales* », Ohadata, p. 2.

57. Des ressemblances peuvent également être retrouvées au niveau des deux législations. En effet, en droit congolais tout comme en droit OHADA :

- La pluralité des associés est exigée (avec au moins un commandité et un commanditaire) ;
- La capacité commerciale est requise pour devenir associé commandité ;
- Les statuts sont soit sous forme authentique, soit sous seing privé.

58. On remarque aussi, à ce niveau, une divergence en ce qui concerne la dénomination ou la raison sociale. En effet, si le nom d'un commanditaire ne peut être inclus dans la dénomination sociale dans les deux législations[125], le nom d'un associé commandité devait en droit congolais y être inclus alors qu'en droit OHADA cette inclusion n'est qu'une possibilité[126].

59. On retrouve dans le régime juridique de cette société la plupart des règles propres aux sociétés en nom. Néanmoins, la société en commandite simple présente aussi ses particularités, lesquelles guident son fonctionnement et sa dissolution[127].

§3. La Société Privée à Responsabilité Limitée (SPRL) en droit congolais et La Société à Responsabilité Limitée en droit OHADA (SARL)

60. La société à responsabilité limitée est une société dans laquelle les associés ne sont responsables des dettes sociales qu'à concurrence de leurs apports et dont les droits sont représentés par des parts sociales (Art. 309 de l'AUSCGIE). Ce type de société peut être constitué par une personne physique ou morale, ou entre deux ou plusieurs personnes physiques ou morales. Ainsi, la SARL présente une originalité : elle est l'une des sociétés, avec la SA, à pouvoir être instituée avec un seul associé. Elle prend alors le nom de société à responsabilité limitée unipersonnelle[128].

---

[125] Le nom d'un associé commanditaire ne peut en aucun cas être incorporé dans la dénomination sociale, à défaut de quoi celui-ci répond indéfiniment et solidairement des dettes sociales (art. 294 al. 2).

[126] Art. 15 et 294 AUSCGIE et art. 27 Décret de 1887.

[127] Cfr. *infra*.

[128] U. BABONGENO, « *De la problématique de la société unipersonnelle en droit congolais eu égard au droit de l'OAHADA* », in Ohadata, pp. 1 et s.; F. MEMAN,

61. Les associés de la SARL pluripersonnelle ou l'associé unique de la SARL unipersonnelle ne sont pas des commerçants ; ils ne sont responsables des dettes de la société qu'à concurrence de leurs apports. Ils sont liés par un *intuitu personae* limité.

62. Les ressemblances entre la SARL en droit OHADA et la SPRL congolaise sont les suivantes :

- Les associés peuvent être des personnes physiques ou des personnes morales ;
- Seule la capacité civile est exigée pour être associé ;
- Elles ne peuvent avoir pour objet l'assurance, la capitalisation et l'épargne.

Des dissemblances sont observées sur les points suivants :

- Le nombre d'associés : les associés devaient être au moins au nombre de deux en droit congolais. La SARL en droit OHADA peut être constituée avec une seule personne [129];
- La forme des statuts : les statuts devaient être passés obligatoirement sous la forme authentique en droit congolais. En droit OHADA, ils peuvent également être passés sous la forme sous seing privé ;
- Le capital minimum[130] : le capital minimum était de 100.000 FC en droit congolais et est de 1.000.000 de FCFA en droit OHADA (art. 40 du Décret de 1887 et art. 311 AUSCGIE).

§4. La Société par Actions à Responsabilité Limitée (SARL) en droit congolais et la Société Anonyme en droit OHADA (SA)

63. Parmi les ressemblances, on peut noter que :

- Les associés peuvent être des personnes physiques ou des personnes morales ;
- Seule la capacité civile est exigée pour être associé.

« *La société unipersonnelle dans le droit des affaires de l'OHADA : une œuvre (législation) à parfaire* », Penant n° 868, p. 312.

[129] Voir article 309 AUSCGIE. En France, le nombre d'associés ne peut pas dépasser cinquante personnes dans la Société Privée à Responsabilité Limitée (SPRL). C'est une conséquence de son caractère *intuitu personae*. Un tel plafond n'existe ni en droit congolais ni en droit OHADA. Comp. KLUWER, *op. cit.*, p. 137.

[130] Comp. KLUWER, *op. cit.*, p. 419.

Des dissemblances sont observées sur les points suivants :

- Le nombre d'associés : les associés étaient au minimum au nombre de 7 (sept) en droit congolais. La SA peut être constituée avec une seule personne (on parle alors de SAU) ;
- La forme des statuts : les statuts étaient passés obligatoirement sous la forme authentique en droit congolais. En droit OHADA, ils peuvent également être passés sous la forme sous seing privé ;
- Dénomination sociale : le nom d'un associé ne pouvait être repris dans la dénomination sociale de la SARL en droit congolais. C'est une possibilité en droit OHADA ;
- Autorisation de l'exécutif : la SARL congolaise devait, pour être constituée, obtenir l'autorisation du Président de la République[131]. Cette exigence n'est pas reprise en droit OHADA[132]. La SA est constituée par l'immatriculation au RCCM ;
- L'exigence de la nomination d'un commissaire aux apports[133] et la convocation en droit OHADA d'une assemblée générale constitutive lorsque le capital de la SA est constitué des apports en nature et/ou de stipulations d'avantages particuliers[134] ;
- Le capital minimum : il est de 10.000.000 de FCFA en droit OHADA. Il n'y avait pas de minimum légal en droit congolais. Mais l'avoir social devait être proportionné à l'objet de la société.

[131] Article 6 du Décret du 27 février 1887.

[132] De même, les SA en droit français et en droit belge ne sont plus soumises au régime de l'autorisation administrative.

[133] Le droit français, contrairement au droit OHADA, prévoit la possibilité de nommer plusieurs commissaires aux apports.

[134] J. ISSA-SAYEGH, « *Présentation des formalités de constitution des sociétés commerciales* », *op. cit.*, p. 6.

CHAPITRE II

LE FONCTIONNEMENT DES SOCIETES COMMERCIALES

Parler du fonctionnement des sociétés commerciales équivaut à en étudier les différents organes et les rapports qu'ils entretiennent au sein de la structure. Nous allons aborder dans un premier temps leur régime commun (section 1) avant de jeter un regard sur les particularités de chaque forme de sociétés dans les droits sous examen (section 2).

SECTION 1. REGIME COMMUN DANS LE FONCTIONNEMENT DES SOCIETES COMMERCIALES EN DROIT CONGOLAIS ET EN DROIT OHADA

64. En droit congolais comme en droit OHADA, la structure des sociétés commerciales est presque identique. Toutes les sociétés commerciales connaissent l'existence de trois (3) sortes d'organes. L'on relève, à côté des assemblées délibératives, l'existence des organes de gestion et de ceux de contrôle.

§1. La gestion des sociétés commerciales

65. Les organes de gestion ont en charge la direction et l'administration des sociétés commerciales. Ils disposent à cet effet à l'égard des tiers des pouvoirs les plus étendus pour réaliser l'objet de ces sociétés. Ces pouvoirs peuvent éventuellement être limités par les statuts. Ces limitations sont inopposables aux tiers de bonne foi[135]. La

[135] Toutefois il a été jugé que sauf circonstances particulières, un contrat conclu par le directeur technique d'une société qui n'en a pas le pouvoir n'engage pas cette

société est engagée par les actes des organes de gestion, de direction et d'administration qui ne relèvent pas de l'objet social, à moins qu'elle ne prouve que le tiers savait que l'acte dépassait cet objet ou qu'il ne pouvait l'ignorer compte tenu des circonstances, sans que la seule publication des statuts suffise à constituer cette preuve. Il a été jugé que la correspondance, écrite et signée par le responsable juridique et le responsable des ressources humaines sur papier en tête d'une personne morale, en réaction à une sommation faite à son associé ayant signé à titre personnel la convention de vente litigieuse, par laquelle ces derniers rassurent les créanciers sur le respect des termes du contrat de vente litigieux, s'engageant aux échéances convenues soit par ladite personne morale, soit en cas de fusion, par la personne morale absorbante, est considérée comme une promesse unilatérale de paiement. Cette correspondance bien que n'émanant pas des dirigeants habilités à engager le patrimoine vaut engagement de la société, laquelle est engagée à l'égard des tiers par les actes de ses organes de gestion, de direction et d'administration, sans qu'il puisse leur être opposé les limitations de leurs pouvoirs prévues par les statuts[136].

---

dernière. « (...) Attendu que pour accueillir cette demande l'arrêt, après avoir rappelé que le contrat de travail de M. Y... précise que sa fonction consiste à réaliser la prospection de charpentes métalliques serrurerie, à établir des contacts commerciaux avec tout client potentiel, à développer des ventes, à établir des devis, des dossiers, des plans, et à procéder à l'exécution détaillée des chantiers, relève que M. Y... exerçait ses fonctions à la date du contrat, depuis près de huit ans, et avait signé pour ordre le contrat de sous-traitance entre les sociétés Sogea et MP ; qu'il retient que M. X... pouvait donc légitimement croire que M. Y... avait le pouvoir de contracter au nom de cette dernière, sans vérifier les limites exactes de ses pouvoirs et que le contrat est ainsi opposable à la société MP ; attendu qu'en se déterminant ainsi, par des motifs impropres à caractériser les circonstances autorisant M. X... à ne pas vérifier les pouvoirs du directeur technique d'une société à responsabilité limitée, la cour d'appel a privé sa décision de base légale. » Cass. com., arr. 6 novembre 2012, Pourvoi 11-23.424.

[136] «(...) Attendu toutefois, qu'il est tout aussi constant que AMANY a procédé au paiement du montant des deux premières échéances de sa dette par deux lettres de change tirées sur le compte de la SFCI ; qu'à la correspondance du conseil des époux en date du 27 janvier 2000, le sommant de surseoir à la vente de la plantation jusqu'à complet paiement du prix, il a été répondu par une lettre du 21 février 2000, écrite sur papier à en-tête de la SFCI, portant le cachet ainsi que la signature de son responsable juridique et des ressources humaines ; que l'auteur de ce courrier a rassuré les époux sur le respect des termes du contrat de vente litigieux, s'engageant notamment au respect des échéances convenues, soit par la SFCI, soit, en cas de fusion, par la CDBCI ; attendu qu'il résulte des termes de l'article 122 de l'Acte uniforme relatif au droit des sociétés commerciales et du groupement d'intérêt

66. Les personnes qui les composent portent le titre de gérant ou d'administrateur selon que la société est une société par actions ou autre que par actions. Dans tous les cas, la désignation ou la cessation des fonctions des dirigeants sociaux doit être publiée au registre du commerce et du crédit mobilier (art. 124 AUSCGIE). L'argument d'invalidité tiré de ce que le procès-verbal de conseil d'administration prorogeant les pouvoirs du Directeur général d'une société commerciale n'a pas été enregistré au registre du commerce et du crédit mobilier, pour contester les actes posés par ce dernier, ne saurait prospérer dans la mesure où tout intéressé peut, à défaut de la régularisation dans un délai d'un mois à compter de la mise en demeure, demander au président de la juridiction compétente statuant à bref délai, de désigner un mandataire à l'effet d'accomplir la formalité de publicité, encore qu'une telle omission n'est pas assortie de sanction[137]. En droit OHADA, la forme de la société est en principe

---

économique que la société commerciale est engagée à l'égard des tiers par les actes de ses organes de gestion, de direction et d'administration, sans qu'il puisse leur être opposé les limitations de leurs pouvoirs prévues par les statuts ; attendu que c'est à bon droit que les premiers juges ont regardé la correspondance du 21 février 2000 comme une promesse unilatérale de paiement, engageant la SFCI » (CCJA, Arrêt n° 018/2013 du 07 mars 2013, Aff. Compagnie des Bananes de Côte d'Ivoire dite CDBCI contre Martial DUPARC et Fatome HOUBALLAH épouse DUPARC, JURIDATA N° J018-03/2013).

[137] J. M. MBOCK Biumla, *op. cit.*, art. 124, p. 180. «(...) Les conditions de délibération du Conseil d'administration de la SATA, société anonyme, et de nomination par celui-ci du nouveau Directeur Général, Monsieur Mohamed Ben Dahane, telles que rapportées par le défendeur au pourvoi lui-même sont conformes aux dispositions de l'Acte uniforme précité régissant ces matières notamment, entre autres, les articles 485, 486, 488, 491 et 492 et les articles 18 à 20 des statuts de ladite société ; que par conséquent, la nomination faite par ledit Conseil d'administration de Monsieur Mohamed Ben Dahane, en qualité de Directeur Général de la SATA, n'étant pas en cause, l'argument d'invalidité tiré de ce qu' « il n'a été enregistré au greffe du registre du commerce et du crédit mobilier du Tribunal de grande instance aucun procès-verbal de conseil d'administration de la SATA relatif aux résultats de l'exercice 2005 qui prorogeait les pouvoirs de Monsieur Mohamed Ben Dahane lequel ne peut dès lors se prévaloir de la qualité de Directeur Général de la SATA... » ne saurait prospérer dans la mesure où si l'article 124 de l'Acte uniforme précité prescrit que « la désignation, la révocation ou la démission des dirigeants sociaux doit être publiée au registre du commerce et du crédit mobilier », l'article 259 alinéa 1 du même Acte uniforme dispose toutefois que « lorsqu'une formalité de publicité ne portant ni sur la constitution de la société ni sur la modification des statuts a été omise ou a été irrégulièrement accomplie et si la société n'a pas régularisé la situation dans un délai d'un mois à compter de la mise en demeure qui lui a été adressée, tout intéressé peut demander au président de

inopérante quant à la qualité des organes de gestion. En effet, dans ce droit, les personnes physiques comme les personnes morales peuvent être gérantes ou administratrices. Les personnes morales sont gérantes ou administratrices par le biais d'un représentant. Cependant, un bémol est prévu en ce qui concerne les SA à gestion par Administrateur Général et les SARL dans lesquelles les membres des organes de gestion sont nécessairement des personnes physiques.

Lorsque le fonctionnement normal de la société est rendu impossible, soit du fait des organes de gestion, de direction ou d'administration, soit du fait des associés, la juridiction compétente statuant à bref délai peut décider de nommer un administrateur provisoire aux fins d'assurer momentanément la gestion des affaires sociales (art. 160-1 AUSCGIE). Il s'agit de l'administration provisoire. La juridiction compétente est saisie à la requête soit des organes de gestion, de direction ou d'administration, soit d'un ou plusieurs associés. A peine d'irrecevabilité de la demande, la société est mise en cause. L'administrateur provisoire représente la société dans le cadre de sa mission et dans la limite de ses pouvoirs. Tout acte qu'il accomplit en outrepassant ses pouvoirs est inopposable à la société. L'administrateur provisoire est responsable, à l'égard tant de la société que des tiers, des conséquences dommageables des fautes qu'il commet dans l'exercice de ses fonctions (art. 160-8 AUSCGIE).

La juridiction compétente peut nommer en qualité d'administrateur provisoire une personne physique qui peut être un mandataire judiciaire inscrit sur une liste spéciale ou toute autre personne justifiant d'une expérience ou une qualification particulière au regard de la nature de l'affaire et remplissant certaines conditions de qualification et de réputation. La décision de nomination de l'administrateur provisoire :

---

la juridiction compétente statuant à bref délai, de désigner un mandataire à l'effet d'accomplir la formalité de publicité » ; qu'en l'espèce, le Receveur des Impôts de Zinder n'ayant accompli aucune des possibilités supplétives que lui offrait la disposition susmentionnée, qui n'édicte par ailleurs aucune sanction, ne peut se prévaloir du défaut d'inscription du nouveau Directeur Général au Registre du commerce et du Crédit mobilier et conclure au défaut de qualité de celui-ci ; que dès lors, ledit Directeur général, en la personne de Monsieur Mohamed Ben Dahane, est bien « le représentant qualifié », spécifié à l'article 28.4 du Règlement de procédure de la CCJA, habilité à donner mandat à un Avocat pour saisir du présent recours en cassation la Cour de céans ». CCJA, Arrêt n° 025/2010 du 08 avril 2010, Aff. Société AMAR TALER dite SATA C/ LE RECEVEUR DES IMPOTS DE ZINDER., JURIDATA N° J025-04/2010.

- a. détermine l'étendue de sa mission et ses pouvoirs ;
- b. indique, le cas échéant, ceux des organes de gestion, de direction ou d'administration qui restent en fonction et précise les pouvoirs et compétences qui leur sont maintenus ;
- c. fixe sa rémunération, qui est à la charge de la société, ainsi que la durée de sa mission, laquelle ne peut excéder six (6) mois, sauf prorogation décidée par la juridiction compétente à la requête de l'administrateur provisoire, les parties étant appelées. Dans sa demande de prorogation, l'administrateur provisoire doit indiquer, à peine d'irrecevabilité, les raisons pour lesquelles sa mission n'a pu être achevée, les mesures qu'il envisage de prendre et les délais que nécessite l'achèvement de la mission. La juridiction compétente fixe la durée de la prorogation sans que la durée totale de la mission ne puisse excéder douze (12) mois.

La décision de nomination de l'administrateur provisoire est publiée dans un délai de quinze (15) jours à compter de la date de sa nomination, dans un avis inséré dans un journal habilité à recevoir les annonces légales dans l'État partie du siège social. Il contient aussi les mentions visées aux articles 160-3 et 257 AUSCGIE.

L'administrateur provisoire peut être révoqué et remplacé selon les formes prévues pour sa nomination. Par ailleurs, tout associé peut obtenir en justice la révocation de l'administrateur provisoire si cette demande est fondée sur un motif légitime (160-7 AUSCGIE).

67. La responsabilité des dirigeants sociaux est engagée en cas de manquements aux lois, de violation des statuts et en cas de faute de gestion. En droit congolais, cette responsabilité était solidaire, soit envers la société, soit envers les associés, soit envers les tiers, quant aux dommages résultant d'infractions aux dispositions légales et statutaires. Ils ne sont déchargés de cette responsabilité quant aux infractions auxquelles ils n'ont pas pris part que si aucune faute ne leur est imputable et s'ils les ont dénoncées à l'assemblée générale la plus prochaine après qu'ils en auront eu connaissance (art. 108 du Décret du 27 février 1887 sur les sociétés commerciales).

68. Le droit OHADA, tout comme le droit français, établit un distinguo entre l'action individuelle et l'action sociale[138] dont les

[138] L'action tendant à condamner un dirigeant social à représenter un coffre-fort ne saurait être qualifiée d'action sociale ou action ut singuli dont l'objet vise à obtenir la condamnation du dirigeant social au paiement des dommages et intérêts pour préjudice subi par la société à la suite d'une faute de gestion. « (...) L'action de la

dirigeants sociaux peuvent faire l'objet. Dans la première, leur responsabilité est en principe individuelle envers les tiers ou les associés ou actionnaires. En cas de participation de plusieurs aux mêmes faits, cette responsabilité devient solidaire. Dans les rapports entre eux, le juge pourra toutefois déterminer la part contributive de chacun dans la réparation du dommage[139]. Dans la seconde, cette responsabilité est individuelle[140]. Les articles 161 et 162 ne sont pas applicables au litige qui résulte de la mauvaise interprétation du protocole qui lie les parties. Par conséquent, seules les dispositions du code civil sont applicables. «(...) Mais attendu que contrairement aux prétentions du mémorant le problème essentiel auquel le juge devait répondre est celui de la régularité de la commande ; qu'en effet s'il était prouvé que la commande a rempli les conditions, il n' y a nul besoin pour SOGIMPEX de se référer au dédouanement pour être payée ; que dans l'hypothèse inverse le non dédouanement ne serait qu'une turpitude de sa part qui ne serait pas imputable à ARLIT PEINTURE ; que dès lors c'est à bon droit que la Cour d'appel a pris comme motif que '(…) le litige qui oppose la SARL SOGIMPEX à la Société ARLIT PEINTURE résulte de la mauvaise interprétation du Protocole d'accord par les parties signataire (…)' ; que les articles 161 et 162 ne trouvant aucune application, il échet de déclarer le moyen mal fondé et de rejeter le pourvoi »[141].

---

société WIN SARL, qui avait pour fin la condamnation de Monsieur A à représenter le coffre-fort de la Société, et non le paiement de dommages-intérêts en réparation d'un préjudice que lui aurait causé le requérant ne relève pas des dispositions susvisées relatives à l'action « ut singuli » ; qu'en procédant au transfert dudit coffre-fort, sur autorisation judiciaire obtenue à sa demande, il en résultait que Monsieur A s'engageait nécessairement et personnellement à le représenter ; qu'ainsi en retenant «...qu'il est légitime que sa représentation [du coffre] soit réclamée à Monsieur A qui en a assumé le transfert », l'arrêt attaqué n'encourt pas le reproche visé au moyen. » CCJA, Arrêt n° 015/2005 du 24 février 2005, Aff. ANGOUA KOFFI Maurice c/ La Société WIN SARL, JURIDATA N° J015-02/2005. Voy. aussi Arrêt n° 015/2005 du 24 février 2005, Aff. ANGOUA KOFFI Maurice c/ La Société WIN SARL, JURIDATA N° J015-02/2005 sous l'article 166, AUSGGIE.

[139] Art. 161 de l'AUSCGIE.

[140] Art. 165 de l'AUSCGIE.

[141] CCJA, Arrêt n° 082/2013 du 20 novembre 2013, Aff. Société SOGIMPEX contre Société ARLIT PEINTURE, JURIDATA N° J082-11/2013. Voy. aussi CCJA, Arrêt n° 096 2013 du 22 novembre 2013, Aff. ABOSSOLO Joseph ; GUILIANI Jean Pierre ; GUEGBELET Basile ; MANDAZOU Raymond ; WAKE Victor ; BOUCHER Victor ; DOKOUNA Emmanuel contre LA BELGOLAISE BANQUE SA ;- BABA MARTIN ; HOLDING COFIPA, JURIDATA N° J096-11/2013 : «(...)

69. Les actions contre les dirigeants sociaux se prescrivaient, en droit congolais, par cinq (5) ans[142]. En droit OHADA, elles se prescrivent par trois (3) ans à compter du fait dommageable ou de sa révélation, et par dix (10) ans pour les crimes[143].

§2. Les organes de délibération

70. Les organes de délibération sont ceux dans lesquels les associés ou actionnaires exercent l'un des droits liés à leur qualité, connus sous l'appellation de *droits d'associés*, à savoir celui de voter[144]. Ce droit leur permet de participer aux décisions collectives qui dépassent généralement la compétence des organes de gestion. Ces organes sont essentiellement les assemblées auxquelles prennent part les associés ou actionnaires. Ces assemblées peuvent être ordinaires ou extraordinaires.

71. Dans certaines formes, il existe à côté des assemblées générales des assemblées spéciales[145]. L'article 53 de l'AUSCGIE dispose :

> « Les titres sociaux confèrent à leur titulaire :
>
> • 1° un droit sur les bénéfices réalisés par la société lorsque leur distribution a été décidée ;
>
> • 2° un droit sur les actifs nets de la société lors de leur répartition, à sa dissolution ou à l'occasion d'une réduction de son capital ;
>
> • 3° le cas échéant, l'obligation de contribuer aux pertes sociales dans les conditions prévues pour chaque forme de société ;
>
> • 4° le droit de participer et de voter aux décisions collectives des associés, à moins que le présent Acte uniforme en dispose autrement pour certaines catégories de titres sociaux ».

Mais attendu que la requête introductive d'instance est basée sur les articles 161 et suivants visant ainsi, aussi bien l'action individuelle que l'action sociale ; que les juges d'appel, après avoir exclu l'application des articles 161 et 162 relatifs à l'action individuelle pour absence de préjudice distinct de celui de la société (…) ». Cf. Arrêt n° 082/2013 du 20 novembre 2013, Aff. Société SOGIMPEX contre Société ARLIT PEINTURE, JURIDATA N° J082-11/2013 sous l'article 161, AUSGGIE.

[142] Art. 126 point.4 du décret du 27 février 1887 sur les sociétés commerciales.

[143] Art. 164 et 170 de l'AUSCGIE.

[144] Sur les actions sans droit de vote : KLUWER, *op. cit.*, pp. 83.

[145] KLUWER, *op. cit.*, pp. 339 et s.

72. L'article 55 de l'AUSCGIE surenchérit en prescrivant que les droits mentionnés à l'article 53 de l'Acte uniforme doivent être exercés dans les conditions prévues pour chaque forme de société. Ces droits ne peuvent être suspendus ni supprimés que par des dispositions expresses de l'Acte uniforme.

§3. Les organes de contrôle

73. Le contrôle de la gestion d'une société est traditionnellement exercé par les associés ou actionnaires. Ceux-ci disposent d'un droit de regard sur la conduite des affaires par les dirigeants sociaux[146]. Ce droit leur permet, en droit OHADA, de déclencher la procédure d'alerte ou de requérir une expertise de gestion (art. 157 à 160 de l'AUSCGIE). Il peut aussi l'être par les commissaires aux comptes.

74. En droit congolais comme en droit OHADA, la nomination des commissaires n'est pas rendue obligatoire dans toutes les formes de sociétés. En effet, les sociétés autres que par actions ne sont pas, en principe, obligées d'y procéder. Certaines d'entre elles y sont cependant obligées. C'était le cas, en droit congolais, de la société privée à responsabilité limitée (SPRL) lorsqu'elle est constituée de plus de cinq (5) associés (art. 71 al. 3 du Décret du 27 février 1887 sur les sociétés commerciales). Et c'est le cas en droit OHADA de la société à responsabilité limitée (SARL) lorsque son capital social est supérieur à dix millions (10.000.000) de francs CFA avec un chiffre d'affaires annuel supérieur à deux cents cinquante millions (250.000.000) de francs CFA et un effectif permanent d'au moins cinquante (50) personnes (Art. 376 de l'AUSCGIE).

SECTION 2. REGIME SPECIFIQUE A CHAQUE FORME DE SOCIETE COMMERCIALE

75. Traditionnellement, l'on oppose les sociétés commerciales aux sociétés civiles au moyen de leur forme et de leur objet. L'objet n'est rien d'autre que l'activité que se propose d'exploiter une société. Lorsqu'il a un caractère civil, la société est dite civile. Tandis que s'il est commercial, la société sera dite commerciale. Ce critère permet d'assimiler certains groupements de fait dépourvus de personnalité juridique à des sociétés commerciales à cause notamment du caractère

[146] Voy. KLUWER, *op. cit.*, p. 513.

de leur activité. Il s'agit là de la société en participation[147], de la société de fait et celle créée de fait, dont la situation des associés est réglementée en droit OHADA.

76. A côté de l'objet, on retrouve aussi la forme comme critère de commercialité des sociétés. Ce critère tient compte de la structure qu'adopte une société pour son fonctionnement. En droit congolais, étaient considérées commerciales, quel que soit leur objet, les sociétés qui avaient opté pour l'une des formes suivantes :

- La société en nom collectif (SNC) ;
- La société en commandite simple (SCS) ;
- La société privée à responsabilité limitée (SPRL) ;
- La société par actions à responsabilité limitée (SARL) ;
- La société coopérative (SC)[148].

En droit OHADA, L'acte uniforme ne retient que les formes suivantes :

- La société en nom collectif (SNC) ;
- La société en commandite simple (SCS) ;
- La société à responsabilité limitée (SARL) ;
- La société anonyme (SA) ;
- La société par actions simplifiée (SAS)[149].

77. La société coopérative[150] est prévue par l'Acte uniforme relatif au droit des sociétés coopératives, adopté le 15 décembre 2010 à Lomé. Pour rappel, la coopérative, comme société, était régie en droit congolais par le décret du 23 mars 1921. Ce texte est resté silencieux quant à la gestion de ces sociétés. Mais comme dans toutes les autres sociétés, l'on y retrouve les organes de gestion et de contrôle à côté des assemblées d'associés. Aussi s'agit-il d'une forme de société qui se caractérise par la mobilité de ses membres, appelés *coopérateurs*, et par la variabilité de son capital social.

---

[147] On entend par société en participation celle dans laquelle les associés conviennent qu'elle ne sera pas immatriculée et qu'elle n'aura pas de personnalité juridique. C'est donc une société obscure, qui fonctionne sans publicité. Son existence est prouvée par tous moyens de droit (voy. Y. MEUKE Bérenger, « *La société non personnalisée dans l'OHADA, études de l'impact de l'absence de personnalité morale dans la société en participation* », Revue juridique tchadienne, n° 12, p. 6. Revue juridique tchadienne, n° 12, juillet 2006, pp. 6 et s.).

[148] Art. 3 du décret-loi du 19 septembre 1965 complétant le décret du Roi-souverain du 27 février 1887 sur les sociétés commerciales.

[149] Art.6 de l'AUSCGIE.

[150] Voy. J-M KUMBU Ki Ngimbi, *Législation en matière économique. Manuel d'enseignement*, *op. cit.*, pp. 179-181.

§1. Le fonctionnement des sociétés autres que par actions

78. Dans cette catégorie entrent les sociétés en nom collectif (SNC), les sociétés en commandite simple (SCS), les sociétés coopératives (SC) et la société privée à responsabilité limitée (SPRL) en droit congolais, et la société à responsabilité limitée (SARL) en droit OHADA.

I. Le fonctionnement des sociétés en nom collectif

Nous allons aborder ce point en rapport avec les différents organes d'une société.

A. Les organes de gestion

79. Dans les deux droits, l'administration et la direction de ces sociétés sont assurées par des personnes appelées gérants[151]. Ceux-ci peuvent être associés ou non. En droit congolais, le gérant non associé répondait, comme s'il était associé, des obligations nées pendant sa gestion[152].

80. En droit congolais, seules les personnes physiques pouvaient être gérantes dans cette forme de sociétés. En droit OHADA, les personnes morales peuvent l'être[153]. Dans ce dernier cas, les dirigeants de la personne morale "sont soumis aux mêmes responsabilités civiles et pénales que s'ils étaient gérants en leur nom propre, sans préjudice de leur responsabilité solidaire"[154].

B. Statut des gérants

81. En droit OHADA, les articles 276 à 286 de l'AUSCGIE fixent le statut et les pouvoirs des dirigeants[155]. Les gérants sont désignés par les statuts lors de la constitution de la société et par les associés au cours de la vie de celle-ci. En droit congolais, ils étaient nommés à l'unanimité des associés sauf stipulations contraires des statuts[156]. En droit OHADA, le législateur laisse aux statuts le soin d'organiser la

[151] Art. 21 al. 1 du Décret du 27 février 1887 et art. 276 de l'AUSCGIE.
[152] Art. 21 al. 2 du Décret du 27 février 1887.
[153] Art. 276 de l'AUSCGIE.
[154] Article 276, alinéa 3 de l'AUSCGIE.
[155] Comp. KLUWER, *op. cit.*, p. 281.
[156] Art. 21 al. 3 du décret du 27 février 1887.

gérance. Ainsi, ils peuvent prévoir soit l'unanimité, soit la majorité pour la désignation des gérants[157].

82. A défaut d'organisation de la gérance, tous les associés sont réputés être gérants. Chacun pourra alors accomplir séparément tous les actes nécessaires à l'administration de la société. Les associés peuvent aussi designer un gérant non associé. Mais dans tous les cas, en vertu de l'article 203 de l'Acte uniforme sur les procédures collectives d'apurement du passif, il ne peut s'agir d'une personne ayant fait l'objet d'une déclaration en faillite personnelle. En effet, l'article 203 susmentionné dispose :

> « La décision qui prononce la faillite personnelle emporte de plein droit :
>
> - l'interdiction générale de faire le commerce et notamment de diriger, gérer, administrer ou contrôler une entreprise commerciale à forme individuelle ou toute personne morale ayant une activité économique ;
>
> - l'interdiction d'exercer une fonction publique élective et d'être électeur pour ladite fonction publique ;
>
> - l'interdiction d'exercer aucune fonction, administrative, judiciaire ou de représentation professionnelle.
>
> Lorsque la juridiction compétente prononce la faillite personnelle, elle en fixe la durée qui ne peut être inférieure à trois ans et supérieure à dix ans.
>
> Les déchéances, incapacités et interdictions résultant de la faillite personnelle cessent, de plein droit, au terme fixé ».

83. Leurs pouvoirs étaient, en principe, déterminés par les statuts en droit congolais. A défaut, les gérants pouvaient, ensemble ou séparément, poser tout acte d'administration ou de disposition et soutenir toute action au nom de la société soit en demandant soit en défendant, sous réserve du droit de veto reconnu aux associés[158]. Le droit OHADA abonde dans le même sens mais en distinguant les rapports entre associés et gérants de ceux avec les tiers[159]. En effet, dans les rapports entre associés et en l'absence de la détermination de ses pouvoirs par les statuts, le gérant peut faire tous les actes de gestion dans l'intérêt de la société. En cas de pluralité de gérants, chacun dé-

---

[157] P. POUGOUE, J. NGUEBOU-TOUKAM, F. ANOUKAHA, « *Commentaires sur l'acte uniforme relatif au droit des sociétés commerciales et du groupement d'intérêt économique* », OHADA, Traité et actes uniformes commentés et annotés, 2e éd., 2002, p. 411.

[158] Art. 22 du décret du 27 février 1887 sur les sociétés commerciales.

[159] Lire art. 277 de l'AUSCGIE.

tient les mêmes pouvoirs que s'il était seul gérant de la société. L'opposition formée par un gérant aux actes d'un autre gérant est sans effet à l'égard des tiers, à moins qu'il ne soit établi qu'ils en ont eu connaissance[160].

84. Une rémunération leur est accordée pour les fonctions qu'ils remplissent. Elle est fixée, en droit OHADA, par les associés, à la majorité en nombre et en capital des associés, que les gérants soient ou non associés[161]. Le droit congolais, lui, restait silencieux quant à cette question pour cette forme de sociétés.

85. Leurs fonctions prennent fin par révocation. En effet, le législateur en droit OHADA a voulu éviter l'inamovibilité des dirigeants. Celle-ci, en droit congolais, qu'elle concerne un gérant nommé par les statuts ou non, intervenait à l'unanimité des associés et pouvait être demandée en justice par tout associé. Elle n'entrainait pas la dissolution de la société[162]. En droit OHADA, par contre, elle n'est décidée à l'unanimité des associés que si tous les associés sont gérants ou si un gérant associé est désigné par les statuts. Elle entraine la dissolution de la société à moins que les statuts ne prévoient sa continuation ou que les autres associés ne la décident à l'unanimité[163].

86. Ainsi, au cas où le gérant est un associé, trois cas de figure sont possibles : dans un premier cas de figure, il est possible que tout d'abord tous les associés soient gérants ; dans pareils cas, une décision unanime des autres associés est requise pour la révocation de l'un d'eux ; dans un deuxième cas de figure, il se peut que la gérance soit assurée par un associé désigné dans les statuts. Dans une pareille hypothèse, une décision unanime des autres associés est aussi requise. Il en est de même au cas où plusieurs associés gérants sont nommés dans les statuts et que l'un d'eux doit être révoqué. Dans une telle hypothèse, même ceux qui ont la qualité de gérant doivent pouvoir participer à la prise de décision ; enfin, il se peut que la gérance soit assurée par un associé non désigné dans les statuts. Dans un tel cas,

[160] Les clauses statutaires limitant les pouvoirs des gérants qui résultent du présent article sont inopposables aux tiers.
[161] Art. 278 de l'AUSCGIE.
[162] Art. 21 al. 4 du décret du 27 février 1887 sur les sociétés commerciales.
[163] Art. 279 de l'AUSCGIE.

une révocation décidée à la majorité en nombre et en capital des autres associés suffit[164].

87. Enfin, en droit OHADA, lorsqu'elle est décidée sans justes motifs, la révocation d'un gérant peut donner lieu à des dommages et intérêts[165]. Le droit congolais reste silencieux à ce sujet dans cette forme de sociétés.

88. Les effets de la révocation du gérant en droit OHADA sont :

- Sur la situation de la société : lorsque tous les associés sont gérants, la révocation de l'un d'eux entraîne la dissolution de celle-ci. Il y a également dissolution lorsque le gérant associé a été désigné dans les statuts. Cette dissolution s'explique par le fait que l'attribution de la qualité de gérants a pu déterminer les adhésions au pacte social. Elle est cependant écartée dans certains cas : lorsque la continuation avait été prévue par les statuts par exemple ;
- Lorsque le gérant n'est pas désigné dans les statuts, qu'il soit associé ou non, sa révocation est sans incidence sur la vie de la société ; elle peut cependant déboucher sur sa condamnation au paiement de dommages-intérêts[166].

89. Enfin, pour ce qui est de leurs pouvoirs, il faut établir une distinction entre les pouvoirs internes des gérants, et leurs pouvoirs externes. Il faut aussi distinguer selon qu'il y a un seul gérant ou plusieurs gérants :

a) Pour ce qui est des pouvoirs internes : en cas de gérant unique, l'article 277 alinéa premier dispose :

> « Dans les rapports entre associés et en l'absence de la détermination de ses pouvoirs par les statuts, le gérant peut faire tous les actes de gestion dans l'intérêt de la société ».

Lorsqu'il y a une clause statutaire limitant les pouvoirs du gérant, l'acte accompli en violation d'une telle clause reste valable car les associés ne pourront pas s'en prévaloir dans leurs rapports avec les tiers. Ils pourront cependant poursuivre le gérant fautif pour obtenir réparation du préjudice subi de ce fait ; ils pourront aussi le révoquer

---

164 P. POUGOUE, J. NGUEBOU-TOUKAM, F. ANOUKAHA, *op. cit.*, p. 40. Pour ce qui est de la révocation du gérant non associé désigné par les statuts, l'article 280 de l'AUSCGIE dispose :
« Le gérant qui n'est pas nommé par les statuts, qu'il soit associé ou non, peut être révoqué par décision de la majorité en nombre et en capital des associés ».

165 Art. 281 de l'AUSCGIE.

166 P. POUGOUE, J. NGUEBOU-TOUKAM, F. ANOUKAHA, *op. cit.*, p. 41.

sans exposer la société à une condamnation au paiement de dommages-intérêts car il y aurait un juste motif de révocation[167]. Il y a donc inopposabilité aux tiers des clauses limitant les pouvoirs des gérants.

En cas de pluralité de gérants, chacun détient les mêmes pouvoirs que s'il était seul gérant de la société. L'opposition formée par un gérant aux actes d'un autre gérant est sans effet à l'égard des tiers, à moins qu'il ne soit établi qu'ils en ont eu connaissance (art. 277 de l'AUSCGIE).

b) En ce qui concerne les pouvoirs externes, l'art. 277 al. 2 AUSCGIE dispose :

> « Dans les rapports avec les tiers, le gérant engage la société par les actes entrant dans l'objet social ».

Cette disposition protège les tiers et leur évite un examen minutieux des statuts afin de déterminer les limites des prérogatives des dirigeants sociaux. Le dernier alinéa de l'article susmentionné dispose :

> « Les clauses statutaires limitant les pouvoirs des gérants qui résultent du présent article sont inopposables aux tiers »[168].

90. L'article 273, dernier alinéa, interdit ainsi aux associés de se prévaloir, vis-à-vis des tiers, des clauses statutaires limitant les pouvoirs du gérant. Il n'y est établi aucune distinction entre le tiers de bonne et celui de mauvaise foi. Il est à relever que cette disposition est en contradiction avec l'article 123 al. 2 qui se trouve dans les règles communes à toutes les sociétés et qui déclare les clauses limitant les pouvoirs des gérants inopposables aux seuls tiers de bonne foi. « Le souci d'assurer la sécurité des tiers ne doit pas faire oublier la nécessité dans les SNC de prendre en compte les intérêts des associés qui, étant tenus indéfiniment et solidairement du passif social, risquent de supporter les conséquences des actes passés par le gérant. C'est ce qui explique que les pouvoirs du gérant soient limités par l'objet social. La société en nom collectif, contrairement aux sociétés à risques limités, n'est engagée que par les actes du gérant qui entrent dans l'objet

---

[167] Id., p. 42.

[168] F. DECKON Kuassi, « *Les pouvoirs du dirigeant de société commerciale en droit uniforme de l'Ohada », in Revue des sociétés* », 2013, p. 467.

social. Il appartient aux associés de fixer cet objet avec précision dans les statuts »[169].

91. S'il y a plusieurs gérants, il convient de se reporter aux prescrits de l'article 277 dernier alinéa de l'AUSCGIE. Pas plus que les stipulations statutaires, l'opposition d'un gérant à l'accomplissement d'un acte par un autre gérant ne saurait être invoquée contre un tiers. L'article 277 avant dernier alinéa réserve cependant la possibilité de se prévaloir de l'opposition à l'égard du tiers, en prouvant qu'il en a eu connaissance au moment de l'accomplissement de l'acte. « On comprend difficilement le choix opéré ici. La protection contre l'opposition n'est assurée qu'au tiers qui n'en a pas eu connaissance, alors que la protection contre les clauses statutaires est assurée à tous, donc même à ceux qui savaient que le gérant ne pouvait pas accomplir l'acte en question »[170].

C. Les associés en nom collectif

92. Les associés de la SNC ont, comme les autres associés, des droits et des devoirs. Parmi ces droits, les associés en nom collectif ont le droit de participer au profit collectif réalisé dans le cadre de l'exploitation sociale, à une part des bénéfices distribuables, de prendre part aux grandes décisions[171] (qui se traduit par le droit de vote reconnu à chaque associé en nom[172]) et le droit d'être informés sur l'activité des gérants.

93. Contrairement au droit congolais qui est silencieux sur la question, le droit OHADA a prévu au niveau des sociétés en nom collectif une assemblée générale annuelle, à tenir au plus tard dans les six (6) mois qui suivent la clôture d'un exercice, et au cours de laquelle le rapport de gestion, l'inventaire et les états financiers de synthèse sont soumis à l'approbation des associés[173]. Notons qu'en droit OHADA, la société en nom collectif n'est pas tenue de constituer une réserve légale, contrairement aux sociétés à responsabilité limitée (art. 346 al.

---

[169] P. POUGOUE, J. NGUEBOU-TOUKAM, F. ANOUKAHA, *op. cit.*, p. 42.

[170] Ibid.

[171] Les décisions collectives sont prises en assemblée ou par consultation écrite si la réunion d'une assemblée n'est pas demandée par l'un des associés (art. 284 de l'AUSCGIE).

[172] Art. 284 et s. de l'AUSCGIE.

[173] Art. 288 de l'AUSCGIE. Comp. KLUWER, *op. cit.*, p. 357.

2 AUSCGIE) [174] et aux sociétés anonymes (art. 546 al. 2 AUSCGIE)[175].

94. Les documents précités doivent, à cette fin, être communiqués aux associés au moins quinze (15) jours avant la tenue de l'assemblée. Celle-ci ne siège valablement que si elle réunit une majorité d'associés représentant la moitié du capital social. La présidence est assurée par l'associé représentant par lui-même ou par mandataire le plus grand nombre de parts sociales[176]. Elles sont convoquées par les gérants quinze (15) jours avant leur tenue. La convocation indique la date, le lieu de réunion et l'ordre du jour (art. 286 de l'AUSCGIE.)

95. Toute assemblée irrégulièrement convoquée peut être annulée[177]. Toutefois, l'action en nullité n'est pas recevable lorsque tous les associés étaient présents ou représentés. Toutes les décisions qui excèdent les pouvoirs des gérants sont prises à l'unanimité des associés. Cette règle se justifie aisément, car les associés sont tenus indéfiniment et solidairement du passif ; ainsi, la voix de chacun d'eux doit compter dans la prise de décision. L'unanimité n'est donc pas seulement requise pour les décisions les plus graves ; elle l'est pour toutes les décisions qui excèdent les pouvoirs des gérants. Toutefois, les statuts peuvent prévoir que certaines décisions sont prises à une majorité qu'ils fixent (art. 283 de l'AUSCGIE). Ils définissent aussi les règles relatives aux modalités de consultation et aux quorums.

96. Les associés en nom collectif ont la qualité de commerçants : à ce titre, ils sont soumis aux obligations y attachées. Ils sont aussi tenus d'obligations spécifiques dont la plus importante est l'obligation au passif social.

---

[174] « A peine de nullité de toute délibération contraire, il est pratiqué sur le bénéfice de l'exercice diminué, le cas échéant, des pertes antérieures, une dotation égale à un dixième au moins affectée à la formation d'un fonds de réserve dit « réserve légale ». Cette dotation cesse d'être obligatoire lorsque la réserve atteint le cinquième du montant du capital social ».

[175] « Elle (l'assemblée générale) est notamment compétente pour : (…) 2° décider de l'affectation du résultat ; à peine de nullité de toute délibération contraire, il est pratiqué sur le bénéfice de l'exercice diminué, le cas échéant, des pertes antérieures, une dotation égale à un dixième au moins affectée à la formation d'un fonds de réserve dit 'réserve légale'. Cette dotation cesse d'être obligatoire lorsque la réserve atteint le cinquième du montant du capital social (…) ».

[176] Lesquelles parts ne sont cessibles qu'avec le consentement unanime des associés (art. 274 AUSCGIE).

[177] Voy. KLUWER, *op. cit.*, pp. 357 et s.

97. Selon l'art. 270 AUSCGIE, les associés en nom collectif répondent indéfiniment et solidairement des dettes sociales. Pour cette raison, deux époux ne peuvent être simultanément membres de ce type société (art. 9 AUSCGIE). Pour la même raison, l'ouverture d'une procédure collective contre la société entraîne automatiquement le redressement judiciaire ou la liquidation des biens de chaque associé (art. 33 al. 3 de l'Acte uniforme portant organisation des procédures collectives d'apurement du passif)[178].

98. Cependant, la règle de la responsabilité indéfinie et solidaire soulève des difficultés lorsque des parts sociales sont cédées et que de nouveaux associés entrent dans la composition de la société (en même temps que d'autres la quittent). Dans ce cas, la responsabilité indéfinie et solidaire de l'associé cédant s'arrête dès la publication de ladite cession conformément aux règles de publicité. L'associé cédant n'est donc pas responsable des dettes survenues après la publication de la cession opérée. Cependant, pour ce qui est de l'associé cessionnaire, il n'y a point à distinguer selon qu'il s'agit des dettes survenues avant ou après son entrée dans la société. Il est tenu du passif social.

D. Contrôle de la gestion

99. Le législateur OHADA ne réglemente que le contrôle à exercer par les associés en vertu du droit dont ils disposent de pouvoir consulter, au siège de la société, deux fois par an, tous les documents et pièces comptables ainsi que les procès-verbaux des délibérations et des décisions collectives. Ce droit ne peut s'exercer qu'après avoir averti la gérance au moins quinze (15) jours à l'avance. Mais ils peuvent se faire assister, à cet effet, par un expert-comptable ou un commissaire aux comptes. En cette matière aussi, force est de constater le silence du législateur congolais.

100. Enfin, rappelons que le législateur n'autorise les poursuites contre les associés que s'il est établi que la société ne veut pas ou ne peut pas payer ses dettes. Les créanciers ne peuvent en effet exercer d'action contre les associés pour parvenir au recouvrement de la créance sur la société qu'après une mise en demeure préalable de celle-ci. C'est seulement lorsque la mise en demeure reste sans effet pendant un délai de 60 jours (délai susceptible d'être prorogé par ordonnance du président de la juridiction compétente statuant à bref délai) que les créanciers peuvent poursuivre les associés. L'obligation

[178] P. POUGOUE, J. NGUEBOU-TOUKAM, F. ANOUKAHA, *op. cit.*, p. 44.

pour le créancier de mettre en demeure la société et d'observer un délai d'attente qui est plus au moins long (selon qu'il y a eu ou non prorogation) illustre le caractère subsidiaire de l'engagement de l'associé en nom. Lorsque la mise en demeure est régulièrement faite, le créancier social peut, à l'expiration du délai, poursuivre pour l'intégralité de la dette n'importe quel associé. La solidarité passive qui existe entre associés l'autorise à poursuivre les associés dans l'ordre qui lui convient sans avoir à accomplir d'autres formalités que la mise en demeure. L'associé qui paie l'intégralité d'une dette dispose d'un recours contre ses coassociés, chacun pour sa part. En principe la contribution au passif se fait proportionnellement aux apports. Cependant, il est reconnu aux associés le droit d'aménager autrement la contribution à la dette[179].

II. Le fonctionnement des sociétés en commandite simple

101. La société en commandite simple est une société qui connait une coexistence de deux types d'associés : les commandités et les commanditaires. Tout son fonctionnement tient compte de cette coexistence tant au niveau de la gestion et de son contrôle qu'au niveau des assemblées délibératives[180].

A. Gestion des sociétés en commandite simple

102. En droit OHADA comme en droit congolais, la gestion de cette forme de société est confiée aux seuls associés commandités[181]. S'il est procédé à la nomination des gérants, ceux-ci ne peuvent être choisis que parmi ces derniers[182]. Ceux-ci exercent ces fonctions dans les mêmes conditions que les gérants de la société en nom collectif.

103. Les associés commanditaires sont donc écartés de la gestion externe de la société[183]. Ils ne peuvent, même en vertu d'une procuration, faire un acte de représentation de la société à l'égard des tiers. En cas de contravention, le droit congolais faisait peser sur eux

[179] P. POUGOUE, J. NGUEBOU-TOUKAM, F. ANOUKAHA, *op. cit.*, p. 45.
[180] KLUWER, *op. cit.*, p. 375.
[181] Sans doute en raison de la nature de leur responsabilité qui est solidaire et indéfinie.
[182] Art. 31 du Décret du 27 février 1887 et l'art. 298 de l'AUSCGIE.
[183] Il est permis de convenir que le commanditaire participera à, la gestion interne de la société, notamment en délibérant avec les commandités (Art. 32 al. 3 du Décret du 27 février 1887 et l'art. 298 de l'AUSCGIE).

une responsabilité solidaire, avec les commandités, à l'égard des tiers de tous les engagements auxquels ils auraient participé et même des engagements auxquels ils n'ont pas participé s'ils s'immiscent habituellement dans la gestion de la société ou si leurs noms font partie de la raison sociale (art. 33 du Décret du 27 février 1887 sur les sociétés commerciales). En droit OHADA, cette responsabilité solidaire est aussi indéfinie. Elle peut concerner tout ou partie des engagements auxquels les commanditaires auraient participé (art. 300 de l'AUSCGIE).

B. Les assemblées d'associés[184]

104. En droit OHADA, elles sont tenues dans les mêmes délais et les mêmes conditions que les assemblées d'associés dans les sociétés en nom collectif. Cependant, dans les sociétés en commandite simple, elles peuvent être demandées soit par un associé commandité soit par le quart en nombre et en capital des associés commanditaires. La présidence est assurée par l'associé représentant à lui-même ou comme mandataire le plus grand nombre des parts sociales.

105. Toutes les décisions y sont prises par la collectivité des associés. L'unanimité des associés commandités et la majorité en nombre et en capital des commanditaires sont exigées pour les décisions qui ont pour effet de modifier les statuts (art. 305 de l'AUSCGIE). En cette matière, force aussi est de constater le silence du législateur congolais.

C. Le contrôle de la gestion

106. Comme pour les SNC, le législateur OHADA ne réglemente que le contrôle à exercer par les associés. Ceux-ci l'exercent en vertu du droit d'obtenir communication des documents sociaux et de poser par écrit des questions sur la gestion sociale (art. 307 AUSCGIE). La même solution était retenue en droit congolais pour les associés qui n'assurent pas la gestion (art. 32 al. 2 du Décret du 27 février 1887 sur les sociétés commerciales). Le contrôle peut aussi être exercé par les commissaires aux comptes dont la désignation n'est pas obligatoire dans cette forme de société.

---

[184] KLUWER, *op. cit.*, p. 375.

III. Fonctionnement de la société privée à responsabilité limitée (SPRL) congolaise et de la société à responsabilité limitée (SARL) OHADA

107. Ces formes de sociétés connaissent dans les deux droits des réglementations plus détaillées que les formes abordées *supra*[185]. Au niveau du fonctionnement, un regard est jeté sur les opérations dont peuvent faire l'objet les titres d'associés dans ces sociétés, leur gestion et contrôle, ainsi que sur les assemblées d'associés.

A. Différences liées au fonctionnement de ces sociétés

a. Les opérations liées aux titres d'associés

a.1. Cession et transmission

108. Sauf dispositions contraires des statuts, les titres d'associés, appelés parts sociales, dans la SPRL ne sont pas librement cessibles et transmissibles. Ces opérations sont soumises à l'agrément des autres associés[186] (art. 57 al. 2 du Décret du 27 février 1887 sur les sociétés commerciales). La demande d'agrément est adressée à la gérance qui doit convoquer immédiatement une assemblée générale. Celle-ci doit se prononcer dans les trois (3) mois à dater de la réception de la demande. L'agrément est donné par la moitié au moins des associés, propriétaires des parts sociales représentant ensemble les trois quarts du capital, déduction faite des parts pour le transfert desquelles l'agrément est sollicité. La décision est communiquée au demandeur dans la huitaine au plus tard (art. 58 du Décret du 27 février 1887 sur les sociétés commerciales).

109. En cas de non agrément dans les délais de la loi, le demandeur peut, dans les deux mois, demander en justice la dissolution en justice (art. 59 du Décret du 27 février 1887 sur les sociétés commerciales). Le juge prononce la dissolution sauf si le refus est justifié ou si la société ou un associé ou encore une personne agréée par les associés se propose dans les deux mois de l'assignation de reprendre les parts sociales. Toutefois, les parts sociales sont librement cessibles et transmissibles au conjoint d'un associé, à ses ascendants ou descendants, à un autre associé ou à toute catégorie de personnes

[185] Comp. G. JEANSON, *« De la SARL en droits français et OHADA »*, in Revue congolaise de droit et des affaires, n° 8, 2012, p. 15.
[186] Voy. KLUWER, *op. cit.*, pp. 125-127.

agréées par les statuts (art. 57 du Décret du 27 février 1887 sur les sociétés commerciales).

110. Dans la SARL en droit OHADA, la cession et la transmission des titres entre associés, entre conjoints, ascendants et descendants, est en principe libre. Les statuts peuvent prévoir le contraire (art. 318 AUSCGIE). Envers les tiers, ces opérations sont soumises à l'agrément des autres associés à défaut de dispositions contraires des statuts. Le projet de cession est notifié à la société et aux autres associés par l'associé cédant. La société doit se prononcer dans un délai de trois mois à compter de la dernière date des notifications aux associés qui statuent à la majorité des associés représentant les trois quarts (3/4) des parts sociales, déduction faite des parts de l'associé cédant.

111. Contrairement au droit congolais, le silence de la société dans ce délai de trois mois vaut acceptation de la cession. Par contre, son refus fait peser sur les associés une responsabilité solidaire et indéfinie dans un délai de trois (3) mois, prorogeable une seule fois sans dépasser cent vingt (120) jours à compter de la notification du refus sur l'acquisition des parts, d'acquérir les parts à un prix qui, à défaut d'accord entre les parties, est fixé par un expert nommé par le président de la juridiction compétente, à la demande de la partie la plus diligente. Aussi, la société peut, dans le même délai, décider de réduire le montant du capital social du montant de la valeur nominale des parts[187] à céder et de racheter ces parts à un prix fixé de commun accord entre les parties (art. 319 AUSCGIE). Si aucune des solutions prévues à l'article 319 de l'AUSCGIE n'est intervenue dans les différents délais que nous venons de voir, l'associé cédant peut librement réaliser la cession initialement prévue ou y renoncer en conservant ses parts (art. 320 de l'AUSCGIE).

a.2. Saisie et nantissement

112. Les parts sociales pouvaient aussi en droit congolais faire l'objet de saisie et de vente publique par le créancier d'un associé. La société et chaque associé pouvaient empêcher cette vente en :

- Indiquant d'autres biens du débiteur sur lesquels le créancier peut se faire aisément payer ;

---

[187] Voy. KLUWER, *op. cit.*, pp. 237 et s.; I. N'DIAYE, « *La notion de 'valeur mobilière' après l'adoption des actes uniformes pris en application du traité de l'OHADA* », in Revue internationale de droit africain, EDJA, n° 38, juillet-septembre 1998, p. 45.

- Indemnisant le créancier (duquel ils sont de plein droit subrogés) aux droits, actions, privilèges et hypothèques ;
- Acquérant les parts sociales à leur valeur réelle à concurrence de la créance ou du solde restant dû ; la valeur des parts sociales est déterminée en cas de désaccord (art. 60 du Décret du 27 février 1887 sur les sociétés commerciales).

113. Le législateur OHADA, lui, parle plutôt de nantissement des parts sociales[188]. Celui-ci est soumis à l'agrément de la société dans les mêmes conditions que leur cession. Il est constaté par un acte notarié ou par acte sous seing privé signifié à la société et publié au registre du commerce et du crédit mobilier (Art. 322 de l'AUSCGIE). En effet, l'article 322 de l'AUSCGIE dispose :

> « Lorsque la société donne son consentement à un projet de nantissement de parts sociales, dans les conditions prévues pour la cession de parts à des tiers, ce consentement emporte agrément du cessionnaire en cas de réalisation forcée des parts sociales régulièrement nanties, à moins que la société ne préfère, après la cession, racheter sans délai lesdites parts en vue de réduire son capital.
>
> Pour l'application des dispositions de l'alinéa ci-dessus et pour être opposable aux tiers, le nantissement des parts peut être constaté par un acte notarié ou par acte sous seing privé signifié à la société et publié au registre du commerce et du crédit mobilier ».

b. Opérations de restructuration

114. Les sociétés commerciales peuvent, au cours de leur fonctionnement, connaitre des modifications au niveau de leur structure. Cette restructuration consiste soit en leur transformation, soit en leur fusion, ou encore en leur scission[189]. En droit congolais, seule la transformation avait été réglementée pour les SPRL. Elle ne pouvait y intervenir que moyennant adhésion unanime des associés (art. 42 du Décret du 27 février 1887 sur les sociétés commerciales). En droit OHADA, la transformation comme la fusion et la scission sont décidées dans les conditions de modification des statuts. Le principe est la majorité des trois quarts des parts sociales. L'unanimité, elle, est requise notamment lorsque l'opération peut avoir pour effet d'altérer la situation des associés (art. 358 et 359 AUSCGIE). En effet, l'article 358 AUSCGIE dispose :

---

[188] Comp. KLUWER, *op. cit.*, pp. 135, 173 et s.

[189] KLUWER, *op. cit.*, pp. 603-605.

« Les modifications des statuts sont décidées par les associés représentant au moins les trois quarts du capital social. Toute clause contraire est réputée non écrite ».

115. Quant à lui, l'article 359 du même Acte uniforme surenchérit en ces termes :

« L'unanimité est requise dans les cas suivants :
• 1° augmentation des engagements des associés ;
• 2° transformation de la société en société en nom collectif ;
• 3° transfert du siège social dans un Etat autre qu'un Etat partie ».

B. La gestion de ces sociétés

116. Ces sociétés sont gérées par les personnes physiques, appelées gérants. Leur statut est quasiment le même dans les deux droits. Ils sont nommés soit par les statuts, soit par les associés. Ces derniers le font, en droit OHADA, à la majorité de ceux d'entre eux qui représentent plus de la moitié du capital social. Ils peuvent être associés ou non (art. 323 de l'AUSCGIE). Les fonctions de gérant sont gratuites ou rémunérées dans les conditions fixées dans les statuts, ou dans une décision collective des associés. Le gérant, lorsqu'il est associé, ne prend pas part au vote de la délibération relative à sa rémunération et ses voix ne sont pas prises en compte pour le calcul de la majorité. Toute délibération prise en violation de cette règle est nulle. Ces dispositions ne sont pas applicables lorsque la société ne comprend qu'un seul associé. La fixation de la rémunération n'est pas soumise au régime des conventions réglementées aux articles 350 et suivants AUSCGIE.A ce sujet, il a été jugé que la détermination de la rémunération du gérant d'une société à responsabilité limitée par l'assemblée des associés ne procède pas d'une convention, ce dont il résulte que le gérant associé, fût-il majoritaire, peut prendre part au vote[190].

[190] « (...) Attendu que pour juger abusive la délibération indexant la rémunération du gérant sur l'excédent brut d'exploitation, l'arrêt retient, par motif adopté, que cette délibération a été votée par le seul porteur de parts y ayant un intérêt personnel ; attendu qu'en statuant ainsi, alors que la détermination de la rémunération du gérant d'une société à responsabilité limitée par l'assemblée des associés ne procède pas d'une convention, ce dont il résulte que le gérant associé, fût-il majoritaire, peut prendre part au vote, la cour d'appel a violé les textes susvisés. » Cass. com., Arr. n° 933 du 4 octobre 2011, Pourvoi n° 10-23.398 ; Cass. com., Arr. 25 septembre 2012, Pourvoi n° 11-22.754.

117. En droit congolais, la durée de leur mandat pouvait être limitée ou pas (art. 65 du Décret du 27 février 1887 sur les sociétés commerciales). Le législateur OHADA limite cette durée, en l'absence de dispositions statutaires, à quatre (4) ans (art. 324 de l'AUSCGIE). Par ailleurs, le ou les gérants peuvent librement démissionner. Toutefois, si la démission est faite sans juste motif, la société peut demander en justice réparation du préjudice qu'elle subit.

118. En droit congolais, leur révocation ne pouvait intervenir que sur justes motifs dans les cas des gérants associés nommés pour la durée de la société. Celle des gérants non associés ou des gérants associés mais nommés pour un temps limité pouvait l'être *ad nutum* (art. 67 du Décret du 27 février 1887 sur les sociétés commerciales). Le législateur OHADA soumet leur révocation aux justes motifs, qu'ils soient statutaires ou non, associé ou non (art. 326 de l'AUSCGIE). Il leur accorde aussi la possibilité de démissionner[191]. Cette démission doit être basée sur de justes motifs (art. 327 de l'AUSCGIE).

Sous peine de nullité du contrat, il est interdit aux personnes physiques, gérantes ou associées, de contracter, sous quelque forme que ce soit, des emprunts auprès de la société, de se faire consentir par elle un découvert en compte-courant ou autrement, ainsi que de faire cautionner ou avaliser par elle leurs engagements envers les tiers. Cette interdiction s'applique également aux conjoints, ascendants et descendants des personnes visées *supra*, ainsi qu'à toute personne interposée (art. 356 AUSCGIE). Il a été jugé que le protocole d'accord par lequel le gérant d'une société unipersonnelle renonce à une créance de ladite société pour apurer ses dettes personnelles ne saurait être annulé au titre des conventions interdites, lesquelles sont limitativement énumérées.[192]

119. Dans l'exercice de leurs fonctions, les gérants peuvent séparément engager la société dans les actes de gestion posés dans l'intérêt

---

[191] Il faut signaler qu'en droit congolais la démission peut également intervenir, quoique les textes légaux en la matière restent silencieux à ce sujet.

[192] J. M. MBOCK Biumla, *op. cit.*, art. 356, pp. 230, 231 : « (...) Mais attendu que l'article 356 visé est au chapitre des « conventions entre la société et l'un de ses gérants ou associés » et que ces conventions interdites sont limitativement énumérées ; que manifestement le protocole signé par le gérant de la Société unipersonnelle sans aucune implication de celle-ci ne rentre pas dans cette énumération ; qu'il échet déclarer le moyen mal fondé. » (CCJA, Arrêt n° 065/2013 du 31 octobre 2013, Aff. Société ZOUNDI Sibiri Boniface Transport International dite ZST contre La Banque Atlantique de Côte d'Ivoire dite BACI, JURIDATA N° J065-10/2013).

de la société, comme le prévoient les deux législations. En droit OHADA, il est établi que la renonciation de la créance de la société par le gérant en vue d'apurer sa dette personnelle est opposable à la société en vertu des statuts qui donneraient pouvoir au gérant d'engager la société même par les actes qui ne relèvent pas de l'objet social[193]. Mais ces pouvoirs peuvent être limités par les statuts. En droit congolais, le législateur leur permettait d'instituer la gestion collégiale (art. 68 du Décret du 27 février 1887 sur les sociétés commerciales). Le législateur OHADA prévoit cependant le droit pour chacun des gérants de s'opposer aux actes posés par un autre. Cette opposition n'a pas d'effet à l'égard des tiers (art. 328 AUSCGIE). Aussi, les limitations aux pouvoirs des gérants ne sont pas opposables aux tiers de bonne foi.

120. Les gérants peuvent enfin engager leur responsabilité devant le juge de commerce. En droit OHADA, l'action sociale peut être intentée par les associés représentant le quart des associés et le quart des parts sociales. En effet, outre l'action en réparation du préjudice subi personnellement, les associés représentant le quart des associés et le quart des parts sociales peuvent, soit individuellement, soit en se groupant, intenter l'action sociale en responsabilité contre le gérant. Les requérants sont habilités à demander la réparation de l'entier préjudice subi par la société à laquelle, le cas échéant, des dommages

---

[193] « (...) Mais attendu que l'article 17 des statuts de la société confère les plus larges pouvoirs au gérant et associé unique et stipule que la « la société est engagée même par les actes du gérant qui ne relèvent pas de l'objet social... » ; que donc les agissements dudit gérant ne peuvent être source d'aucune illicéité ; que cette branche ne peut prospérer.» CCJA, Arrêt n° 065/2013 du 31 octobre 2013, Aff. Société ZOUNDI Sibiri Boniface Transport International dite ZST contre La Banque Atlantique de Côte d'Ivoire dite BACI, JURIDATA N° J065-10/2013. Comp. En droit français Cass. com., Arr. 6 novembre 2012, Pourvoi 11-23.424 : «(...) Attendu que pour accueillir cette demande l'arrêt, après avoir rappelé que le contrat de travail de M. Y... précise que sa fonction consiste à réaliser la prospection de charpentes métalliques serrurerie, à établir des contacts commerciaux avec tout client potentiel, à développer des ventes, à établir des devis, des dossiers, des plans, et à procéder à l'exécution détaillée des chantiers, relève que M. Y... exerçait ses fonctions à la date du contrat, depuis près de huit ans, et avait signé pour ordre le contrat de sous-traitance entre les sociétés Sogea et MP ; qu'il retient que M. X... pouvait donc légitimement croire que M. Y... avait le pouvoir de contracter au nom de cette dernière, sans vérifier les limites exactes de ses pouvoirs et que le contrat est ainsi opposable à la société MP ; Attendu qu'en se déterminant ainsi, par des motifs impropres à caractériser les circonstances autorisant M. X... à ne pas vérifier les pouvoirs du directeur technique d'une société à responsabilité limitée, la cour d'appel a privé sa décision de base légale ».

et intérêts sont alloués. Aucune clause des statuts ne peut subordonner l'exercice de l'action sociale à l'avis préalable ou à l'autorisation de l'assemblée, ou comporter par avance renonciation à l'exercice de cette action. Aucune décision de l'assemblée ne peut avoir pour effet d'éteindre une action en responsabilité contre les gérants pour faute commise dans l'accomplissement de leur mandat. Toute décision contraire est nulle (art. 331 al. 1 AUSCGIE). En droit congolais, ces conditions n'étaient pas édictées par la loi.

C. Les assemblées d'associés

Nous intéressent particulièrement ici les règles relatives à la convocation, au quorum, aux décisions des assemblées d'associés, et à la sanction dont sont assorties ces différentes règles.

121. Les assemblées générales sont convoquées par les gérants et les commissaires aux comptes, s'il en existe. Les associés peuvent aussi les provoquer[194]. En effet, tout associé peut demander en justice la désignation d'un mandataire *ad hoc* chargé de convoquer l'assemblée et de fixer son ordre du jour. Enfin, les assemblées peuvent être également convoquées par le commissaire aux comptes, s'il en existe un, après que celui-ci en a vainement requis la convocation auprès du gérant par lettre au porteur contre récépissé ou par lettre recommandée avec demande d'avis de réception. Lorsque le commissaire aux comptes procède à cette convocation, il fixe l'ordre du jour et peut, pour des motifs déterminants, choisir un lieu de réunion autre que celui éventuellement prévu par les statuts. Il expose les motifs de la convocation dans un rapport lu à l'assemblée. « Le droit pour tout associé de saisir le juge pour désigner un mandataire n'a été prévu que dans l'hypothèse d'une société fonctionnant régulièrement. Dans l'hypothèse du décès du gérant unique d'une société, l'administrateur de la succession, tuteur de l'enfant mineur du gérant unique, a qualité pour saisir le juge des référés afin de désigner un mandataire à l'effet de convoquer l'assemblée des associés pour mettre un terme à la gestion d'un autre associé »[195].

---

[194] Comp. KLUWER, *op. cit.*, pp. 357 et s.

[195] J. M. MBOCK Biumla, *op. cit.*, Art. 337, p. 225. CCJA, arrêt n° 110/2013 du 30 décembre 2013, aff. Société Garden Market Services dite GMS SARL contre Monsieur Abdoulkader ABDOULRHAMAN ABDOULKADER, JURIDATA N° J110-12/2013 : «(...) Mais attendu que les articles soulevés sont relatifs au cas d'une société fonctionnant régulièrement ; qu'ils ne traitent pas de la situation après le décès du gérant unique et donc une héritière mineure est actionnaire ; que

122. En droit congolais, seuls les associés réunissant le cinquième du nombre total des parts sociales le pouvaient (art. 83 du Décret du 27 février 1887 sur les sociétés commerciales). En droit OHADA, cela n'est ouvert qu'aux associés représentant au moins le quart des associés et le quart des parts sociales (art. 337 AUSCGIE).

En droit congolais, le juge pouvait aussi ordonner la convocation des assemblées d'associés. En droit OHADA, par contre, le rôle du juge en cette matière est de désigner un mandataire à cette fin[196].

123. La convocation doit intervenir en droit OHADA quinze (15) jours avant la tenue des assemblées (art. 338 de l'AUSCGIE). En droit congolais, ce délai était de vingt (20) jours (art. 84 al. 1 du Décret du 27 février 1887 sur les sociétés commerciales). Cette convocation indique l'ordre du jour. Pendant ce délai, les associés sont admis à exercer leur droit de communication. Une convocation irrégulière peut annuler l'assemblée. Toutefois, l'action en nullité n'est pas recevable lorsque tous les associés étaient présents ou représentés (art. 339 AUSCGIE). « Lorsque les conditions de tenue d'une assemblée générale sont irrégulières, le juge peut annuler les résolutions qui en sont issues, sans qu'il soit besoin d'intenter une action en inscription de faux ou en vérification d'écriture que constituerait le procès-verbal »[197].

Abdoulkader ABDOULRHAMAN ABDOULKADER, étant tuteur de la mineure SAINVIL Gaëlle Betty, actionnaire , a pu à juste raison ester en justice au nom de celle-ci devant le juge de l'urgence pour mettre un terme à la gestion de Abukar Mahdi HASSAN ; qu'en confirmant l'Ordonnance de référé querellée n°242/2009-2010 du 26 mars 2010, la Cour d'appel judiciaire de Libreville n'a nullement violé les dispositions susvisées ; qu'il échet donc de dire que ces moyens ne sont pas fondés et rejeter le pourvoi ». Comp. arrêt n° 034/2007 du 22 novembre 2007, Aff. Mireille PARLALIDIS c/ 1°/ FOUQUIER Françoise Marie épouse BLANC ; 2°/ BLANC André Joseph 3°/ Société de Publicité et de Promotion par l'Objet dite « S2PO » SARL, JURIDATA N° J034-11/2007 sous l'article 157, AUSGGIE.

[196] Comp. arrêt n° 034/2007 du 22 novembre 2007, Aff. Mireille PARLALIDIS c/ 1°/ FOUQUIER Françoise Marie épouse BLANC ; 2°/ BLANC André Joseph 3°/ Société de Publicité et de Promotion par l'Objet dite « S2PO » SARL, JURIDATA N° J034-11/2007 sous l'article 157, AUSGGIE. Voy. aussi CCJA, arrêt n° 110/2013 du 30 décembre 2013, aff. Société Garden Market Services dite GMS SARL contre Monsieur Abdoulkader ABDOULRHAMAN ABDOULKADER, JURIDATA N° J110-12/2013

[197] CCJA, arrêt n° 034/2008 du 03 juillet 2008, aff. Bassirou KA, gérant de la Société Buretel Macsyn Technologies C/ - Abdoulaye CISSE - Mohamed El Bechir SISSOKO - Djibril CISSE, JURIDATA N° J034-07/2008 : «(...) La Cour d'appel, à l'instar du premier juge, n'a fait que statuer sur la régularité de l'Assemblée générale extraordinaire et non sur un faux en écriture que constituerait le procès-verbal ; que

Les assemblées sont présidées, en droit OHADA, par un gérant ou par l'associé qui possède le plus grand nombre des parts sociales ou le plus âgé dans le cas où aucun des gérants n'est associé (art. 341 de l'AUSCGIE). Le droit congolais est resté silencieux sur la question.

124. Les associés ont un droit d'information permanent sur les affaires sociales. Préalablement à la tenue des assemblées générales, ils ont en outre un droit de communication[198]. Ils jouissent aussi d'un droit de communication portant sur les états financiers de synthèse de l'exercice et le rapport de gestion établis par le gérant, sur le texte des résolutions proposées et, le cas échéant, sur le rapport général du commissaire aux comptes ainsi que sur le rapport spécial du commissaire aux comptes relatif aux conventions intervenues entre la société et un gérant ou un associé. Le droit de communication s'exerce durant les quinze (15) jours précédant la tenue de l'assemblée générale. A compter de la date de communication de ces documents, tout associé a le droit de poser par écrit des questions auxquelles le gérant est tenu de répondre au cours de l'assemblée. En ce qui concerne les assemblées autres que l'assemblée annuelle, le droit de communication porte sur le texte des résolutions proposées, le rapport du gérant et, le cas échéant, le rapport du commissaire aux comptes. Toute délibération prise en violation de cette règle peut être annulée. L'associé peut en outre, à toute époque, obtenir copie des documents énumérés dans l'AUSCGIE et relatifs aux trois (3) derniers exercices. De même, tout associé non gérant peut, deux (2) fois par exercice, poser par écrit des questions au gérant sur tout fait de nature à compromettre la continuité de l'exploitation. La réponse du gérant est communiquée au commissaire aux comptes[199].

125. Les décisions en assemblée étaient prises, en droit congolais, à la majorité simple quel que soit le nombre des parts sociales possédées

---

c'est en usant de son pouvoir souverain d'appréciation qu'elle a constaté « que les conditions de tenue de l'Assemblée générale n'ont pas été respectées et par conséquent toutes les résolutions qui en sont issues sont nulles » ; que ce faisant, elle n'a pas violé la loi ; que le recours doit être rejeté parce que non fondé ».

[198] Cf. Arrêt n° 034/2007 du 22 novembre 2007, Aff. Mireille PARLALIDIS c/ 1°/ FOUQUIER Françoise Marie épouse BLANC ; 2°/ BLANC André Joseph 3°/ Société de Publicité et de Promotion par l'Objet dite « S2PO » SARL, JURIDATA N° J034-11/2007 sous l'article 157, AUSGGIE.

[199] Cf. Arrêt n° 034/2007 du 22 novembre 2007, Aff. Mireille PARLALIDIS c/ 1°/ FOUQUIER Françoise Marie épouse BLANC ; 2°/ BLANC André Joseph 3°/ Société de Publicité et de Promotion par l'Objet dite « S2PO » SARL, JURIDATA N° J034-11/2007 sous l'article 157, AUSGGIE.

par les associés présents ou représentés. Un quorum était cependant exigé lorsqu'il fallait statuer sur la modification des statuts : les associés présents ou représentés devaient posséder la moitié au moins du nombre total des parts sociales. A défaut, une nouvelle convocation était nécessaire et l'assemblée pouvait délibérer sans un quorum quelconque (art. 87 du Décret du 27 février 1887 sur les sociétés commerciales). Une majorité plus forte était exigée pour les décisions modifiant les statuts. Celles-ci étaient prises à la majorité des trois quarts (3/4) des votants. La majorité de quatre-cinquième des voix était requise si la modification concernait l'objet social ou la nationalité de la société. En droit OHADA, le quorum, pour décider sur première convocation, est la moitié au moins du capital social. A défaut, une seconde convocation est nécessaire et les associés y décident sans quorum. Les décisions sont prises à la majorité simple des votants sauf pour les révocations des gérants qui nécessitent la majorité absolue (art. 349 AUSCGIE) ainsi que les modifications des statuts qui nécessitent les trois quarts (3/4) des parts sociales (art. 358 AUSCGIE). Toutefois, l'unanimité est exigée lorsque la décision aura pour effet notamment d'altérer la situation des associés. En effet, l'article 359 du même Acte uniforme dispose :

« L'unanimité est requise dans les cas suivants :
- 1° augmentation des engagements des associés ;
- 2° transformation de la société en société en nom collectif ;
- 3° transfert du siège social dans un Etat autre qu'un Etat partie ».

126. La SARL en droit OHADA peut ne comprendre qu'un seul associé (art. 309 de l'AUSCGIE). Ce dernier exercera seul les prérogatives reconnues aux assemblées d'associés (Art. 558 à 561 AUSCGIE). En effet, lorsque la société ne comprend qu'un seul actionnaire, les décisions qui doivent être prises en assemblée, qu'il s'agisse des décisions relevant de la compétence de l'assemblée générale extraordinaire ou de celles relevant de l'assemblée générale ordinaire, sont prises par l'actionnaire unique[200].

127. Dans les six mois qui suivent la clôture de l'exercice, l'actionnaire unique prend toutes les décisions qui sont de la compétence de l'assemblée générale ordinaire annuelle. Les décisions sont prises au vu des rapports de l'administrateur général et du commissaire aux comptes qui assistent aux assemblées générales confor-

---

[200] Notons que les dispositions non contraires aux articles 516 à 557 de l'AUSCGIE sont applicables.

mément à l'article 721 [201] du même Acte uniforme (article 559 AUSCGIE).

128. Les décisions prises par l'actionnaire unique revêtent la forme de procès-verbaux qui sont versés aux archives de la société[202] (art. 560 AUSCGIE). Toutes les décisions prises par l'actionnaire unique et qui donneraient lieu à publicité légale si elles étaient prises par une assemblée doivent être publiées dans les mêmes formes (art. 561 AUSCGIE).

D. Contrôle de la gestion

129. Le contrôle de la société est d'abord l'œuvre des associés qui sont propriétaires. Ceux-ci peuvent, pour ce faire, procéder à la désignation des commissaires aux comptes. En principe, la désignation des commissaires aux comptes n'est pas obligatoire dans les sociétés sous examen. Mais les législateurs la rendent obligatoire dans certaines conditions.

130. En ce qui concerne la SPRL, elle était obligatoire lorsque la société était constituée d'au moins cinq (5) associés. Pour la SARL OHADA, elle est obligatoire lorsque son capital social est supérieur à dix millions (10.000.000) de francs CFA avec un chiffre d'affaires annuel supérieur à deux cents cinquante millions (250.000.000) de francs CFA et un effectif permanent d'au moins cinquante (50) personnes.

§2. Fonctionnement des sociétés par actions

131. Entrent dans cette catégorie la société par actions à responsabilité limitée (SARL) congolaise et la société anonyme (SA) OHADA. Au niveau du fonctionnement, la seconde connait une réglementation plus soutenue que la première [203] . En effet, outre la détermination des compétences des différents organes qui intervien-

---

[201] « Le commissaire aux comptes est obligatoirement convoqué à toutes les assemblées d'actionnaires, au plus tard lors de la convocation des actionnaires eux-mêmes, par lettre au porteur contre récépissé ou par lettre recommandée avec demande d'avis de réception » (art. 721 AUSCGIE).

[202] KLUWER, *op. cit.*, pp. 371 et s.

[203] Voy. B. LE BARS, B. MARTOR, « *Management et financement de la société anonyme* », in Supplément n° 5 à la Semaine juridique n° 44 du 28 octobre 2004, p. 12. Pratique et actualités du droit OHADA. Journées d'études Juriscope Poitiers, p. 121.

nent dans son fonctionnement, la société anonyme voit quelques opérations qui peuvent être réalisées en son sein être réglementées.

I. Organes de gestion des sociétés par actions

132. La gestion des sociétés par actions est assurée par des personnes appelées administrateurs[204]. Les modalités suivant lesquelles les administrateurs exercent leurs fonctions diffèrent dans les droits sous examens.

133. Le droit congolais ne légiférait que la question de leur responsabilité et passait sous silence les autres aspects de leur statut. Le droit OHADA, au contraire, distingue deux modes de gestion entre lesquels les fondateurs d'une société anonyme doivent choisir. Aux termes de l'art. 414 AUSCGIE, il s'agit de la gestion avec conseil d'administration (art. 415 à 493 AUSCGIE) et de la gestion avec administrateur général (art. 494 à 515 AUSCGIE)[205]. La société anonyme peut, en cours de vie sociale, changer à tout moment son mode d'administration et de direction. La décision est prise par l'assemblée générale extraordinaire qui modifie les statuts en conséquence. Ces modifications sont publiées au registre du commerce et du crédit mobilier. L'intervention de l'assemblée générale extraordinaire ne s'impose que lorsqu'il s'agit de changer, au cours de la vie sociale d'une société anonyme, son mode d'administration et de direction, en l'occurrence le passage par exemple de société anonyme avec conseil d'administration à la société anonyme avec administrateur général et vice versa, avec d'ailleurs obligation de modifier les statuts en conséquence[206] : «(...) Attendu qu'au regard des dispositions susmentionnées, l'intervention de l'assemblée générale extraordinaire ne s'impose que lorsqu'il s'agit de changer, au cours de la vie sociale d'une société anonyme, son mode d'administration et de direction, c'est-à-dire le passage par exemple de société anonyme avec conseil d'administration à la société anonyme avec administrateur général et vice versa, avec d'ailleurs obligation de modifier les statuts en conséquence ; que par contre l'article 485 de l'Acte uniforme susvisé donne pouvoir au conseil d'administration, sur proposition du directeur géné-

---

[204] Voy. KLUWER, *op. cit.*, pp. 245, 247, 281.

[205] E. MIESSAN, « *L'administration et la direction de la société anonyme de type nouveau issue de la réforme du droit des sociétés commerciales applicable dans la zone OHADA* », in Etudes offertes au Professeur Joseph ISSA-SAYEGH, AIDD, 2006, p. 135. Penant, n° 864, p. 261.

[206] J. M. MBOCK Biumla, *op. cit.*, art. 414, p. 241.

ral, de donner mandat à une ou plusieurs personnes physiques d'assister le directeur général en qualité de directeur général adjoint dans les conditions prévues aux articles 471 à 476 du même Acte uniforme, ce qui explique que par lettre en date du 27 février 2006, Monsieur NATHAN PELED, Directeur général de LEV-CI, tout en sollicitant sa suspension de son poste de Directeur Général et de toutes autres fonctions dans la société en attendant les résultats de l'audit de gestion en cours, proposait que le Directeur de l'Exploitation assure l'intérim ; qu'en l'espèce, en retenant que « la nomination de ASSIE KADJO Léandre par le conseil d'administration en qualité de Directeur Général adjoint en dehors de l'Assemblée Générale Extraordinaire statutairement compétente n'est donc pas acquise en l'espèce », la Cour d'appel d'Abidjan a, par mauvaise application, violé les dispositions susmentionnées de l'Acte uniforme et des statuts susvisés »[207].

134. Le statut des administrateurs dans les deux systèmes est presque identique. Cependant, au niveau des compétences, un distinguo peut être établi entre les organes de direction et ceux d'administration. Ainsi, dans la gestion avec administrateur général, il y a concentration de l'administration et de la gestion entre les mains de ce dernier. Et dans la gestion avec conseil d'administration, il faut distinguer entre la gestion par un président-directeur général et la gestion par un président du conseil d'administration et un directeur général. Dans la première, l'administration et la direction sont confiées au président-directeur général tandis que dans la seconde, elles sont respectivement partagées entre le président du conseil d'administration et le directeur général. Ces différentes personnes peuvent être assistées d'adjoints.

135. Dans tous les cas, le nombre d'administrateurs ne peut être inférieur à trois (3) ni supérieur à douze (12) ou vingt-quatre (24) en cas de fusion[208]. Il ne peut pas non plus être supérieur à quinze (15) dans les SA faisant appel public à l'épargne dont les actions sont admises à la bourse de valeurs[209] ; il peut atteindre 20 en cas de fusion avec d'autres sociétés (art. 829 AUSCGIE).

---

[207] CCJA, arrêt n° 092/2012 du 20 décembre 2012, Aff. Société LEV-COTE D'IVOIRE dite LEV-CI –S.A contre Monsieur Nathan PELED, JURIDATA N° J092-12/2012.

[208] Lire les art. 416 et 418 AUSCGIE.

[209] Voy. KLUWER, *op. cit.*, pp. 87 et s.

136. Ils siègent aussi souvent que nécessaire en conseil et délibèrent à la majorité des membres présents ou représentés avec la prépondérance de la voix du président de séance en cas d'égalité. Leurs réunions sont sanctionnées par des procès-verbaux dûment signés. Elles sont convoquées par le président du conseil.

137. Quel que soit le mode de désignation, l'organe de gestion est investi des pouvoirs les plus étendus pour agir en toutes circonstances au nom de la société. Ces pouvoirs peuvent toutefois faire l'objet de limitations statutaires. Leur rémunération porte la dénomination d'indemnité de fonction[210]. Cette dernière peut être couplée de certains frais spécifiques liés aux missions à réaliser.

139. Les fonctions d'administrateur prennent fin à l'assemblée générale ordinaire ayant statué sur les comptes de l'exercice et tenue dans l'année au cours de laquelle expire leur mandat. Elles prennent aussi fin en cas de démission, de révocation ou de décès[211]. La révocation peut intervenir *ad nutum* (art. 433 AUSCGIE). Leur régime de responsabilité est celui du droit commun des sociétés commerciales.

II. Les organes de délibération

140. Concernant cette matière, la SARL congolaise ne faisait pas l'objet d'une réglementation précise, contrairement à la SA en droit OHADA. Cette dernière connait à côté des assemblées d'actionnaires l'existence des assemblées spéciales.

141. En droit OHADA, l'assemblée des actionnaires est convoquée par le conseil d'administration ou par l'administrateur général, selon le cas. A défaut, elle peut être convoquée :

- (i) par le commissaire aux comptes, après que celui-ci ait vainement requis la convocation du conseil d'administration ou de l'administrateur général selon le cas, par lettre au porteur contre récépissé ou par lettre recommandée avec demande d'avis de réception. Lorsque le commissaire aux comptes procède à cette convocation, il fixe l'ordre du jour et peut, pour des motifs déterminants, choisir un lieu de réunion autre que celui éventuellement prévu par les statuts. Il expose les motifs de la convocation dans un rapport lu à l'assemblée ;

[210] Art. 413 AUSCGIE.

[211] A. DIOUNE, « *La révocation des dirigeants des sociétés anonymes et des sociétés à responsabilité limitée à la lumière de l'Acte uniforme relatif au droit des sociétés commerciales et des groupements d'intérêt économique* », in Ohadata, p. 1.

– (ii) par un mandataire désigné par la juridiction compétente, statuant à bref délai, à la demande soit de tout intéressé en cas d'urgence, soit d'un ou de plusieurs actionnaires représentant au moins le dixième du capital social s'il s'agit d'une assemblée générale, ou le dixième des actions de la catégorie intéressée s'il s'agit d'une assemblée spéciale ;
– (iii) par le liquidateur (art. 516 AUSCGIE).

142. La convocation se fait par voie d'avis de convocation. Ce dernier doit parvenir aux actionnaires quinze (15) jours[212] avant la date de l'assemblée sur première convocation et, le cas échéant, six (6) jours au moins pour les convocations suivantes (art. 518 AUSCGIE). Il mentionne notamment l'ordre du jour que l'assemblée est tenue de respecter (art. 522 AUSCGIE).

143. Les assemblées d'actionnaires sont soit ordinaires soit extraordinaires. Les attributions de chacune d'entre elles sont déterminées respectivement par les articles 546 et 551 de l'AUSCGIE. Dans tous les cas, l'assemblée ordinaire se réunit au moins une fois l'an, dans les six (6) mois de la clôture de l'exercice[213]. Sur première convocation, elle ne peut valablement délibérer que si les actionnaires présents ou représentés possèdent au moins le quart des actions ayant le droit de vote. A défaut, elle peut valablement délibérer sur deuxième convocation. Dans ce cas, aucun quorum n'est requis (art. 549 AUSCGIE). Elle statue à la majorité des voix exprimées (art. 550 AUSCGIE). Des limitations des voix y sont possibles. L'assemblée extraordinaire ne délibère valablement sur première convocation que si les actionnaires présents ou représentés possèdent la moitié au moins des actions et le quart sur les convocations suivantes (art. 553 de l'AUSCGIE). Elle statue à la majorité des deux tiers des voix exprimées (art. 554 AUSCGIE).

144. L'assemblée spéciale réunit les titulaires d'actions d'une catégorie déterminée. L'assemblée spéciale approuve ou désapprouve les décisions des assemblées générales lorsque ces décisions modifient les droits de ses membres. La décision d'une assemblée générale de modifier les droits relatifs à une catégorie d'actions n'est définitive qu'après approbation par l'assemblée spéciale des actionnaires de cette catégorie. Les parts des fondateurs étant supprimées, il sera désormais impossible d'entrevoir l'existence de leurs assemblées (art.

---

[212] Ces délais sont là pour permettre aux actionnaires d'exercer leur droit de communication.

[213] Sauf prorogation de ce délai par le juge.

744 AUSCGIE). L'assemblée spéciale ne délibère valablement que si les actionnaires présents ou représentés possèdent au moins la moitié des actions, sur première convocation, et le quart des actions, sur deuxième convocation. A défaut de ce dernier quorum, l'assemblée doit se tenir dans un délai de deux (2) mois à compter de la date fixée par la deuxième convocation. Le quorum reste fixé au quart des actionnaires présents ou représentés possédant au moins le quart des actions. L'assemblée spéciale statue à la majorité des deux tiers des voix exprimées. Les délibérations prises en violation des articles 546, 549, 550, 551, 552, 553, 554, 555, 556 et 557 AUSCGIE sont nulles (art. 556 et 557 AUSCGIE).

III. Le contrôle de la gestion

145. Il est l'œuvre des commissaires aux comptes dont la désignation ici a un caractère obligatoire[214]. Cette obligation est légale[215] en droit OHADA tandis qu'en droit congolais, elle était doctrinale. En effet, ce caractère obligatoire de cette désignation des commissaires aux comptes découlait de l'interprétation des dispositions sur les SPRL congolaises. En effet, lorsqu'elles sont constituées d'au moins cinq (5) associés, les associés des SPRL étaient obligés de procéder à la nomination des commissaires aux comptes ; cette règle s'étendait aux SARL qui avaient sept (7) actionnaires au moins[216].

§3. Différentes opérations liées au fonctionnement d'une société par actions

146. Dans ce paragraphe, il sera question d'aborder dans un premier temps les opérations ayant trait aux titres négociables. Ensuite seront abordées les différentes opérations liées au capital de ces sociétés et enfin les opérations de restructuration dont elles peuvent faire l'objet.

---

[214] Comp. KLUWER, *op. cit.*, p. 515.

[215] Art. 694 AUSCGIE.

[216] R. MASAMBA Makela, *op. cit.*, p. 339.

I. Opérations liées aux titres négociables, appelées actions et obligations

147. Les actions sont des titres qui constatent les droits d'une personne sur une portion du capital social. Les obligations, quant à elles, sont des titres qui constatent les droits de créances spéciaux que leurs titulaires ont sur une société, qui est habilitée par la loi à les émettre[217]. Le silence du législateur congolais étant éloquent en cette matière, nous allons nous référer au droit OHADA pour aborder cette question. En droit OHADA, les actions peuvent faire l'objet de négociation, de transmission, de nantissement, de remboursement ou d'amortissement.

148. Dans les sociétés par actions, les actions sont en principe librement négociables et transmissibles. Cependant, cette liberté peut être limitée par les statuts, notamment par une clause d'agrément. Les actions comme les obligations peuvent aussi faire l'objet de nantissement. Celui-ci est soumis à l'agrément de la société. Notons également que les actions sont aussi remboursables ou amortissables.

II. Opérations liées au capital social des sociétés par actions

149. Le capital social des sociétés par actions peut faire l'objet de réduction tout comme d'augmentation. Si le droit congolais ne se bornait qu'à indiquer les formalités administratives auxquelles ces opérations sont soumises, le droit OHADA va plus loin en indiquant les différentes modalités suivant lesquelles elles sont faites. En effet, l'augmentation du capital peut intervenir en droit OHADA soit par émission d'actions nouvelles, soit par majoration du montant nominal des actions existantes. Cette dernière peut se réaliser par incorporation des réserves, bénéfices ou primes d'émission[218]. Les actions nouvelles, quant à elles, sont émises soit à leur montant nominal, soit à ce montant majoré d'une prime d'émission. Dans tous les cas, l'augmentation est décidée par l'assemblée générale extraordinaire à l'unanimité des actionnaires en cas de majoration du montant nominal des actions ou dans les conditions d'une assemblée générale ordinaire dans les autres cas. Elle est aussi assortie d'un droit préférentiel de souscription.

150. La réduction, par contre, intervient soit par la diminution de la valeur nominale des actions[219], soit par la diminution de leur nombre

---

[217] Comp. KLUWER, *op. cit.*, p. 653.

[218] Voy. Id., pp. 143-150.

[219] I. N'DIAYE, *op. cit.*, pp. 45 et s. ; KLUWER, *op. cit.*, pp. 237 et s.

(art. 627 AUSCGIE). Elle est décidée ou autorisée par l'assemblée générale extraordinaire. Les créanciers sociaux peuvent s'y opposer lorsque leurs droits risquent d'en pâtir. Le projet de réduction du capital est communiqué au commissaire aux comptes quarante-cinq (45) jours au moins avant la réunion de l'assemblée générale extraordinaire qui décide ou autorise la réduction de capital[220]. Les créanciers de la société ne peuvent pas s'opposer à la réduction de capital lorsque celle-ci est motivée par des pertes. Par contre, les créanciers de la société, dont la créance est antérieure à la date de l'avis publié dans un journal d'annonces légales relatif au procès-verbal de la délibération de l'assemblée générale qui a décidé ou autorisé la réduction du capital, peuvent s'opposer à la réduction du capital de la société lorsque celle-ci n'est pas motivée par des pertes (art. 633 AUSCGIE). Dans ce cas, le délai d'opposition des créanciers à la réduction de capital est de trente (30) jours à compter de la date de publication de l'avis dans un journal habilité à recevoir les annonces légales du lieu du siège social après dépôt au registre du commerce et du crédit mobilier du procès-verbal de la délibération de l'assemblée générale qui a décidé ou autorisé la réduction de capital. Quant à la forme de cette opposition, l'AUSCGIE précise qu'elle est formée par exploit d'huissier ou notifiée par tout moyen permettant d'établir sa réception effective par le destinataire, et portée devant la juridiction compétente statuant à bref délai (art. 635 AUSCGIE). Le délai d'opposition et le cas échéant l'exercice de l'opposition ont un effet suspensif sur les opérations de réduction du capital social. En effet, l'AUSCGIE dispose que les opérations de réduction de capital ne peuvent commencer pendant le délai d'opposition ni, le cas échéant, avant qu'il ait été statué en première instance sur cette opposition (art. 636 AUSCGIE). Lorsque l'opposition est accueillie, la procédure de réduction de capital est interrompue jusqu'au remboursement des créances ou jusqu'à la constitution de garanties pour les créanciers si la société en offre et si elles sont jugées suffisantes.

Enfin, relevons que toutes les opérations sur le capital social doivent faire l'objet des mesures de publicité prévues à l'article 264 de l'AUSCGIE.

151. Par ailleurs, en droit OHADA, le capital peut aussi faire l'objet de modification par attribution gratuite d'actions (art. 626-1 et s. AUSCGIE). Ainsi, l'assemblée générale extraordinaire peut, sur le

---

[220] Voy. art. 629, 630 et 631 AUSCGIE.

rapport du conseil d'administration ou de l'administrateur général, selon le cas, et sur le rapport spécial du commissaire aux comptes, autoriser le conseil d'administration ou l'administrateur général, selon le cas, à procéder, au profit des membres du personnel salarié de la société ou de certaines catégories d'entre eux, à une attribution gratuite d'actions existantes ou à émettre. Les délibérations prises à défaut des rapports prévus par l'article 626-1 AUSCGIE sont nulles. L'assemblée générale extraordinaire fixe le pourcentage maximal du capital social pouvant être attribué dans les conditions définies par l'AUSCGIE. Le nombre total des actions attribuées gratuitement ne peut excéder dix pour cent (10 %) du capital social à la date de la décision de leur attribution par le conseil d'administration ou l'administrateur général selon le cas. Elle fixe également le délai pendant lequel cette autorisation peut être utilisée par le conseil d'administration ou l'administrateur général le cas échéant. Ce délai ne peut excéder trente-six (36) mois.

Lorsque l'attribution porte sur des actions à émettre, l'autorisation donnée par l'assemblée générale extraordinaire emporte de plein droit, au profit des bénéficiaires des actions attribuées gratuitement, renonciation des actionnaires à leur droit préférentiel de souscription. L'augmentation de capital correspondante est définitivement réalisée du seul fait de l'attribution définitive des actions aux bénéficiaires. L'attribution des actions à leurs bénéficiaires est définitive au terme d'une période d'acquisition dont la durée minimale, qui ne peut être inférieure à deux (2) ans, est déterminée par l'assemblée générale extraordinaire. Toutefois, l'assemblée peut prévoir l'attribution définitive des actions avant le terme de la période d'acquisition en cas d'invalidité du bénéficiaire se trouvant dans l'incapacité d'exercer une profession quelconque. L'assemblée générale extraordinaire fixe également la durée minimale de l'obligation de conservation des actions par les bénéficiaires. Cette durée court à compter de l'attribution définitive des actions, mais ne peut être inférieure à deux (2) ans. Toutefois, les actions sont librement cessibles en cas d'invalidité des bénéficiaires se trouvant dans l'incapacité d'exercer une profession quelconque. Si l'assemblée générale extraordinaire a retenu pour la période d'acquisition mentionnée au cinquième alinéa une durée au moins égale à quatre (4) ans pour tout ou partie des actions attribuées, elle peut réduire ou supprimer la durée de l'obligation de conservation, mentionnée au sixième alinéa, de ces actions.

Notons que le président du conseil d'administration, l'administrateur général, les administrateurs généraux adjoints, le directeur général, les directeurs généraux adjoints d'une société anonyme, le président personne physique, le directeur général, les directeurs généraux délégués d'une société par actions simplifiée peuvent se voir attribuer des actions de la société dans les mêmes conditions que les membres du personnel salarié et dans le respect des conditions mentionnées à l'article 626-6 AUSCGIE (art. 626-1-2 AUSCGIE). Par dérogation aux dispositions susmentionnées, pour les actions ainsi attribuées au président du conseil d'administration, au directeur général, aux directeurs généraux adjoints, au président personne physique, au directeur général, aux directeurs généraux délégués d'une société par actions simplifiée, le conseil d'administration soit décide que ces actions ne peuvent être cédées par les intéressés avant la cessation de leurs fonctions, soit fixe la quantité de ces actions qu'il sont tenus de conserver au nominatif jusqu'à la cessation de leurs fonctions. L'information correspondante est publiée (art. 626-1-2 et art. 547-1 AUSCGIE).

III. Opérations de restructuration dans les sociétés par actions

152. Le droit congolais n'avait pas légiféré sur la question. Par contre, le droit OHADA comporte des règles précises à ce sujet. Il soumet la fusion et la scission aux dispositions identiques, et la transformation aux siennes propres.

153. Aux termes de l'art. 189 AUSCGIE, la fusion [221] est l'opération par laquelle deux (2) ou plusieurs sociétés se réunissent pour n'en former qu'une seule soit par création d'une société nouvelle soit par absorption par l'une d'entre elles[222]. Une société, même en liquidation, peut être absorbée par une autre société ou participer à la constitution d'une société nouvelle par voie de fusion.

En droit européen, notons que la directive 2005/56/CE du Parlement européen et du Conseil, du 26 octobre 2005, sur les fusions transfrontalières des sociétés de capitaux (Journal officiel L 310/1 du 25.11.2005) a pour but de faciliter la réalisation de fusions transfronta-

---

[221] Voy. H. A. BITSAMANA, *op. cit.*, p. 95.

[222] SAENGER, *Gesellschaftsrecht*, p. 477 ; HABERSACK, VERSE, *Europäisches Gesellschaftsrecht*, p. 240 ; HIRTE, *Kapitalgesellschaftsrecht*, p. 438 ; SIMON in DAUNER-LIEB, SIMON, *Kölner Kommentar zum Umwandlungsgesetz Kölner Kommentare*, pp. 95, 148 ; RAISER, VEIL, *Recht der Kapitalgesellschaften*, p. 626.

lières entre sociétés de capitaux. Cette directive vise à identifier la loi applicable en cas de fusion à chacune des sociétés qui fusionnent. Une fois la nouvelle entité issue de la fusion créée, une seule législation nationale s'applique : celle de l'État membre où elle a établi son siège. Aux termes de l'art. 2 al. 2 de cette Directive, la fusion est :

> « l'opération par laquelle : (a) une ou plusieurs sociétés transfèrent, par suite et au moment de leur dissolution sans liquidation, l'ensemble de leur patrimoine, activement et passivement, à une autre société préexistante la société absorbante, moyennant l'attribution à leurs associés de titres ou de parts représentatifs du capital social de l'autre société et éventuellement d'une soulte en espèces ne dépassant pas 10 % de la valeur nominale ou, à défaut de valeur nominale, du pair comptable de ces titres ou parts ; ou (b) deux ou plusieurs sociétés transfèrent, par suite et au moment de leur dissolution sans liquidation, l'ensemble de leur patrimoine, activement et passivement, à une société qu'elles constituent la nouvelle société, moyennant l'attribution à leurs associés de titres ou de parts représentatifs du capital social de cette nouvelle société et éventuellement d'une soulte en espèces ne dépassant pas 10 % de la valeur nominale ou, à défaut de valeur nominale, du pair comptable de ces titres ou parts ; ou (c) une société transfère, par suite et au moment de sa dissolution sans liquidation, l'ensemble de son patrimoine, activement et passivement, à la société qui détient la totalité des titres ou des parts représentatifs de son capital social ».

La fusion entraîne transmission à titre universel du patrimoine de la ou des sociétés, qui disparaissent du fait de la fusion, à la société absorbante ou à la société nouvelle. Ainsi, la fusion entraînant la transmission à titre universel du patrimoine de la société absorbée à la société absorbante, la saisie pratiquée au préjudice de la société absorbante est fondée dès lors qu'il n'est pas contesté que la société absorbante exploite la plantation vendue à l'associé de la société absorbée qui s'est engagée à respecter les échéances convenues du contrat de vente litigieux, soit par elle-même, soit en cas de fusion, par la société absorbante[223].

---

[223] « (...) Attendu que l'absorption de la SFCI par la CDBCI n'est pas contestée ; qu'il résulte des dispositions de l'article 189 de l'Acte uniforme sur le droit des sociétés commerciales et du groupement d'intérêt économique que la fusion entraine la transmission à titre universel du patrimoine de la société absorbée à la société absorbante ; attendu que les époux DUPARC ont soutenu que depuis sa fusion avec la SFCI, la CDBCI exploite la plantation vendue et le quota d'exportation dont les époux DUPARC étaient bénéficiaires ; que cette assertion n'a pas été démentie ; attendu dès lors que c'est également à bon droit que le premier juge a déclaré la

154. La scission est l'opération par laquelle le patrimoine d'une société est partagé entre plusieurs sociétés existantes ou nouvelles. Une société peut transmettre son patrimoine par voie de scission à des sociétés existantes ou nouvelles. La scission entraîne transmission à titre universel du patrimoine de la société, qui disparaît du fait de la scission, aux sociétés existantes ou nouvelles.

Notons que la scission se distingue de l'apport partiel d'actif. Celui-ci se définit comme l'opération par laquelle une société fait apport d'une branche autonome d'activité à une société préexistante ou à créer (art. 195 AUSCGIE). La société apporteuse ne disparaît pas du fait de cet apport. L'apport partiel d'actif est soumis au régime de la scission.

155. Grosso modo, ces opérations sont décidées par l'assemblée générale extraordinaire et font l'objet des mesures de publicité prévues en cas de modification des statuts. Mais la fusion connait la participation des commissaires à la fusion et la transformation est soumise à certaines conditions, à savoir :

- Que la société qui y procède existe depuis deux ans au moins ;
- Qu'elle fasse approuver les bilans de ses deux premiers exercices ;
- Que son actif net soit au moins égal à son capital social.

Sauf disposition contraire de l'Acte uniforme, les opérations de fusion, de scission et d'apport partiel d'actif peuvent intervenir entre des sociétés de forme différente.

Les opérations de fusion, de scission et d'apport partiel d'actif sont décidées, pour chacune des sociétés intéressées, dans les conditions requises pour la modification de ses statuts et selon les procédures suivies en matière d'augmentation du capital et de dissolution de la société. La nullité des délibérations y relatives est soumise aux mêmes règles. Toutefois, si l'opération projetée a pour effet d'augmenter les engagements des associés ou des actionnaires, de l'une ou plusieurs sociétés en cause, elle ne peut être décidée qu'à l'unanimité desdits associés ou actionnaires. Les délibérations prises en violation des dispositions du présent alinéa sont nulles.

A peine de nullité, les sociétés participant à une opération de fusion, scission, apport partiel d'actifs sont tenues de déposer au greffe une déclaration dans laquelle elles relatent tous les actes effectués en

---

saisie partiellement fondée. » (CCJA, Arrêt n° 018/2013 du 07 mars 2013, Aff. Compagnie des Bananes de Côte d'Ivoire dite CDBCI contre Martial DUPARC et Fatome HOUBALLAH épouse DUPARC, JURIDATA N° J018-03/2013).

vue d'y procéder et par laquelle elles affirment que l'opération a été réalisée en conformité du présent Acte uniforme (art. 198 AUSCGIE). La fusion ou la scission prend effet :

(i) en cas de création d'une ou plusieurs sociétés nouvelles, à la date d'immatriculation, au registre du commerce et du crédit mobilier, de la nouvelle société ou de la dernière d'entre elles ; chacune des sociétés nouvelles est constituée selon les règles propres à la forme de la société adoptée ;

(ii) dans les autres cas, à la date de la dernière assemblée générale ayant approuvé l'opération, sauf si le contrat prévoit que l'opération prend effet à une autre date, laquelle ne doit être ni postérieure à la date de clôture de l'exercice en cours de la ou des sociétés bénéficiaires ni antérieure à la date de clôture du dernier exercice clos de la ou des sociétés qui transmettent leur patrimoine.

La fusion, la scission et l'apport partiel d'actifs peuvent concerner des sociétés dont le siège social n'est pas situé sur le territoire d'un même État partie. Dans ce cas, chaque société concernée est soumise aux dispositions du présent Acte uniforme dans l'État partie de son siège social.

CHAPITRE III

LA DISSOLUTION DES SOCIETES

156. Exercer une entreprise commerciale sous la forme sociétale a souvent été décrit comme présentant un avantage certain du fait du dynamisme et de la longévité reconnus aux sociétés commerciales. Les sociétés ont certes l'avantage de survivre à leurs fondateurs mais elles ne sont pas pour autant immortelles. En effet, dans certaines circonstances, les sociétés sont appelées à disparaître. Ainsi, à l'instar de l'être humain, la société a une naissance (correspondant à sa constitution), une vie (correspondant à son fonctionnement) et une mort (correspondant à sa dissolution). Mais une fois la dissolution prononcée, la société ne disparaît pas automatiquement pour autant. Celle-ci survit, en effet, pour les besoins de sa liquidation[224]. D'importants problèmes doivent, en effet, être résolus avant de laisser la société *« reposer en paix »*[225].

157. Le législateur congolais et celui de l'OHADA se sont préoccupés d'établir un ensemble des normes juridiques devant règlementer cette dernière phase de la vie de la société[226]. Il s'agira ici de confron-

---

[224] J. ISSA-SAYEGH, « *Présentation des dispositions sur la dissolution et la liquidation des sociétés commerciales* », in Ohadata, p. 6 ; voy. KLUWER, *op. cit.*, p. 621.

[225] C'est le cas du sort des biens de la société à liquider, du désintéressement des créanciers sociaux, du partage de l'actif net entre les associés. La résolution de ces problèmes exige l'existence d'une procédure afin que puissent être respectés les droits de chacun.

[226] Précisons ici la différence qu'il existe en droit OHADA entre la liquidation des biens, la liquidation judiciaire et la liquidation amiable. La première intervient en cas de cessation de paiement, et est l'une des procédures collectives prévues par L'Acte Uniforme du 10 avril 1998 portant organisation des procédures collectives d'apurement du passif. Les deux derniers qui nous intéressent sont réglementés par l'AUSCGIE.

ter ces deux législations afin de nous rendre compte non seulement des dissemblances mais aussi des ressemblances qu'elles accusent l'une par rapport à l'autre. A cet effet seront analysées d'une part les causes de dissolution des sociétés commerciales (section 1), et d'autre part la procédure de liquidation (section 2).

SECTION 1. LES CAUSES DE DISSOLUTION DES SOCIETES COMMERCIALES

Nous aborderons dans la présente section d'une part les causes de dissolution communes à toutes les sociétés et d'autre part les causes de dissolution propres à chaque type de société.

§1. Les causes de dissolution communes à toutes les sociétés

158. Celles-ci sont généralement réparties en deux catégories. Nous avons :

- d'une part, les causes objectives (I),
- et d'autre part, les causes subjectives (II).

I. Les causes objectives

159. Nous pouvons mentionner[227] :

- L'expiration du temps pour lequel la société a été constituée ;
- La réalisation ou l'extinction de l'objet social ;
- L'annulation du contrat de société ;
- La réunion de toutes les parts entre les mains d'une seule personne ;
- L'impossibilité ou l'inutilité de fonctionnement.

II. Les causes subjectives

160. Nous pouvons citer[228] :

- La décision des associés[229] ;

---

[227] J. ISSA-SAYEGH, « *Présentation des dispositions sur la dissolution et la liquidation des sociétés commerciales* », *op. cit.*, p. 2.

[228] J. ISSA-SAYEGH, « *Présentation des dispositions sur la dissolution et la liquidation des sociétés commerciales* », *op. cit.*, p. 2.

[229] CCJA, Arrêt n° 039/2008 du 17 juillet 2008, Aff. Abdoulaye Baldé et autres C/ Boubacar Alphadio Bah, JURIDATA N° J039-07/2008 : «(...) L'associé mécontent ne rapporte pas la preuve d'une mésentente entre associés empêchant le

- La décision judiciaire pour juste motif ;
- La décision judiciaire ordonnant la liquidation des biens ;
- Les dispositions statutaires.

161. Ces causes de dissolution classiques étaient mentionnées par la législation congolaise sur le droit des sociétés (v. le titre 5 bis du Décret du 30 juillet 1888) et sont reprises par l'AUSCGIE (art. 200 AUSCGIE). Il n'y a donc là pratiquement aucune différence entre les deux législations. Cependant, l'AUSCGIE s'écarte du droit congolais en ce que la réunion de toutes les parts ou actions entre les mains d'une seule personne n'est plus une cause de dissolution de plein droit de la société.

162. Le droit OHADA a en effet, comme le droit français et le droit belge, consacré l'existence des sociétés unipersonnelles[230]. Nous avons vu que la société unipersonnelle ainsi consacrée ne peut, néan-

---

fonctionnement normal de la société ; qu'il s'ensuit qu'en faisant droit à la demande de dissolution, sans déterminer en quoi les allégations du requérant sont fondées, la Cour d'Appel de Kayes a insuffisamment motivé sa décision et privé celle-ci de base légale. » Comp. Cass. Com., 19 mars 2013, Pourvoi n° 12-15.283 : « (...) Attendu que pour prononcer la dissolution anticipée de la société l'arrêt relève qu'il existe entre M. Nicolas Y... et Mme X... une très grave mésintelligence ; qu'il relève encore que le comportement fautif de la gérante, qui a agi dans son intérêt propre et dans celui de son époux en profitant de la majorité des voix que représentaient leurs parts respectives, ne permet pas de poursuivre l'exploitation sociale ; attendu qu'en se déterminant ainsi, par des motifs impropres à caractériser la paralysie du fonctionnement de la société, la cour d'appel n'a pas donné de base légale à sa décision ».

[230] Notons qu'en France, la loi n° 025-697 du 11 juillet 1985 parle de l'entreprise unipersonnelle à responsabilité limitée et non de société unipersonnelle. Le terme société renvoi à *socius* qui signifie allié. Sous l'influence du droit français, le droit belge a institué la société des personnes à responsabilité limitée (SPRLU). En droit allemand, on parle de la « *Ein-Mann-Gesellschaft* », et en droit anglais, c'est la « *one man company* ». Voy. KINDL, *Gesellschaftsrecht*, p. 259 ; FASTRICH in : BAUMBACH, HUECK, GmbHG, *Gesetz betreffend die Gesellschaft mit beschränkter Haftung*, § 1 Nr. 49 ; LANFERMANN/MAUL, *Maßnahmenpaket der Europäischen Kommission zum Gesellschaftsrecht und Corporate Governance*, p. 1291 ; KLUWER, op. cit., pp. 169 et s. Voy. aussi Art. 2 al. 1 de la Proposition de Directive COM(2014) 212 final du 9.4.2014 du Parlement Européen et du Conseil relative aux sociétés unipersonnelles à responsabilité limitée (sur la SUP : « *Societas Unius Personae* »). En droit congolais : U. BABONGENO, « *De la problématique de la société unipersonnelle en droit congolais eu égard au droit de l'OAHADA* », in Ohadata, pp. 1 et s.

moins, n'être qu'une SARL (art. 309 AUSCGIE) ou une SA (art. 385 AUSCGIE)[231].

163. Cependant, il faut souligner que le droit congolais offre une exception en ce qui concerne l'interdiction de la société unipersonnelle. Il s'agit des entreprises publiques avec l'Etat comme associé unique (v. art. 5 al. 3 de la loi n. 08/007 du 07 juillet 2008 portant dispositions générales relatives à la transformation des entreprises publiques). Mais en dehors de ce cas, il y avait exigence d'au moins deux associés. Et lorsque ce nombre était réduit à un associé, la société était dissoute en droit congolais.

§2. Les causes de dissolution propres à chaque type de société

Ces causes ne semblent pas être très différentes dans les deux législations.

164. L'article 290 de l'AUSCGIE dispose que la société prend fin par le décès d'un associé[232]. Toutefois, les statuts peuvent prévoir que la société continuera soit entre les associés survivants, soit entre les associés survivants et les héritiers ou successeurs de l'associé décédé avec ou sans l'agrément des associés survivants. S'il est prévu que la société continuera avec les seuls associés survivants, ou si ces derniers n'agréent pas les héritiers ou successeurs de l'associé décédé ou s'ils n'agréent que certains d'entre eux, les associés survivants doivent racheter aux héritiers ou successeurs de l'associé décédé ou à ceux qui n'ont pas été agréés leurs parts sociales[233].

165. En cas de continuation et si l'un ou plusieurs des héritiers ou successeurs de l'associé décédé sont mineurs non émancipés, ceux-ci ne répondent des dettes sociales qu'à concurrence des parts de la succession de leur auteur. En outre, la société doit être transformée

---

[231] J. ISSA-SAYEGH, « Présentation des dispositions sur la dissolution et la liquidation des sociétés commerciales », *op. cit.*, p. 5.

[232] J. ISSA-SAYEGH, « *Présentation des dispositions sur la dissolution et la liquidation des sociétés commerciales* », *op. cit.*, p. 4.

[233] Dans ce cas, la valeur des droits sociaux à rembourser aux intéressés est fixée, conformément aux dispositions de l'article 59 AUSCGIE. Les associés sont alors tenus indéfiniment et solidairement du paiement de ces parts.

L'article 59 de l'AUSCGIE dispose : « Dans tous les cas où est prévue la cession des droits sociaux d'un associé, ou le rachat de ceux-ci par la société, la valeur de ces droits est déterminée, à défaut d'accord amiable entre les parties, par expert désigné soit par les parties, soit, à défaut d'accord entre elles, par décision de la juridiction compétente statuant à bref délai ».

dans le délai d'un an, à compter du décès, en société en commandite dont le mineur devient commanditaire. A défaut, elle est dissoute.

166. L'autre hypothèse de transformation d'une SNC en une autre forme de société est celle de l'article 186 de l'AUSCGIE qui dispose :

> « Les droits et obligations contractés par la société sous son ancienne forme subsistent sous la nouvelle forme. Il en est de même pour les sûretés, sauf clause contraire dans l'acte constitutif de ces sûretés.
>
> En cas de transformation d'une société, dans laquelle la responsabilité des associés est illimitée, en une forme sociale caractérisée par une limitation de la responsabilité des associés à leurs apports, les créanciers dont la dette est antérieure à la transformation conservent leurs droits contre la société et les associés ».

167. La société prend également fin lorsqu'un jugement de liquidation des biens, de faillite ou des mesures d'incapacité ou d'interdiction d'exercer une activité commerciale sont prononcés à l'égard d'un associé, à moins que les statuts de la société ne prévoient la continuation, ou que les autres associés ne le décident à l'unanimité.

168. La SCS continue malgré le décès d'un associé commanditaire. S'il est stipulé que malgré le décès de l'un des associés commandités, la société continue avec ses héritiers, ceux-ci deviennent associés commanditaires lorsqu'ils sont mineurs non émancipés. Si l'associé décédé était seul associé commandité et si ses héritiers sont alors mineurs non émancipés, il doit être procédé à son remplacement par un nouvel associé commandité ou à la transformation de la société dans un délai d'un an à compter du décès. A défaut, la société est dissoute de plein droit à l'expiration du délai mentionné supra (art. 298 AUSCGIE).

169. Les sociétés de personnes[234] sont dissoutes par décès, interdiction, déconfiture ou faillite d'un associé en nom collectif ou d'un commandité[235].

170. La SPRL congolaise et la SARL en droit OHADA sont dissoutes en cas de réduction du capital en dessous du minimum légal, en cas de perte d'une fraction importante du capital, ou en cas de réalisation des activités interdites par la loi (épargne, assurance, capitalisation). La SPRL congolaise était également dissoute en cas de réunion de toutes les parts aux mains d'un seul associé. La SARL

---

[234] Il s'agit de la société en nom collectif et de la société en commandite simple.

[235] J. ISSA-SAYEGH, « *Présentation des dispositions sur la dissolution et la liquidation des sociétés commerciales* », *op. cit.*, p. 5.

congolaise et la SA en droit OHADA sont également dissoutes en cas de perte d'une fraction importante du capital social. Le droit OHADA prévoyant un minimum légale pour la SA ; celle-ci sera également dissoute en cas de réduction du capital social en deçà de ce minimum. La SARL congolaise pouvait en outre être dissoute en cas de retrait de l'autorisation présidentielle qui lui a octroyé la personnalité morale et en cas de réduction du nombre des associés en dessous de sept[236].

SECTION 2. LA PROCEDURE DE LIQUIDATION

171. Celle-ci, avons-nous dit, est la conséquence ou encore l'effet de la dissolution de la société[237]. L'article 114 du Décret de 1887 disposait :

> « Les sociétés commerciales sont, après leur dissolution, réputées exister pour leur liquidation ».

En droit OHADA, les art. 203 et s. AUSCGIE s'appliquent à toute liquidation de société commerciale, qu'elle soit organisée à l'amiable conformément aux statuts ou à l'accord des associés ou ordonnée par décision de justice conformément au 2°) de l'article 223 AUSCGIE. Toutefois, elles ne s'appliquent pas lorsque la liquidation intervient dans le cadre des dispositions de l'Acte uniforme portant organisation des procédures collectives d'apurement du passif[238]. La dissolution en droit OHADA d'une société dans laquelle tous les titres sont détenus par un seul associé entraîne la transmission universelle du patrimoine de la société à cet associé, sans qu'il y ait lieu à liquidation. Les créanciers peuvent faire opposition à la dissolution, devant la juridiction compétente, dans le délai de trente jours à compter de la publication

---

[236] Comp. KLUWER, *op. cit.*, 2007, p. 137.

[237] J. ISSA-SAYEGH, « *Présentation des dispositions sur la dissolution et la liquidation des sociétés commerciales* », *op. cit.*, p. 6.

[238] CCJA, Arrêt n° 020/2009 du 16 avril 2009, Aff. Monsieur TIEMELE BONI Antoine et 57 autres C/ Société MRL-liquidation et Monsieur YAO KOFFI Noël, JURIDATA N° J020-04/2009 : «(...) Attendu qu'il est constant comme résultant des pièces du dossier de la procédure que Monsieur YAO KOFFI Noël a été désigné syndic dans le cadre de la mise en liquidation des biens de la société MRL, prononcée par jugement collégial contradictoire rendu le 21 novembre 2001 par le Tribunal de première instance de Daloa, section de Sassandra, conformément aux dispositions de l'Acte uniforme portant organisation des procédures collectives d'apurement du passif ; que les articles prétendument violés découlant de l'Acte uniforme relatif au droit des sociétés commerciales et du groupement d'intérêt économique et non applicables en l'espèce, ne peuvent être violés ».

de celle-ci. Le tribunal rejette l'opposition ou ordonne soit le remboursement des créances, soit la constitution de garanties si la société en offre et si elles sont jugées suffisantes. La transmission du patrimoine n'est réalisée et il n'y a disparition de la société qu'à l'issue du délai d'opposition ou, le cas échéant, lorsque l'opposition a été rejetée ou que le remboursement des créances a été effectué ou les garanties constituées (art. 201 AUSCGIE).

172. La procédure de liquidation est administrée par un liquidateur dont il convient de déterminer les règles gouvernant la désignation, la révocation et la mission[239].

§1. La nomination des liquidateurs

173. A défaut de convention contraire, prévoyait l'article 115 du Décret de 1887, le mode de liquidation était déterminé et les liquidateurs étaient nommés par l'assemblée générale des associés. Dans les sociétés en nom collectif et dans les sociétés en commandite simple, les décisions n'étaient valablement prises que par l'assentiment de la moitié des associés possédant les trois quarts de l'avoir social ; à défaut de cette majorité, il revenait aux tribunaux de statuer. Pour les autres sociétés, la majorité était celle prévue dans les statuts. Dans les cas de nullité de société, les tribunaux pouvaient déterminer le mode de liquidation et nommer les liquidateurs. A défaut de nomination des liquidateurs, les membres de l'organe de gestion statutaire étaient, à l'égard des tiers, considérés comme liquidateurs.

174. En droit OHADA, l'article 206 de l'AUSCGIE confie également aux associés le soin de désigner le(s) liquidateur(s). Il dispose en effet :

> « Lorsque la liquidation est décidée par les associés, un ou plusieurs liquidateurs sont nommés :
>
> • 1° dans les sociétés en nom collectif, à l'unanimité des associés ;
>
> • 2° dans les sociétés en commandite simple, à l'unanimité des commandités et à la majorité en capital des commanditaires ;
>
> • 3° dans les sociétés à responsabilité limitée, à la majorité en capital des associés ;

---

[239] Voy. Y. MEUKE Béranger, « *Qui représente la société en liquidation dans l'espace OHADA ?* », in Ohadata, pp. 1 et s.

• 4° dans les sociétés anonymes, aux conditions de quorum et de majorité prévues pour les assemblées générales extraordinaires ».

175. On peut noter une différence entre les deux législations en ce qui concerne la majorité requise pour la nomination du ou des liquidateurs. En effet en droit OHADA, il est requis en cette matière l'unanimité des associés dans les SNC ; l'unanimité des commandités et la majorité en capital des commanditaires dans les SCS ; la majorité en capital des associés dans les SARL ; le quorum et la majorité prévus pour les assemblées générales extraordinaires dans les SA. En outre, l'AUSCGIE précise que les liquidateurs peuvent être des personnes physiques ou des personnes morales pouvant être choisies parmi les associés ou les tiers (art. 207 de l'AUSCGIE). Le droit congolais restait silencieux à ce sujet.

En droit OHADA, l'acte de nomination du liquidateur est publié dans les conditions et délais fixés à l'article 266 AUSCGIE. La nomination et la révocation du liquidateur ne sont opposables aux tiers qu'à compter de cette publication. Ni la société, ni les tiers ne peuvent, pour se soustraire à leurs engagements, se prévaloir d'une irrégularité dans la nomination ou dans la révocation du liquidateur, dès lors que celle-ci a été régulièrement publiée[240]. Les pouvoirs du conseil d'administration ou des dirigeants sociaux prennent fin à dater de la

[240] CCJA, Arrêt n° 058/2008 du 11 décembre 2008, Aff. Société SIACIC - Liquidation CIM-Congo - Compagnie Congolaise des Ciments C/ Société CIM-Congo SA, JURIDATA N° J058-12/2008 : « (...) Attendu qu'aux termes de l'article 212 de l'Acte uniforme relatif au droit des sociétés commerciales et du Groupement d'intérêt économique, « L'acte de nomination du liquidateur est publié dans les conditions et délai fixés à l'article 266 du présent Acte uniforme ; la nomination et la révocation du liquidateur ne sont opposables aux tiers qu'à compter de cette publication ; ni la société, ni les tiers ne peuvent, pour se soustraire à leurs engagements, se prévaloir d'une irrégularité dans la nomination ou dans la révocation du liquidateur, dès lors que celle-ci a été régulièrement publiée » ; que l'article 224 du même Acte uniforme dispose : « les pouvoirs du Conseil d'Administration, de l'Administrateur général ou des gérants prennent fin à dater de la décision de justice qui a ordonné la liquidation de la société » ; qu'en application des dispositions qui précèdent, Il convient de constater que les pouvoirs des administrateurs pouvant engager la société cessent dès le prononcé de la décision (de liquidation); qu'il en résulte que c'est à tort que la Cour d'appel de Brazzaville a jugé recevable une requête aux fins de défense à exécution déposée par un mandataire de justice agissant pour le compte de la société mise en liquidation ; que ce faisant, elle a violé les dispositions des articles 212 et 224 précités.»

décision de justice qui ordonne la liquidation de la société[241]. Concernant la rémunération des liquidateurs et la publication de l'acte les nommant, le droit congolais restait également silencieux.

176. La durée du mandat du liquidateur ne peut excéder trois (3) ans, renouvelables, par décision de justice, à la requête du liquidateur. Dans sa demande de renouvellement, le liquidateur indique les raisons pour lesquelles la liquidation n'a pu être clôturée, les mesures qu'il envisage de prendre et les délais que nécessite l'achèvement de la liquidation.

§2. La révocation

177. Le droit congolais n'a pas règlementé la cessation des fonctions du liquidateur. Sur cette question l'article 211 de l'AUSCGIE prévoit que le liquidateur peut être révoqué et remplacé selon les formes prévues pour sa nomination[242]. Le même article prévoit l'hypothèse d'une révocation judiciaire pour juste motif à l'initiative de tout associé.

En effet, l'article 211 mentionné supra dispose :

> « Le liquidateur peut être révoqué et remplacé selon les formes prévues pour sa nomination. Toutefois, tout associé peut demander en justice la révocation du liquidateur si cette demande est fondée sur des motifs légitimes ».

§3. La mission

178. Le liquidateur est chargé d'administrer les opérations de liquidation jusqu'à la clôture de celle-ci. Il est responsable, à l'égard tant des associés que des tiers, de l'exécution de son mandat et des fautes commises dans leur gestion (art. 122 du Décret de 1887 et 221 AUSCGIE). L'article 221 de l'AUSCGIE ajoute que l'action sociale ou individuelle en responsabilité contre le liquidateur se prescrit par trois ans, à compter du fait dommageable ou, s'il a été dissimulé, de sa révélation. Toutefois, lorsque le fait est qualifié de crime, l'action se prescrit par dix ans. En droit congolais, toutes les actions contre les

---

[241] Cf. Arrêt n° 058/2008 du 11 décembre 2008, Aff. Société SIACIC -Liquidation CIM-Congo -Compagnie Congolaise des Ciments C/ Société CIM-Congo SA, JURIDATA N° J058-12/2008 sous l'article 212, AUSGGIE.

[242] J. ISSA-SAYEGH, « *Présentation des dispositions sur la dissolution et la liquidation des sociétés commerciales* », *op. cit.*, p. 7.

liquidateurs en cette qualité se prescrivaient par cinq ans à partir de la publication de la clôture de la liquidation au Journal Officiel (art.126 du Décret de 1887).

179. L'article 117 du Décret de 1887 énumérait les actes pouvant être accomplis par les liquidateurs à défaut de disposition contraire des statuts ou dans l'acte de nomination. Ils pouvaient en vertu de cet article : intenter et soutenir toutes actions pour la société, recevoir tous paiements, réaliser toutes les valeurs mobilières de la société, endosser tous effets de commerce, transiger ou compromettre sur toutes contestations[243]. L'article 118 du Décret soumettait à l'autorisation de l'assemblée générale des associés la possibilité pour le liquidateur de continuer la réalisation de l'industrie ou du commerce de la société, d'emprunter pour payer les dettes sociales, d'aliéner les immeubles de la société.

180. L'article 230 de l'AUSCGIE investit le liquidateur des pouvoirs les plus étendus pour réaliser l'actif[244]. Il précise en outre, et c'est ici la différence avec le droit congolais, que les restrictions à ces pouvoirs, résultant des statuts ou de l'acte de nomination, ne sont pas opposables aux tiers. Mais l'AUSCGIE limite lui-même les pouvoirs du liquidateur soit en interdisant l'accomplissement de certains actes soit en les conditionnant à l'assentiment de l'assemblée selon la majorité qu'il détermine (art. 213 à 215 AUSCGIE). Il est habilité à payer les créanciers et à répartir entre les associés le solde disponible. Il ne peut continuer les affaires en cours ou en engager de nouvelles, pour les besoins de la liquidation, que s'il y a été autorisé par décision de justice (art. 231 AUSCGIE).

181. Les opérations de liquidation ne devant pas s'éterniser, il était prévu en droit congolais, précisément à l'article 123 du Décret de 1887, que chaque année, les résultats de la liquidation fussent soumis à l'assemblée générale de la société avec l'indication des causes qui ont empêché la liquidation d'être terminée. L'article 216 de l'AUSCGIE prévoit que la clôture de la liquidation doit être intervenue dans un délai de trois ans à compter de la dissolution de la société. A défaut, le ministère public ou tout intéressé peut saisir la juridiction compétente dans le ressort de laquelle est situé le siège de la société afin qu'il soit procédé à la liquidation de la société ou, si celle-ci a été commencée, à son achèvement.

---

[243] Voy. également les articles 119, 120 et 121 du Décret de 1887.

[244] J. ISSA-SAYEGH, « *Présentation des dispositions sur la dissolution et la liquidation des sociétés commerciales* », *op. cit.*, p. 8.

182. Lorsque la liquidation est terminée, les liquidateurs font un rapport sur leur gestion à l'assemblée générale. L'assemblée statuera sur cette gestion et prononcera la clôture de la liquidation[245]. La clôture de la liquidation est publiée conformément aux dispositions des articles 266 à 268 de l'AUSCGIE en droit OHADA (il s'agissait de l'article 124 du Décret de 1887 en droit congolais).

[245] Comp. KLUWER, *op. cit.*, pp. 621 et s.

DEUXIÈME PARTIE

LES INNOVATIONS MAJEURES DE L'AUSCGIE

Dans la seconde partie de cette étude, il est question de présenter les différentes innovations apportées par le droit OHADA en matière de droit des sociétés commerciales.

Pour ce faire, nous étudierons en premier lieu les sociétés sans personnalité juridique (chapitre I) ; par la suite, une procédure actionnée au sein des sociétés prévues en droit OHADA : la procédure d'alerte et l'expertise de gestion (chapitre II) ; puis un groupement d'affaires particulier : le groupement d'intérêt économique (chapitre III) et enfin les dispositions pénales contenues dans l'AUSCGIE. Par ailleurs, la création d'un nouveau type de société par actions, à côté de la société anonyme, la société par actions simplifiée ou "SAS" (chapitre IV), est sans nul doute l'une des innovations majeures de l'Acte uniforme Révisé.

CHAPITRE I

CONSECRATION DES SOCIETES SANS PERSONNALITE JURIDIQUE

183. La personnalité morale des sociétés et autres personnes morales visées dans l'AUSCGIE nait de leur immatriculation au registre du commerce et du crédit mobilier (RCCM) de la juridiction dans le ressort de laquelle est situé leur siège social (art. 27 et s. de l'Acte uniforme sur le droit commercial général). En principe, toutes les sociétés commerciales doivent requérir leur immatriculation auprès de ce registre. Par exception, certaines sociétés n'établissent pas la démarche, et ne peuvent en conséquence disposer de la personnalité morale qui naît de l'immatriculation. L'AUSCGIE consacre deux types de sociétés sans personnalité morale[246] : la société en participation (section 1) et la société de fait (section 2)[247].

SECTION 1. LA SOCIETE EN PARTICIPATION

Dans un premier paragraphe, nous aborderons la définition de la société en participation. Puis, dans un deuxième temps, il sera question de la direction de cette société. Enfin, dans un troisième volet, il s'agira de connaitre les causes de sa disparition.

[246] Il faut signaler qu'en droit congolais, la société en participation et la société de fait n'étaient consacrées par aucun texte de loi. Cependant, on les retrouvait dans le monde (pratique) des affaires.
[247] H. A. BITSAMANA, *op. cit.*, p. 199.

§1. Définition

I. Caractéristiques

184. La société en participation est celle dans laquelle les associés conviennent qu'elle n'est pas immatriculée au registre du commerce et du crédit mobilier. Elle n'a pas la personnalité morale et n'est pas soumise à publicité. L'existence de la société en participation peut être prouvée par tous moyens. Il ne ressort pas de la définition de l'art. 854 AUSCGIE que la clandestinité soit de la quintessence de la société. Ainsi, il est généralement admis que cette société peut demeurer occulte ou être ostensible[248].

Une société en participation n'est pas à proprement parler une société. C'est un concept emprunté à celui de la joint-venture issue de la Common Law, dans lequel les associés acceptent de ne pas enregistrer l'entité qu'ils ont créée au Registre de Commerce et du Crédit Mobilier (RCCM). En conséquence, la société en participation ne dispose pas de la personnalité morale et n'est pas soumise à publicité. En effet, l'article 854 de l'AUSCGIE dispose que la société en participation est celle dans laquelle les associés conviennent qu'elle ne sera pas immatriculée au registre du commerce et du crédit mobilier et qu'elle n'aura pas la personnalité morale. Elle n'est pas soumise à publicité. L'existence de la société en participation peut être prouvée par tous moyens. Cette forme sociale présente les avantages de la discrétion et de la souplesse pour des opérations ponctuelles.

II. Conséquences

185. Cette définition comporte plusieurs conséquences. Une société en participation ne peut en effet avoir un siège social, une dénomination sociale ou un patrimoine propre ; elle ne peut disposer de la capacité contractuelle, ni ester en justice, ni faire l'objet d'une procédure collective[249].

III. Objet

186. Les associés sont libres de déterminer leurs droits, l'objet de la société en participation et ses règles de fonctionnement. En effet, l'article 855 AUSCGIE prévoit que les associés conviennent librement

---

[248] J. ISSA-SAYEGH, P.G. POUGOUE, F. M. AWADOGO, *op. cit.*, art. 854 AUSCGIE, p. 631.
[249] Voy. H. A. BITSAMANA, *op. cit.*, p. 199.

de l'objet, de la durée, des conditions du fonctionnement, des droits des associés, de la fin de la société en participation, sous réserve de ne pas déroger aux règles impératives des dispositions communes aux sociétés, exception faite de celles qui sont relatives à la personnalité morale. La rédaction d'un contrat de base de l'association des parties, quoique non exigée par l'AUSCGIE, est donc une garantie de sécurité pour eux[250].

187. Néanmoins, les relations entre associés sont régies par les dispositions applicables à la SNC, à moins que les associés n'en aient disposé autrement (art. 856 AUSCGIE[251]). En outre, les associés doivent se conformer aux dispositions impératives générales de l'Acte uniforme applicables à toutes les sociétés, à l'exception de celles relatives à la personnalité morale (art. 855 AUSCGIE).

§2. Rapports entre les associés et responsabilité

Nous examinerons dans le présent paragraphe la responsabilité des associés, et les difficultés qui peuvent surgir.

I. Rapports entre les associés

188. A moins qu'une organisation différente n'ait été prévue, les rapports entre associés sont régis par les dispositions applicables aux sociétés en nom collectif (art. 856 AUSCGIE). Les biens nécessaires à l'activité sociale sont mis à la disposition du gérant de la société. Toutefois, chaque associé reste propriétaire des biens qu'il met à la disposition de la société (art. 857 de l'AUSCGIE). Les associés peuvent convenir de mettre certains biens en indivision ou que l'un des associés est, à l'égard des tiers, propriétaire de tout ou partie des biens qu'il acquiert en vue de la réalisation de l'objet social (art. 858 AUSCGIE). Sont réputés indivis entre les associés les biens acquis par emploi ou par remploi de deniers indivis pendant la durée de la société, ainsi que ceux qui se trouvaient indivis avant d'être mis à la disposition de la société (art. 859 AUSCGIE). Il en est de même de ceux que les associés auraient convenu de mettre en indivision. Par ailleurs, sauf stipulation contraire des statuts, aucun associé ne peut

[250] J. ISSA-SAYEGH, P.G. POUGOUE, F. M. AWADOGO, *op. cit.*, art. 855 AUSCGIE, p. 631.

[251] « A moins qu'une organisation différente n'ait été prévue, les rapports entre associés sont régis par les dispositions applicables aux sociétés en nom collectif ».

demander le partage des biens indivis tant que la société n'est pas dissoute (art. 860 AUSCGIE).

II. Rapport avec les tiers

189. Pour les relations à l'égard des tiers, chaque associé contracte en son nom personnel et se trouve, de ce fait, seul engagé pour toutes les obligations contractées. Cependant, lorsque les associés agissent expressément en leur qualité d'associés auprès des tiers, ils sont indéfiniment et solidairement responsables de leurs engagements. L'art. 861 de l'AUSCGIE le pose en ces termes :

> « Chaque associé contracte en son nom personnel et est seul engagé à l'égard des tiers.
>
> Toutefois, si les associés agissent expressément en leur qualité d'associé auprès des tiers, chacun de ceux qui ont agi est tenu par les engagements des autres.
>
> Les obligations souscrites dans ces conditions les engagent indéfiniment et solidairement.
>
> Il en est de même de l'associé qui, par son immixtion, a laissé croire au cocontractant qu'il entendait s'engager à son égard et dont il est prouvé que l'engagement a tourné à son profit ».

Attendu que seul(s) le ou les intervenant(s) à une relation contractuelle est/sont connu(s) des tiers, le gérant ne constitue pas *stricto sensu* un organe de la société. En tout état de cause, c'est en son nom personnel qu'il contracte et, par voie de conséquence, sera seul engagé[252] (art. 861 AUSCGIE). Concernant l'action des tiers contre les coassociés autres que celui qui a agi directement, l'alinéa. 4 de l'article 861 AUSCGIE susmentionné exige deux conditions préalables : « l'associé doit avoir par son immixtion fait croire au cocontractant qu'il s'engageait à son égard[253] ; (...) cet engagement doit non seulement avoir tourné au profit de l'associé, mais aussi, doit être indépendant de l'application du contrat de société »[254].

[252] J. ISSA-SAYEGH, P.G. POUGOUE, F. M. AWADOGO, *op. cit.*, art. 863 AUSCGIE, p. 633.

[253] L'engagement doit être direct et ostensible (rapport personnel avec les fournisseurs, démarches personnelles pour obtenir un crédit, réalisation des travaux, paiement direct de certaines créances, ...).

[254] J. ISSA-SAYEGH, P.G. POUGOUE, F. M. AWADOGO, *op. cit.*, art. 863 AUSCGIE, p. 633.

III. Difficultés que pose la société en participation

190. La société en participation constitue un instrument très flexible qui peut s'avérer très utile lorsque les associés désirent former un consortium secret ou une joint-venture. Toutefois, les problèmes de responsabilité et la fiscalité applicable aux associés dans la société en participation doivent être analysés avec attention lors de la préparation de la convention instituant la société en participation.

§3. Disparition

191. La société en participation est dissoute, sauf volonté contraire, par les mêmes événements qui mettent fin à la société en nom collectif (art. 862 al. 1 AUSCGIE). Cependant, les associés peuvent convenir dans les statuts ou dans un acte ultérieur que la société continuera en dépit de ces événements.

192. Lorsque la société est à durée indéterminée, sa dissolution peut résulter à tout moment d'une notification, par lettre au porteur contre récépissé ou par lettre recommandée avec demande d'avis de réception adressée par l'un d'eux à tous les associés, pourvu que cette notification soit de bonne foi et non faite à contretemps (art. 863 AUSCGIE).

SECTION 2. LA SOCIETE DE FAIT

193. L'AUSCGIE consacre quelques dispositions sommaires à la société de fait, société qui se révèle après coup, les associés n'ayant effectué aucune démarche en vue de sa reconnaissance par le droit. La notion de société de fait n'est pas tout à fait précisée, raison pour laquelle les lignes qui suivent apporteront des éclaircissements quant à sa définition, à sa typologie, aux associés, à son fonctionnement, à sa reconnaissance, à la preuve de son existence ainsi qu'aux conséquences qui découlent de sa reconnaissance.

§1. Définition

194. Une société créée de fait est une société dans laquelle deux ou plusieurs personnes, physiques ou morales, agissent comme si elles étaient associées sans avoir constitué entre elles l'une des formes de sociétés reconnues par l'AUSCGIE[255] (art. 864). Il s'agit en réalité

[255] Voy. J. ISSA-SAYEGH, P.G. POUGOUE, F. M. AWADOGO, op. cit., p. 634. Comp. H. A: BITSAMANA, *op. cit.*, p. 199.

d'une société « créée de fait » au sens du droit français puisqu'elle comprend de véritables associés du fait de leur comportement ou du fait de l'absence de réalisation des formalités légales nécessaires pour immatriculer la société[256]. Par contre, aux termes de l'article 865 AUSCGIE, lorsque deux (2) ou plusieurs personnes physiques ou morales ont constitué entre elles une société reconnue par le présent Acte uniforme mais qui comporte un vice de formation non régularisé ou ont constitué entre elles une société non reconnue par le présent Acte uniforme, il y a société de fait[257]. La notion de société de fait révèle une complexité de nature à rendre difficile la compréhension, notamment parce qu'une structure proche, la société créée de fait, parait rendre compte de la même réalité.

Selon certains auteurs, « la société de fait est une société ratée[258], alors que la société créée de fait, celle qui s'ignore »[259]. Cependant, dans la pratique, les deux notions sont souvent englobées sous le vocable général de société de fait.

I. Précision conceptuelle

195. Inspirées par l'évolution de la jurisprudence française en la matière et soucieux de préciser la notion de société de fait, les rédacteurs de l'AUSCGIE évitent le risque de confusion terminologique qui a existé en droit français entre la société créée de fait et la société de fait[260]. L'article 864 AUSCGIE dispose :

> « Il y a société de fait lorsque deux ou plusieurs personnes physiques ou morales se comportent comme des associés sans avoir constitué entre

[256] Voy. CA Dalao, n. 195 du 24 mai 2000, Juriscope.org. Il résulte de cette décision que l'article 864 comporte l'idée que les parties aient réalisé des bénéfices et étaient suffisamment informées du fonctionnement de la société.

[257] Comp. Art. 101 al. 1 AUSCGIE. Deux hypothèses sont donc visées : (i) le cas des sociétés formées sans statuts ; (ii) le cas des sociétés constituées avec des statuts, mais qui ne correspondent pas aux formes sociales prévues par l'AUSCGIE. Voy. J. ISSA-SAYEGH, P.G. POUGOUE, F. M. AWADOGO, *op. cit.*, art. 865 AUSCGIE, p. 635.

[258] Certains parlent de « société de droit dégénéré » (J. ISSA-SAYEGH, P.G. POUGOUE, F. M. AWADOGO, *op. cit.*, p. 634).

[259] H. A: BITSAMANA, *op. cit.*, p. 199.

[260] Ch. MBA-OWONO, « Société de fait et société créée de fait : une distinction empreinte de confusion en droit uniforme OHADA, Des contrats civils et commerciaux aux contrats de consommation », in Mélanges en l'honneur du doyen Bernard Gross, p. 467 ; F. ANOUKAHA, A. CISSE, N. DIOUF, et al., *op. cit.*, p. 525.

elles l'une des formes de sociétés reconnues par le présent Acte uniforme ».

196. Cette définition renvoie précisément à la société créée de fait qui traduit la prise en compte d'une situation de fait. Il en sera ainsi lorsque deux personnes ont une activité sans se préoccuper de la qualification juridique de la collaboration. C'est seulement parce qu'il y a un litige que l'on se demandera si, en fait, elles ne s'étaient pas comportées comme des associés. L'article 865 ajoute :

> « Lorsque deux ou plusieurs personnes physiques ou morales ont constitué entre elles une société reconnue par le présent Acte uniforme mais n'ont pas accompli les formalités légales constitutives ou ont constitué entre elles une société non reconnue par le présent Acte uniforme, il y a également société de fait ».

Cette deuxième définition concerne les sociétés en formation annulées.

197. On pourrait épiloguer sur l'utilité de traiter de la société de fait ainsi définie, dès lors que l'AUSCGIE[261] prévoit la rétroactivité de l'annulation de la société qui doit être dissoute et, pour ce qui concerne les sociétés pluripersonnelles, liquidées. Mais il convient de préciser que le statut de la société de fait ne s'applique qu'en cas d'annulation pour omission des formalités légales ou constitution d'une société non reconnue par l'AUSCGIE.

II. Application du régime juridique de la société en nom collectif

198. A la différence du droit français qui renvoie la société de fait au régime de la société en participation[262], l'AUSCGIE rend applicables aux associés de fait les règles de la société en nom collectif[263]. Ce choix est sans doute justifié par la volonté des rédacteurs de protéger les intérêts des tiers qui pourront alors tirer profit de la responsabilité indéfinie et solidaire des associés.

§2. Typologie des sociétés de fait

199. La typologie des sociétés de fait, opérée en droit français, part du constat que ces sociétés ne résultent pas d'accords, mais de

---

[261] Art. 253 AUSCGIE.
[262] Art. 1873 du code civil français.
[263] Art. 868 AUSCGIE.

comportements d'associés. Ces comportements se révèlent le plus souvent à l'occasion de situations familiales ou extra-familiales.

I. Les situations familiales

200. Des sociétés de fait se créent fréquemment entre différents membres d'une famille, par exemple entre frères et sœurs ou entre un père et son fils. Mais le plus fréquemment, c'est entre époux et entre concubins que se révèlent de telles sociétés[264].

II. Les situations extra-familiales

Dans ce cas, la société de fait recouvre deux réalités : la société en formation (A) et la collaboration économique et financière (B).

A. La société en formation

201. Une société en formation peut devenir une société de fait à la condition que l'activité dépasse l'accomplissement de simples actes nécessaires à sa constitution de manière durable et importante.

B. La collaboration économique et financière

202. La notion de société de fait est utilisée pour régler les relations de fait nées d'une collaboration économique et/ou financière entre plusieurs personnes physiques ou morales. Ainsi, un groupement d'entreprises constitué à l'occasion d'une adjudication de marché de travaux publics peut être considéré comme une société de fait, dès lors qu'elles ont soumissionné ensemble dans un but commun.

§3. Fonctionnement

203. La société de fait est régie par la volonté des associés, matérialisée par un contrat dont la forme et le contenu sont laissés à la libre appréciation de ses signataires. Ce contrat qui régit les rapports des associés entre eux pourra notamment contenir les énonciations ci-après :

- La nature du contrat ;
- Les apports ;
- Les fonctions assurées par les associés ;

---

[264] J. NGUEBOU TOUKAM, *op. cit.*, p. 461.

- La répartition des profits et pertes ;
- La participation aux dettes liées à l'activité ;
- La perte de la qualité d'associé ;
- La reprise des apports.

Ce contrat ne fait l'objet d'aucune publicité puisque n'étant pas censé être connu des tiers.

§4. La reconnaissance de la société

204. Tout intéressé peut demander à la juridiction compétente du lieu principal de l'activité d'une société de fait la reconnaissance de la société de fait entre deux ou plusieurs personnes dont il lui appartient d'apporter l'identité ou la dénomination sociale.[265] Cette demande se fondera sur l'apparence extérieure, si celle-ci a porté à croire de bonne foi à l'existence de la société. L'existence d'une société de fait est prouvée par tout moyen (art. 867 AUSCGIE). Cependant, cette preuve requiert la réunion des éléments indispensables au contrat de société : les apports réciproques (il peut s'agir de biens ou d'activités), un affectio societatis, et la participation aux bénéfices et pertes[266].

§5. Les conséquences de la reconnaissance

205. Lorsque l'existence d'une société de fait est reconnue par le juge, les règles de la société en nom collectif sont applicables aux associés. On retiendra, entre autres, leur responsabilité solidaire et indéfinie à l'égard des tiers pour les obligations nées des actes accomplis par l'un quelconque des associés en cette qualité.

[265] Art. 866 AUSCGIE.

[266] Cour Suprême du Cameroun, Arrêt n. 85/CC du 7 juin 1973, Revue Camerounaise de Droit n. 9, p. 62.

CHAPITRE II

LA PROCEDURE D'ALERTE, L'EXPERTISE DE GESTION ET L'ADMINISTRATION PROVISOIRE

206. La procédure d'alerte et l'expertise de gestion sont des mécanismes qui permettent que le contrôle des sociétés commerciales soit mieux assuré aussi bien par les commissaires aux comptes que par les associés. Quant à l'administration provisoire, elle a été introduite lors de la modification de l'AUSCGIE (art. 160-1 et ss. AUSCGIE).

SECTION 1. LA PROCEDURE D'ALERTE

207. Selon une certaine doctrine, l'alerte peut être comprise comme « une procédure qui permet à certaines personnes intéressées par la situation économique d'une entreprise et à qui la loi donne le pouvoir d'avoir accès à certaines informations sur la situation financière de l'entreprise, d'interpeller les dirigeants sociaux sur les difficultés que connait ou que pourrait connaitre cette entreprise, afin de prendre les mesures adéquates pour la redresser ».[267] Cette procédure permet que le contrôle des sociétés commerciales soit mieux assuré aussi bien par les commissaires aux comptes que par les associés.

208. La profession de commissaire aux comptes apparait déjà en droit congolais, mais elle se retrouve minutieusement réglementée et sa fonction est nettement précisée en droit OHADA. En effet, « le

---

[267] D'après les professeurs OUMAR SAMBE et MAMADOU IBRA DIALLO : « La procédure d'alerte consiste à attirer l'attention des dirigeants sociaux sur la situation de la société lorsqu'elle commence à se détériorer, en vue de prendre les mesures nécessaires pour éviter de compromettre la continuité de l'exploitation ». Voir OUMAR SAMBE ET MAMADOU IBRA DIALLO, *Guide pratique des sociétés commerciales et du GIE*, Dakar, éd. ECJ, p. 323. Comp. KLUWER, *op. cit.*, p. 433 ; H. A : BITSAMANA, *op. cit.*, p. 165.

commissaire aux comptes, organe obligatoire des SA et de certaines SARL, apparait incontestablement comme le contrepoids nécessaire à la tendance à l'absolutisme propre aux dirigeants. Censés effectuer un contrôle comptable a priori, les commissaires aux comptes sont même amenés aujourd'hui à surveiller la gestion.[268] Ainsi ont-ils l'obligation de déclencher la procédure d'alerte lorsque la situation de la société semble périlleuse sur le plan financier »[269].

209. Il en est de même pour les associés qui ont des pouvoirs plus étendus par cette procédure introduite par le droit OHADA. Ils peuvent donner l'alerte en cas de crise ou de risque de dysfonctionnement de la société ou encore, comme nous le verrons, déclencher une expertise de gestion. Le droit OHADA réserve le déclenchement de la procédure d'alerte à deux catégories de personnes : les commissaires aux comptes et les associés. Cependant, l'on fera remarquer qu'en droit français du travail, le déclenchement est également laissé au comité d'entreprise[270].

§1. L'alerte par les commissaires aux comptes

210. « Les commissaires aux comptes ont une obligation de déclencher la procédure d'alerte si l'entreprise est en difficulté »[271]. Pour les autres personnes (par exemple les associés), le déclenchement de ladite procédure reste facultatif. Il importe de distinguer selon que l'on se retrouve dans une société autre qu'une SA ou selon qu'il s'agit d'une SA.

I. Dans les sociétés autres que les SA[272]

211. Le commissaire au compte, puisqu'il est chargé de vérifier la comptabilité et la gestion de l'entreprise, a accès à certains documents

---

[268] Il convient de souligner qu'en droit congolais les commissaires aux comptes avaient un rôle qui se limitait au contrôle de la régularité et de la sincérité des comptes de l'entreprise et ne s'étendait pas jusqu'au contrôle de la gestion de celle-ci.

[269] OHADA, Traités et actes uniformes commentés et annotés, Juriscope, 3ème édition, 2008, p. 1.

[270] Ceci consiste en une bonne méthode pour protéger les salariés qui sont également affectés par les difficultés économiques que pourrait connaitre la société. Notre souhait serait donc que cela figure dans l'acte uniforme relatif au droit du travail qui est en préparation au niveau du conseil des ministres.

[271] F. ANOUKAHA, A. CISSE, N. DIOUF, et al., *op. cit.*, p. 163.

[272] Cfr. art. 150 à 152 AUSCGIE.

financiers de cette dernière qui peuvent lui permettre de vérifier sa santé économique. Grâce à la communication de ces documents ou dans l'exercice des missions qui lui sont confiées, le commissaire aux comptes peut déceler certaines difficultés présentes ou à venir de l'entreprise. Il demande alors, soit par lettre au porteur, soit par lettre recommandée avec demande d'avis de réception, au gérant des explications sur les difficultés qu'il a relevées[273].

212. Le gérant répond par le même mécanisme dans un délai d'un mois, à dater de la réception de la lettre lui adressée par le commissaire aux comptes. Il fournit la situation précise de l'entreprise et le cas échéant des mesures à envisager pour son redressement. Si le gérant n'observe pas ou si malgré les décisions prises, la continuité des activités de l'entreprise demeure compromise, le commissaire dresse un rapport spécial. Il peut demander, par la même procédure (par lettre au porteur ou par lettre recommandée avec demande d'avis de réception) que ce rapport soit adressé aux associés ou à la prochaine assemblée générale. Dans ce cas le gérant communique cette demande de soumission du rapport spécial aux associés ou à la prochaine assemblée générale dans les 8 jours de la réception de ladite demande[274]. Il convient de relever qu'à ce niveau de la procédure, le droit français semble préférable. En effet, le commissaire, lors de l'établissement du rapport spécial, l'adresse directement aux associés et n'a plus à passer par le gérant qui doit encore saisir les associés. La procédure adoptée par le droit français semble préférable pour cause de célérité, car on est dans un cas où l'entreprise connait des difficultés et il est opportun de prendre rapidement les mesures adéquates. Cet ajout d'un délai de 8 jours que l'on retrouve en droit OHADA, ne fait que ralentir les choses.

II. Dans les Sociétés anonymes[275]

213. La seule différence, ici, c'est que le commissaire après avoir décelé des difficultés financières dans l'entreprise, s'adresse au conseil d'administration soit par le président directeur général, soit par l'administrateur général, selon que l'on est dans une SA avec conseil

---

[273] CA Cotonou, 178/99 du 30 septembre 1999, Affaire Dame Karamatou Ibikunle c/ Sté Coda-Bénin et quatre autres, Juriscope.org.

[274] Art. 151, 152 AUSCGIE.

[275] Notons que ces dispositions s'appliquent aux sociétés par actions simplifiées conformément à l'article 853-3 AUSCGIE (art. 156-1 AUSCGIE).

d'administration ou sans conseil d'administration[276] (art. 414, 415 et 494 AUSCGIE). Ces derniers répondent par lettre au porteur ou par lettre recommandée avec accusé de réception, dans un délai d'un mois et donnent la situation de l'entreprise et les mesures envisagées. Si la réponse n'est pas satisfaisante ou à défaut de réponse, le commissaire aux comptes invite les concernés à faire délibérer le conseil d'administration (pour le PDG) ou à se prononcer sur les faits (pour l'administrateur général). Le commissaire fait cette invitation dans les 15 jours suivant la réponse du PDG ou de l'administrateur général ; si l'on est dans le cas de défaut de réponse, le commissaire a toujours un délai de 15 jours. Ce délai courra dans ce cas après le délai d'un mois qui fut laissé aux dirigeants pour répondre. Le PDG, après avoir reçu cette demande de convocation du commissaire aux comptes, a 15 jours pour convoquer le conseil d'administration, qui dispose d'un mois pour délibérer sur les faits. Ce délai court déjà dès la réception par le PDG ou le directeur général de la lettre de convocation.

214. Le commissaire aux comptes est convoqué à cette séance du conseil d'administration. Si on est en face d'un administrateur général, il doit convoquer le commissaire aux comptes dans les mêmes délais qu'il convoque une séance de délibération sur la situation de l'entreprise (15 jours). Un extrait de PV est adressé, dans le mois qui suit la délibération du conseil d'administration ou de l'administrateur général, au commissaire aux comptes. Si les décisions prises ne produisent pas les effets escomptés, ou si la procédure n'est point respectée, le commissaire aux comptes établit un rapport spécial à soumettre à la prochaine assemblée générale, ou en cas d'urgence, à celle qu'il convoquera lui-même après avoir vainement demandé sa convocation par le PDG ou l'administrateur général. Il fixe alors l'ordre du jour, peut demander que cette assemblée générale se fasse ailleurs qu'au lieu prévu par les statuts, et lit alors le rapport à l'assemblée.

§2. L'alerte par les associés

Il importe également, à ce niveau, de distinguer deux situations.

---

[276] CA Cotonou, 178/99 du 30 septembre 1999, Affaire Dame Karamatou Ibikunle c/ Sté Coda-Bénin et quatre autres, Juriscope.org. Ainsi, dès le moment que le commissaire aux comptes constate des faits pouvant entraver la continuité de l'exploitation, il y a urgence et le juge des référés est compétent , en dépit du fait que la procédure d'alerte n'a pas été mise en œuvre.

I. Dans les sociétés autres que les SA

215. Tout associé peut deux fois par exercice poser au gérant des questions sur tout fait de nature à compromettre la continuité de l'exploitation.

Le gérant répond par écrit, dans un délai d'un mois, à compter de la réception de la demande. Le gérant communique dans le même délai, la question et sa réponse au commissaire s'il en existe un.

II. Dans les sociétés anonymes

216. Même procédure et même délai, sauf qu'il s'agit ici d'un actionnaire et non d'un associé. Il adresse sa question, selon les cas, au (à l') :

- président du conseil d'administration ;
- président directeur général ;
- administrateur général.

Ces derniers disposent aussi d'un mois pour répondre et communiquer cette question et sa réponse au commissaire aux comptes.

Il a été jugé qu'un actionnaire qui serait inquiet de la gestion de la société, peut solliciter la nomination d'un administrateur provisoire[277] (v. art. 160-1 et ss. AUSCGIE). Le déclenchement d'une procédure d'alerte ne constitue pas un préalable à l'exercice de cette action[278].

SECTION 2. L'EXPERTISE DE GESTION[279]

217. L'expertise de gestion est également une procédure de protection des entreprises contre les difficultés qu'elles pourraient connaître (§1). L'autre caractéristique de cette procédure est qu'elle fait intervenir le juge (§2).

---

[277] CA du Centre/Yaoundé, Arrêt n. 223/Civ/03-04 du 23 avril 2004, Affaire n. 755/RG/02-03, Biakolo Biakolo Gaspard c/Willermain Robert et Mvondo Belinga : dans cette espèce où une mésentente depuis 3 ans entre actionnaires entravait le fonctionnement de la société, il a été décidé que le séquestre aura pour mission d'assurer l'administration provisoire de l'entreprise jusqu'à la mise en place des nouveaux organes sociaux.

[278] CA Cotonou, 178/99 du 30 septembre 1999, Affaire Dame Karamatou Ibikunle c/ Sté Coda-Bénin et quatre autres, Juriscope.org. Voy. J. ISSA-SAYEGH, P.G. POUGOUE, F. M. AWADOGO, *op. cit.*, art. 158 AUSCGIE, p. 434.

[279] Réglementée aux articles 159 et 160 AUSCGIE.

§1. Définition

218. Il s'agit d'une procédure offerte par l'AUSCGIE à des associés, mêmes minoritaires, qui représentent une fraction raisonnable du capital social[280], de demander à la juridiction compétente du siège social, statuant à bref délai, la désignation d'un ou de plusieurs experts chargés de présenter un rapport sur une ou plusieurs opérations de gestion.[281]. En effet, certaines crises institutionnelles générées par les extravagances des dirigeants ou les dissensions entre associés, peuvent affecter l'existence de la société. C'est ainsi que la procédure d'expertise de gestion a été instituée par l'acte uniforme.

§2. Intervention du juge

219. C'est une procédure qui fait intervenir le juge. Le juge pouvait déjà grâce à l'Acte uniforme intervenir dans les affaires de la société pour désigner un administrateur provisoire afin de résoudre une difficulté de l'entreprise provenant de la paralysie qu'elle connait du fait, par exemple que les administrateurs ne s'entendent pas, qu'ils sont morts, ou que deux personnes réclament le poste de PDG. Dans la procédure de l'expertise de gestion, le juge intervient aussi afin de désigner l'expert[282].

---

[280] Cour d'Appel d'Abidjan, arrêt n. 376 du 2 mars 2004, Société Metalock Process-U SARL c/ Tourre Guitart Jorge Clusela, Ohada.com/Ohadata J-04-489) : l'expertise des comptes peut être demandée avec succès par un associé ayant des parts représentant plus d'un cinquième du capital social. Comp. Trib. Régional Hors classe de Dakar, ordonnance de référé n. 1671 du 23 décembre 2002, Abdoulaye Ndiaye c/ Ndiouga Lo, Ohada.com/Ohadata J-03-186 : une demande d'expertise de gestion par plusieurs associés représentant au moins un cinquième du capital social peut prospérer.
Cour d'Appel d'Abidjan, ch. civ. et com., 5ème ch. A., arrêt n. 10 du 02 janvier 2001, Polyclinique Avicennes c/ Bassit Assad, Ohada.com/Ohadata, J-02-113 : au cas où le cinquième du capital n'est pas réuni, la demande d'expertise de gestion ne peut être exercée avec succès.

[281] J. ISSA-SAYEGH, P.G. POUGOUE, F. M. AWADOGO, OHADA, Traités et actes uniformes commentés et annotés, Juriscope, 3ème édition, 2008, p. 159.

[282] CA Abidjan, Civ. Com., 25 février 2000, NACI SA. c/ WIN SARL, Juriscope.org : en cas de litiges entre associés, un ou plusieurs experts doivent être désignés pour présenter un rapport de gestion concernant une ou plusieurs opérations de gestion.

220. La procédure d'expertise de gestion n'est pas en soi une procédure d'urgence [283]. Cependant, elle peut le devenir dans l'hypothèse où « le retard dans la décision risque de mettre en péril les intérêts d'un ou de plusieurs associés ». Dans ce cas, le juge des référés est compétent[284]. Dans le cas où la demande de nomination d'un expert est tout spécialement commandée par l'urgence[285], il devra être procédé à la vérification par le juge des référés, entres autres conditions, qu'elle se rattache à un litige soit né et actuel, soit tout au moins possible et sérieux[286].

La procédure d'expertise de gestion est assez simple et pourrait être présentée en trois étapes :

- un ou plusieurs associés qui représentent au moins le cinquième du capital social demandent au président du tribunal compétent de désigner des experts qui vont se prononcer sur la situation de la gestion de l'entreprise ; la demande d'expertise de gestion n'est pas subordonnée à la désapprobation des actes de gestion par l'assemblée générale et à la preuve de la mauvaise gestion. Elle porte sur tout acte de gestion si la condition du cinquième du capital est remplie[287] ;

[283] Trib. Régional Hors classe de Dakar, ordonnance de référé n. 901 du 0 août 1999, Hassane Yacine c/ Société Nattes Industries, Ibrahima Yazback et autres, Ohadata.com/Ohadata J-02-198.

[284] Cotonou, n. 256/2000, 17 aout 2000, Affaire Société Continentale des Pétroles et d'Investissements, M. Sefou Fagbohoun, Sonacop, M. Cyr Koty c/ Etat Béninois, Juriscope.org.

[285] H. A : BITSAMANA définit l'urgence comme une « circonstance de fait permettant de demander au juge une décision, par la procédure de référé ou par la procédure à jour fixe » (H. A. BITSAMANA, *op. cit.*, p. 212).

[286] Cotonou, n. 256/2000, 17 aout 2000, Affaire Société Continentale des Pétroles et d'Investissements, M. Sefou Fagbohoun, Sonacop, M. Cyr Koty c/ Etat Béninois, Juriscope.org.

[287] CCJA, Arrêt n° 042/2013 du 16 mai 2013, Aff. Société EURAPHARMA contre 1-Société LABOREX COTE D'IVOIRE dite LABOREX- CI ; 2- Société PHARMAFINANCE ; 3- YAO KOFFI Joseph, JURIDATA N° J042-05/2013 : «(...) Attendu que la Cour d'appel pour confirmer l'ordonnance querellée qui a débouté la Société EURAPHARMA de sa requête en expertise de gestion a exposé que « l'expertise de gestion porte sur les actes de gestion qui ont été désapprouvés par l'Assemblée Générale... qu'ainsi en l'absence de preuve de mauvaise gestion, la société EURAPHARMA ne peut valablement solliciter l'expertise (...) » ; qu'en se déterminant ainsi, elle ajoute à l'article 159 des conditions qu'il ne pose pas ; qu'en effet aux termes de cette disposition l'expertise de gestion peut être relative à toute opération de gestion si la condition du cinquième du capital est remplie ; qu'il échet

- s'il est fait droit à la demande, le juge nomme les experts en déterminant l'étendue de leur mission[288] ; cette mission doit être strictement circonscrite dans le cadre des opérations de gestion en cause. L'opération de gestion est une notion de fait[289]. Peuvent être considérés comme opérations de gestion les transferts de fonds relatifs aux opérations de rachat des actions d'une société par une autre, ainsi que les mouvements de fonds entre les deux sociétés (résiliation des dépôts à terme et transfert de leur contenu)[290]
- le rapport dressé à la fin est destiné aux demandeurs, au comité de gestion, de direction et d'administration.

221. Il faut noter que « l'expertise de gestion peut être demandée en dépit des rapports de gestion, des comptes sociaux et même, le cas échéant, des rapports des commissaires, ou des questions que les associés ou actionnaires peuvent poser dans le cadre de la procédure d'alerte »[291]. Cette procédure permet aux associés minoritaires pris individuellement ou en groupe, de demander en justice une enquête sur des opérations de gestion.

222. L'associé ou le groupe d'associés qui introduit la demande doit le faire sur base des faits précis sur lesquels il demande des précisions car il n'est pas assez informé par les voies prévues par la loi. « Ce n'est pas un moyen de faire procéder à un audit de la société afin d'y détecter d'éventuelles irrégularités » [292] . L'expertise de gestion permet simplement aux associés de vérifier et d'être rassurés sur des opérations de gestion bien précises. Il a été jugé qu'à la demande d'un ou de plusieurs associés minoritaires représentant le cinquième du capital, l'expertise de gestion peut porter sur tout aspect des actes de gestion

---

donc de casser l'Arrêt n°63 rendu le 24 janvier 2006 par la Cour d'appel d'Abidjan, pour fausse application de la loi ».

[288] Cf. Arrêt n° 027/2013 du 18 avril 2013, Aff. Société HANN et Compagnie ; El Hadj Boubacar HANN contre Société Générale de Banque de Guinée dite SGBG, JURIDATA N° J027-04/2013 sous l'article 159, AUSGGIE.

[289] J. ISSA-SAYEGH, P.G. POUGOUE, F. M. AWADOGO, *op. cit.*, art. 160 AUSCGIE, p. 435.

[290] Cotonou, n. 256/2000, 17 aout 2000, Affaire Société Continentale des Pétroles et d'Investissements, M. Séfou Fagbohoun, Sonacop, M. Cyr Koty c/ Etat Béninois, Juriscope.org. Dans le même sens, CA du Centre/Yaoundé, Arrêt n. 223/Civ/03-04 du 23 avril 2004, Affaire n. 755/RG/02-03, Biakolo Biakolo Gaspard c/ Willermain Robert et Mvondo Belinga, Juriscope.org.

[291] F. ANOUKAHA, A. CISSE, N. DIOUF, et al., *op.cit.*, p. 174.

[292] Ibid.

émanant des organes sociaux, même ceux soumis pour approbation à l'assemblée générale, à l'exception des actes d'administration et de délibération du Conseil d'Administration et de l'Assemblée Générale[293]. Cependant, il a été jugé que l'expertise de gestion ne saurait être ordonnée lorsqu'elle vise à examiner l'ensemble des activités de la société pendant une longue période ; lorsqu'elle va au-delà de simple opération de gestion et lorsqu'elle tend à la remise en cause de toutes les assemblées générales réalisées au cours de ladite période ainsi que l'utilité des commissaires aux comptes[294].

La grande controverse réside dans la détermination exacte de ce qu'il faille entendre par gestion de la société. Cela pourrait être laissé au juge qui déterminera si les faits présentés par un associé font partie de la gestion et s'il peut déterminer un expert en gestion pour les clarifier.

Notons que la désignation d'un administrateur judiciaire présentée devant les juges de fond est différente de l'expertise de gestion de sorte que le moyen dont la violation est invoquée devant la Cour qui

---

[293] CCJA, Arrêt n° 042/2013 du 16 mai 2013, Aff. Société EURAPHARMA contre 1-Société LABOREX COTE D'IVOIRE dite LABOREX- CI ; 2- Société PHARMAFINANCE ; 3- YAO KOFFI Joseph, JURIDATA N° J042-05/2013 : «(...) Attendu qu'il est de principe que l'expertise de gestion peut concerner tout aspect de la gestion de quelque organe dont émane l'opération, en dehors des opérations de la compétence de l'Assemblée générale et de celles résultant de ses décisions ; qu'en l'occurrence les décisions ayant été soumises à l'Assemblée pour simple approbation sont tout à fait susceptibles d'une expertise de gestion à la demande de l'Associé minoritaire, EURAPHARMA, qui n'a été informée desdites opérations qu'à l'occasion de cette même Assemblée. »

[294] CCJA, Arrêt n° 027/2013 du 18 avril 2013, Aff. Société HANN et Compagnie ; El Hadj Boubacar HANN contre Société Générale de Banque de Guinée dite SGBG, JURIDATA N° J027-04/2013 : «(...) Attendu qu'en l'espèce, il ressort des pièces du dossier notamment des écritures de la société HANN & Cie et du Monsieur El hadj Boubacar HANN et de l'ordonnance déférée que l'expertise sollicitée et ordonnée porte sur l'ensemble des activités de la Société SGBG accomplies pendant au moins 5 ans et se rapportant à la fois sur l'assistance technique, les frais généraux, les comptes de dépôts et les emprunts et les crédits à la clientèle, allant au-delà de simple opération de gestion ; que le nombre d'opérations assignées aux experts, la nature vague de certaines d'entre elles et la période qu'elle doit couvrir laissent sans objet toutes les assemblées générales réalisées dans cette période, ainsi que l'utilité du commissaire aux comptes ce qui est contraire aux dispositions des articles 159 et 160 de l'Acte uniforme relatif au droit des sociétés commerciales et groupements d'intérêt économique ; qu'il y a lieu d'infirmer l'ordonnance de référé n°81 du 31 décembre 2004, rendue par le Président du Tribunal de Kaloum ».

repose sur l'expertise de gestion doit être rejeté comme moyen nouveau[295].

SECTION 3. L'ADMINISTRATION PROVISOIRE

223. Les articles 160-1 et s. de l'AUSCGIE organisent l'administration provisoire au sein des sociétés commerciales.

Lorsque le fonctionnement normal de la société est rendu impossible, soit du fait des organes de gestion, de direction ou d'administration, soit du fait des associés, la juridiction compétente statuant à bref délai, peut décider de nommer un administrateur provisoire aux fins d'assurer momentanément la gestion des affaires sociales.

La juridiction compétente est saisie à la requête soit des organes de gestion, de direction ou d'administration, soit d'un ou plusieurs associés. A peine d'irrecevabilité de la demande, la société est mise en cause.

La juridiction compétente nomme en qualité d'administrateur provisoire une personne physique qui peut être un mandataire judiciaire inscrit sur une liste spéciale ou toute autre personne justifiant d'une expérience ou une qualification particulière au regard de la nature de l'affaire et remplissant certaines conditions de qualification et de réputation.

La décision de nomination de l'administrateur provisoire :

1. détermine l'étendue de sa mission et ses pouvoirs ;
2. indique, le cas échéant, ceux des organes de gestion, de direction ou d'administration qui restent en fonction et précise les pouvoirs et compétences qui leur sont maintenus ;

---

[295] CCJA, Arrêt n° 037/2013 du 02 mai 2013, 1) Aff. Monsieur Dénis Daniel François ROZAND ; 2) Madame Latré Kayi Tassito LAWSON-HELOU contre 1)Société FULLCAT AFRIQUE DE L'OUEST (FAO) SARL ; 2) Société BOKAMION SARL, JURIDATA N° J037-05/2013 : «(...) Mais attendu qu'il ressort tant des énonciations de l'arrêt attaqué que de la décision du premier juge que les demandeurs au pourvoi ont sollicité la nomination d'un administrateur provisoire ayant pour mission de gérer les sociétés BOKAMION et FULLCAT AFRIQUE de L'OUEST conformément à l'Acte uniforme relatif aux sociétés commerciales ; que le moyen unique, fondé sur l'article 159 de l'Acte uniforme suscité régissant les rapports entres associés d'une même société et portant sur l'expertise de gestion est différent de celui exposé devant les juges du fond ayant pour objet la nomination d'un administrateur judiciaire ; que ce moyen nouveau, mélangé de fait et de droit, est irrecevable ; qu'il échet de le rejeter ».

3. fixe sa rémunération, qui est à la charge de la société, ainsi que la durée de sa mission laquelle ne peut excéder six (6) mois, sauf prorogation décidée par la juridiction compétente à la requête de l'administrateur provisoire, les parties étant appelées. Dans sa demande de prorogation, l'administrateur provisoire doit indiquer, à peine d'irrecevabilité, les raisons pour lesquelles sa mission n'a pu être achevée, les mesures qu'il envisage de prendre et les délais que nécessite l'achèvement de la mission. La juridiction compétente fixe la durée de la prorogation sans que la durée totale de la mission ne puisse excéder douze (12) mois.

La décision de nomination de l'administrateur provisoire est publiée dans un délai de quinze (15) jours à compter de la date de sa nomination, dans un avis inséré dans un journal habilité à recevoir les annonces légales dans l'État partie du siège social. L'avis doit comporter les mentions suivantes[296] :

1. la cause de l'administration provisoire ;
2. les nom, prénom et domicile du ou des administrateurs provisoires ;
3. le cas échéant, les limitations apportées à leurs pouvoirs ;
4. le lieu où la correspondance doit être adressée et celui où les actes et documents concernant l'administration provisoire doivent être notifiés ;
5. le greffe de la juridiction compétente ou l'organe compétent de l'État partie auprès duquel est effectué, en annexe au registre du commerce et de crédit mobilier, le dépôt des actes et pièces relatifs à l'administration provisoire.

L'administrateur provisoire peut être révoqué et remplacé selon les formes prévues pour sa nomination. Tout associé peut obtenir en justice la révocation de l'administrateur provisoire si cette demande est fondée sur un motif légitime.

Concernant ses pouvoirs, notons que l'administrateur provisoire représente la société dans le cadre de sa mission et dans la limite de ses pouvoirs. Tout acte qu'il accomplit en outrepassant ces pouvoirs est inopposable à la société. Il est tenu de présenter à la juridiction compétente, au moins une (1) fois tous les trois (3) mois, un rapport sur les opérations qu'il a accomplies ainsi que sur l'évolution de sa mission. En outre, il établit, dans les quatre (4) mois de la clôture de

[296] Outre celles prévues à l'art. 257 AUSCGIE.

l'exercice, les états financiers de synthèse annuels au vu de l'inventaire qu'il a dressé des divers éléments de l'actif et du passif existant à cette date et un rapport écrit par lequel il rend compte des opérations de l'administration provisoire au cours de l'exercice écoulé. Sauf dispense accordée par la juridiction compétente, l'administrateur provisoire convoque, selon les modalités prévues par les statuts, dans les six (6) mois de la clôture de l'exercice, l'assemblée des associés qui statue sur les états financiers de synthèse annuels, donne les autorisations nécessaires et, le cas échéant, renouvelle le mandat du commissaire aux comptes. En période d'administration provisoire, les associés peuvent prendre communication des documents sociaux dans les mêmes conditions qu'antérieurement.

L'administrateur provisoire est responsable, à l'égard tant de la société que des tiers, des conséquences dommageables des fautes qu'il commet dans l'exercice de ses fonctions (art. 160-8 AUSCGIE).

CHAPITRE III

LE GROUPEMENT D'INTERET ECONOMIQUE (GIE)

224. Le groupement d'intérêt économique est réglementé aux articles 869 à 885 de l'AUSCGIE. Le groupement d'intérêt économique est celui qui a pour but exclusif de mettre en œuvre pour une durée déterminée tous les moyens propres à faciliter ou à développer l'activité économique de ses membres, à améliorer ou à accroître les résultats de cette activité[297].Son activité doit se rattacher essentiellement à l'activité économique de ses membres et ne peut avoir qu'un caractère auxiliaire par rapport à celle-ci (art. 869 AUSCGIE). Bien que dotée d'une personnalité juridique autonome, elle n'est ni une société, ni une association[298].

SECTION 1. PRESENTATION

Dans la présente section nous aborderons la définition (paragraphe 1), sa constitution (paragraphe 2), les activités qu'il peut réaliser et les décisions collectives.

§1. Définition

Le présent paragraphe porte sur les caractéristiques (I) et les utilisations (II) du GIE.

---

[297] E. DEWEDI, « *L'attractivité du groupement d'intérêt économique (GIE) en droit OHADA : nouveau regard* », in Ohadata, p. 6. Comp. KLUWER, op. cit., p. 613.
[298] J. ISSA-SAYEGH, P.G. POUGOUE, F. M. AWADOGO, *op. cit.*, p. 635.

I. Caractéristiques

225. La notion de GIE dérive à l'origine du droit des sociétés français de 1967, alors qu'elle constitue aujourd'hui un nouveau concept pour la majorité des Etats membres. Le GIE n'est en aucun cas une société commerciale et se définit comme une personne morale dont l'objet exclusif est de faciliter ou de développer les activités économiques de ses membres ainsi que d'accroitre les résultats desdites activités[299] (art. 869 AUSCGIE). Ainsi, le GIE n'est pas commercial par la forme. Selon son objet, il peut être civil ou commercial (dans le cas où il pose des actes de commerce à titre de profession habituelle[300]). Il présente trois caractéristiques essentielles :

- Sa vocation n'est pas de faire des bénéfices ;
- Il peut être constitué avec ou sans capital ;
- Sa structure est légère et malléable[301].

226. Seule son immatriculation obligatoire du groupement au RCCM lui confère la personnalité morale[302] (art 872 AUSCGIE). Le GIE ne donne pas lieu par lui- même à réalisation et à partage des bénéfices. Son domaine est constitué par tout ce qui touche à l'économie, mais il n'est pas exclu qu'il serve aussi à la défense d'intérêts de nature civile[303]. Le GIE peut regrouper des entreprises même sans considération de leur qualité : des commerçants, des agriculteurs, des membres des professions libérales, des entreprises publiques. Il est civil ou commercial en fonction de l'activité qu'il exerce. De même, il s'agit d'une structure auxiliaire permettant à ses membres de réaliser certaines actions communes : actions promotion-

---

299 E. DEWEDI, *op. cit.*, pp. 1, 2.

300 Bien que l'AUSCGIE ne soit pas explicite sur ce point, la plupart des auteurs ont retenu ce critère de commercialité : G. RIPPERT et R. ROBLOT, *Traité de droit commercial*, Tome I volume 2, Sociétés commerciales, Paris, LGDJ, 2002, p. 20 ; E. DEWEDI, « *L'attractivité du groupement d'intérêt économique (GIE) en droit OHADA : nouveau regard* », in Ohadata, p. 7 ; F. ANOUKAHA, A. CISSE, N. DIOUF, et al., op.cit., p. 533. Pour la détermination des actes de commerce : A. P. SANTOS, *Droit commercial général OHADA*, Bruxelles, 2002, pp. 59 et s.

301 J. ISSA-SAYEGH, P.G. POUGOUE, F. M. AWADOGO, op. cit., p. 635. Le droit français et le droit européen des sociétés connaissent d'autres groupements aussi souples que le GIE. Voy. G. PARLEANI, « La société coopérative française après la loi du 3 juillet 2008 », in Revue des sociétés, Nr. 3, 2008, pp. 531 et s.

302 Partant du principe, comme le soutient CARBONNIER, que la personnalité morale comporte des paliers, nous pouvons conclure que le GIE est bien une personne morale. Voy. J. CARBONNIER, *Droit civil, Introduction, les Personnes, la Famille, l'Enfant et le Couple*, Paris, Quadrige PUF, 2004, p. 706.

303 E. DEWEDI, *op. cit.*, pp. 1, 2.

nelles, études de marchés, services de recherche ou d'assistance, bureaux de représentation à l'étranger. Il est impératif que les entreprises qui participent au GIE conservent leur individualité. Ainsi, le groupement ne peut se substituer aux entreprises qui se sont regroupées. Dès lors, on ne peut lui faire un apport de fonds de commerce, ni lui confier la gérance d'un fonds préexistant. « L'art. 870 al 2 AUSCGIE précise que le GIE peut être constitué sans capital. Cependant, il peut faire des actes de commerce, conclure un bail commercial, même si faute de clientèle autonome, il ne peut être titulaire d'un fonds de commerce »[304].

II. Utilisations

227. Depuis sa création par l'Acte uniforme, le GIE a fait preuve d'un succès réel dans les Etats membres du fait de son attractivité[305]. Il permet, en effet, à des sociétés africaines de mieux coopérer et de partager des installations et du savoir-faire afin de participer à la concurrence tant sur le marché africain que sur le marché international. Nous avons vu qu'un GIE est une structure auxiliaire constituée afin de faciliter l'activité personnelle de ses membres. Par conséquent, les membres conservent leur propre personnalité juridique en son sein. Ils sont par ailleurs solidaires du paiement des dettes du groupement à moins qu'un des membres, du fait de la naissance d'une dette antérieurement à son entrée, n'en soit exonéré (art. 873 AUSCGIE). Toutefois, le contrat établissant un GIE peut déterminer la contribution de chaque membre aux dettes. Lorsqu'aucune stipulation n'est prévue à cet égard, chaque membre doit en supporter une part égale (art. 876 AUSCGIE). Cette règle peut avoir un impact particulièrement destructeur lorsqu'un ou plusieurs membres du GIE n'ont pas la même surface financière que les autres.

§2. Constitution

Le groupement d'intérêt économique est constitué de membres (I) et peut ou ne pas être constitué avec un capital social (II). Par ailleurs, le GIE est constitué par un contrat écrit faisant office de statuts (III).

---

[304] F. ANOUKAHA, A. CISSE, N. DIOUF, et al., *op.cit.*, p. 174.
[305] Voy. E. DEWEDI, *op. cit.*, pp. 1 et s.

I. Membres

228. Un GIE peut être constitué à l'initiative de deux ou plusieurs personnes, physiques ou morales. Aux termes de l'AUSCGIE, les membres du GIE sont responsables indéfiniment et solidairement, sans aucune distinction de l'objet civil ou commercial du groupement[306]. Ainsi, il se rapproche grandement de la société en nom collectif[307] (v. art. 270 AUSCGIE). En cours de vie sociale, un GIE peut accepter de nouveaux membres selon les conditions déterminées par le contrat. Il peut avoir un objet commercial ou civil (art. 871 AUSCGIE).

II. Capital social et droit aux bénéfices

229. Un GIE peut être constitué sans capital social. Il ne donne pas lieu par lui-même à la réalisation et au partage des bénéfices (art. 870 AUSCGIE). Les droits des membres du GIE ne peuvent en aucun cas être représentés par des titres négociables. Toute stipulation contraire sera réputée non écrite (art.871 AUSCGIE).

III. Contrat

230. Aux termes de l'AUSCGIE, « le contrat détermine le fonctionnement du groupement d'intérêt économique ». Il en découle qu'un GIE est constitué par un contrat écrit faisant office de statuts, indiquant notamment sa dénomination, sa durée, son objet ainsi que l'identité et les coordonnées de chacun de ses membres (art. 876 AUSCGIE). Pour ce qui est de la forme, l'AUSCGIE prévoit que ce contrat doit être écrit, et qu'il est soumis aux mêmes conditions de publicité que les sociétés prévues en droit OHADA (art. 876 AUSCGIE). Ainsi, le contrat peut être soit sous forme authentique, soit sous seing privé. Cependant, dans la dernière hypothèse, le contrat devra être enregistré auprès d'un notaire[308].

Le GIE doit être immatriculé auprès du RCCM afin d'acquérir sa pleine personnalité morale (art. 872 AUSCGIE). Toute modification du contrat doit être établie et publiée dans les mêmes conditions que celles qui ont été imposées au contrat (art. 876 AUSCGIE).

---

[306] E. DEWEDI, *op. cit.*, p, 7.

[307] Aux termes de l'art. 882 AUSCGIE, le GIE peut même se transformer en société en nom collectif. E. DEWEDI, *op. cit.*, p. 7.

[308] F. ANOUKAHA, A. CISSE, N. DIOUF, et al., *op. cit.*, p. 95.

§3. Activité

Il sera question d'analyser le rattachement à l'activité de ses membres et de la conclusion des contrats commerciaux.

I. Rattachement à l'activité de ses membres

231. L'activité d'un GIE doit se rattacher à l'activité économique de ses membres. De surcroit, cette activité ne peut avoir qu'un caractère auxiliaire face à leur activité principale (art. 869 AUSCGIE). Par exemple, un GIE pourrait être établi entre différents producteurs de café afin de partager des unités de production ou de transformation, ou par différentes sociétés pétrolières afin de partager leurs équipements d'exploration ou leurs capacités de stockage.

II. Conclusion des contrats commerciaux

232. Lorsque le GIE a une activité commerciale, il a la pleine capacité pour conclure des contrats commerciaux comme le bail commercial ou l'achat d'un fonds de commerce. Un GIE peut enfin émettre des obligations lorsque ses membres sont des SA (art. 875 et 780 AUSCGIE).

§4. Décisions collectives

Le droit OHADA prévoit des règles relatives au quorum, à la majorité et aux droits des membres.

I. Quorum et majorité

233. L'assemblée générale des membres du GIE est autorisée à prendre tout type de décisions. Les règles de quorum et de majorité peuvent être déterminées librement dans le contrat. En l'absence de stipulations contractuelles particulières, l'Acte uniforme indique que toutes les décisions devront automatiquement être prises à l'unanimité des membres du GIE (art. 877 AUSCGIE[309]).

[309] L'article 877 de l'AUSCGIE dispose : « L'assemblée générale des membres du groupement d'intérêt économique est habilitée à prendre toute décision, y compris de dissolution anticipée ou de prorogation dans les conditions déterminées par le contrat. « Celui-ci peut prévoir que toutes les décisions ou certaines d'entre elles seront prises aux conditions de quorum et de majorité qu'il fixe. Dans le silence du contrat, les décisions sont prises à l'unanimité. « Le contrat peut également attribuer

II. Droits différents

234. Le contrat peut attribuer à certains membres du GIE un nombre de voix différent de celui attribué aux autres membres. Lorsque le contrat ne contient aucune disposition à cet égard, chaque membre est réputé disposer d'un seul droit de vote (art. 877 AUSCGIE).

SECTION 2. ADMINISTRATION ET TRANSFORMATION

235. Un GIE est géré par un ou plusieurs administrateurs. Lorsque l'administrateur est une personne morale, cette dernière doit nommer un représentant permanent personne physique (art. 879).

236. Le contrat ou l'assemblée générale, selon le cas, organisent librement le mode d'administration du GIE : détermination des modalités de nomination et de révocation des administrateurs, fixation de l'étendue de leurs pouvoirs et définition de leurs mandats. Dans ses relations à l'égard des tiers, le GIE est engagé par tout acte d'un administrateur entrant dans l'objet social (art. 879 AUSCGIE).

237. Un GIE peut être transformé en SNC, sans qu'il soit nécessaire de dissoudre le groupement et de créer une nouvelle société. Un GIE qui se transformerait en une société autre qu'une SNC donnerait lieu à la dissolution du GIE et à la création d'une nouvelle personne morale.

238. Toute société dont l'objet social correspond à celui du GIE peut être transformée en GIE, encore une fois sans procéder à la dissolution ou à la création d'une société nouvelle.

L'art. 882 de l'AUSCGIE dispose :

> « Toute société ou association dont l'objet correspond à la définition du groupement d'intérêt économique peut être transformée en groupement d'intérêt économique sans donner lieu à dissolution ou à création d'une personne morale nouvelle.
>
> Un groupement d'intérêt économique peut être transformé en société en nom collectif sans donner lieu à dissolution ni à création d'une personne morale nouvelle ».

à chaque membre du groupement d'intérêt économique un nombre de voix différent de celui attribué aux autres. A défaut, chaque membre dispose d'une voix ».

SECTION 3. DISSOLUTION

239. Un GIE peut être dissous :

- à son terme contractuel ;
- par la réalisation ou l'extinction de son objet social ;
- par décision de ses membres ;
- par décision judiciaire prononcée pour juste motif ;
- par le décès d'une personne physique ou par la dissolution d'une personne morale membre du GIE, à moins que le contrat constitutif ne stipule le contraire dans ce dernier cas (art.883 AUSCGIE).

240. Si l'un des membres est frappé d'incapacité, de faillite personnelle ou d'interdiction de diriger, gérer, administrer ou contrôler une entreprise quelle qu'en soit la forme ou l'objet, le groupement d'intérêt économique est dissout à moins que sa continuation ne soit prévue par le contrat ou que les autres membres ne le décident à l'unanimité.

241. La dissolution du groupement d'intérêt économique entraîne sa liquidation. La personnalité du groupement subsiste pour les besoins de sa liquidation. La liquidation s'opère conformément aux dispositions du contrat. A défaut, un liquidateur est nommé par l'assemblée générale des membres du groupement d'intérêt économique ou si l'assemblée n'a pu procéder à cette nomination, par décision du président de la juridiction compétente. Après paiement des dettes, l'excédent d'actif est réparti entre les membres dans les conditions prévues par le contrat. A défaut, la répartition est faite à parts égales.

242. De ce qui précède, il sied de dire que le groupement d'intérêt économique est une innovation apportée par le droit OHADA parce que la législation congolaise l'ignore malheureusement. Nous devons noter que le GIE, bien qu'il ne vise pas directement la réalisation du bénéfice, ne doit pas être confondu avec la société coopérative du droit congolais car un GIE n'est ni une société ni une association et peut être constitué sans capital[310].

---

[310] J. ISSA-SAYEGH, P.G. POUGOUE, F. M. AWADOGO, *op. cit.*, p. 635.

CHAPITRE IV

LA SOCIETE PAR ACTIONS SIMPLIFIEES (SAS)

243. L'AUSCGIE révisé introduit une nouvelle forme juridique, la société par actions simplifiées (SAS). Cette variante de SA offre une plus grande souplesse et une grande facilite d'organisation, permettant aux actionnaires (ou selon le cas à l'actionnaire unique) d'établir des « statuts sur mesure » en fonction de leur nombre, de l'organisation souhaitée, et des règles particulières de fonctionnement envisagées.

244. En droit français, cette forme de société fut créée en 1994 et avait pour but de doter le droit français d'un nouveau type de société par actions plus simple et surtout plus malléable que la société anonyme et la société en commandite par actions. En effet, les règles applicables à ce type de sociétés étaient inadaptées aux PME et aux sociétés non cotées. Cependant, la SAS française de 1994 était tout d'abord réservée aux grandes entreprises. En effet, seules les sociétés ayant un capital au moins égal à 1,5 million de francs français pouvaient y être associées. Il fallut attendre la loi du 12 juillet 1999 pour que la SAS devienne une structure s'adressant en priorité aux PME. Non seulement cette loi ouvrait l'actionnariat dans ces sociétés aux personnes physiques, mais elle organisait en plus la possibilité qu'il n'y ait qu'un associé (c'est la SASU : société par actions simplifiée unipersonnelle).

Notons que la SAS est comparable à la *joint stock compagny* or *limited company* en droit anglais, et à la *limited liability compagny* en droit américain[311].

245. Nous avons vu que le droit OHADA a notamment pour but non seulement d'offrir un large éventail de structures sociétaires

---

[311] Usa Ibp Usa, *France Company Laws and Regulations Handbook*, Int'l Business Publications, 2009, p. 64.

permettant à diverses catégories d'opérateurs économiques de fonctionner et de s'insérer dans le secteur formel, mais aussi de simplifier les modalités de constitution et de fonctionnement des sociétés commerciales[312]. C'est dans ce sens que les articles 853-1 à 853-23 du nouveau livre 4-2 de l'AUSCGIE introduisent la SAS et la SASU. Elles conviennent aux petits et moyens entrepreneurs à la recherche d'un statut juridique peu contraignant, ainsi qu'aux groupes de sociétés pour la création de leurs filiales[313] (en particulier grâce à la SASU, permettant ainsi de créer une filiale à 100%).

SECTION 1. CARACTERISTIQUES ET MODES DE CRÉATION

246. La SAS se classe parmi les sociétés par actions (v. art. 853-3 AUSCGIE). L'article 853-1 al. 1 AUSCGIE la définit comme une société instituée par un ou plusieurs associés et dont les statuts prévoient librement l'organisation et le fonctionnement de la société sous réserve des règles impératives de l'AUSCGIE. En conséquence, comme pour la SA :

- les associés de la SAS ne sont responsables des dettes sociales qu'à concurrence de leurs apports et leurs droits sont représentés par des actions (art. 853-1 al. 1 AUSCGIE) ;
- le capital social est divisé en actions, dont le montant nominal est librement fixé par les statuts (art. 853-3 et 853-12 AUSCGIE ;

[312] V. GONCALVES, *Colloque AEDJ des 30 et 31 janvier 2013, Présentation de la SAS au regard des nouvelles règles envisagées par le projet OHADA relatif au droit des sociétés, Aspects de droit comparé*, Douala, p. 2. Voy. aussi P. DENOS, *SAS : Société par actions simplifiée, petit guide pratique*, Eyrolles, 2011.

[313] Cette idée se reflète dans plusieurs dispositions de l'AUSCGIE sur la SAS et la SASU. Par exemple, l'article 853-20 AUSCGIE prévoit que Les statuts peuvent prévoir que la société associée dont le contrôle est modifié doit, dès cette modification, en informer la société. Celle-ci peut décider, dans les conditions fixées par les statuts, de suspendre l'exercice des droits non pécuniaires de cet associé et de l'exclure. Ces dispositions peuvent s'appliquer, dans les mêmes conditions, à l'associé qui a acquis cette qualité à la suite d'une opération de fusion, de scission ou de dissolution. Voy. aussi Usa Ibp Usa, *op. cit.*, p. 64 ; KONE Mamadou, « *La notion de groupe de sociétés en droit OHADA* », in Penant, n° 856, p. 285.

- les règles relatives à la constitution (libération, publicité), au contrôle, à la dissolution des SA, ainsi que celles relatives aux valeurs mobilières sont aussi applicables à la SAS[314] ;
- les règles fixant la responsabilité des membres du conseil d'administration des SA sont applicables au président et aux dirigeants de la société par actions simplifiée (art. 853-10 AUSCGIE) ;
- les dispositions générales sur les sociétés commerciales (art. 4 à 269 AUSCGIE) sont applicables à la SAS ;
- les articles 694 à 822 AUSCGIE lui sont aussi applicables.

247. Cependant, contrairement à la SA, le capital minimum de la SAS est librement déterminé par les statuts, dérogeant ainsi aux règles de l'art. 387 al. 1 AUSCGIE. En outre, la désignation des commissaires aux comptes n'est obligatoire que dans certains cas (v. art. 853-13 AUSCGIE). Par ailleurs, les règles concernant la direction de la SAS offrent plus de simplicité, de facilité et de flexibilité que celles applicables à la SA (v. art. 853-3 et 853-8 et ss. AUSCGIE). Ajoutons aussi que le capital peut être constitué par des apports non seulement en numéraire, mais aussi en nature ou en industrie (art. 853-5 al. 2 AUCGIE) _ ce qui constitue une exception à la règle selon laquelle l'apport en industrie ne peut pas être admis dans les sociétés anonymes (article 50-1 al. 2 AUSCGIE).

248. Comme toute autre société, la SAS peut résulter d'une constitution ou d'une transformation. Pour ce qui est de sa constitution, les règles qui valent pour la constitution de la SA lui sont aussi applicables, à l'exception des règles concernant le capital social minimum (art. 853-3 et 387 al. 1 AUSCGIE). Les associés peuvent être des personnes physiques ou morales (GIE, SA, SARL, etc.). Par ailleurs, la décision de transformation en SAS est prise, sous peine de nullité, à l'unanimité des associés. Il en est de même en cas de fusion-absorption d'une société par une SAS (art. 853-6 AUSCGIE). Notons aussi que la décision de transformation en société par actions simplifiée est prise à l'unanimité des associés. Il en est de même en cas de fusion-absorption d'une société par une société par actions simplifiée. Toute délibération prise en violation de cette règle est nulle (art. 853-6 AUSCGIE).

249. A l'exception de ces quelques règles impératives prévues par l'AUSCGIE, les associés (ou le cas échéant l'associé unique) bénéfi-

[314] Voy. à ce sujet I. N'DIAYE, *op. cit.*, p. 45.

cient d'une grande liberté dans l'organisation des pouvoirs et du fonctionnement interne de la SAS. Cette forme de société laisse ainsi une grande place à la liberté contractuelle.

SECTION 2. CAPITAL SOCIAL

250. Les statuts déterminent librement le montant du capital social et celui du nominal des actions (art. 853-5 al. 1, 853-3 et 387 al. 1 AUSCGIE)[315]. Le capital peut être constitué par des apports non seulement en numéraire tout comme en nature, mais aussi en industrie (art. 853-5 al. 2 AUCGIE) _ ce qui constitue une exception à la règle selon laquelle l'apport en industrie ne peut être admis dans les sociétés anonymes[316] (article 50-1 al. 2 AUSCGIE). Les actions émises de ces apports en industrie sont inaliénables. Les modalités de souscription et de répartition de ces actions sont librement déterminées par les statuts. L'article 853-4 AUSCGIE dispose que la SAS ne peut faire publiquement appel à l'épargne[317]. Il s'agit d'un contrepoids en faveur des épargnants face à la liberté d'organisation de la SAS.

SECTION 3. FONCTIONNEMENT DE LA SAS

§1. Gestion et représentation de la SAS

251. L'AUSCGIE laisse aux statuts le soin de déterminer les conditions dans lesquelles la société est dirigée. Cependant, la seule règle impérative en la matière est que la société est dirigée et représentée à l'égard des tiers par un président[318] (art. 853-8 al. 1 AUSCGIE). Celui-ci est le seul organe obligatoire et peut être une personne physique ou une personne morale. Dans ce dernier cas, les dirigeants sociaux de ladite personne morale sont soumis aux mêmes conditions et obligations et encourent les mêmes responsabilités civile et pénale que s'ils étaient président ou dirigeant social en leur nom propre, sans préjudice

---

[315] En droit français, l'exigence d'un capital minimum pour la SAS a été supprimée depuis le 1er janvier 2009. Les statuts fixent donc le capital social librement. J. ISSA-SAYEGH, « *Présentation des formalités de constitution des sociétés commerciales* », *op. cit.*, p. 4 ; comp. Usa Ibp Usa, *op. cit.*, p. 64.

[316] Comp. KLUWER, *op. cit.*, pp. 333 et s.

[317] Comp. Id., pp. 87 et s.

[318] Comp. V. CHAMBAUD, *Guide fiscal et social du créateur d'entreprise*, 7e éd., Dunod, 2013, p. 28 ; Usa Ibp Usa, *op. cit.*, p. 64.

de la responsabilité solidaire de la personne morale qu'ils dirigent (v. art. 853-9 AUSCGIE).

252. En vertu de l'article 853-8 al. 3 AUSCGIE, les statuts (ainsi que les conventions extra-statutaires[319]) peuvent prévoir les conditions dans lesquelles une ou plusieurs personnes autres que le président, portant le titre de directeur général ou de directeur général adjoint, peuvent exercer les pouvoirs confiés au président par l'AUSCGIE.

253. Rien ne s'oppose à ce que le président puisse être choisi parmi les associés. Les statuts déterminent donc librement les conditions de sa nomination et de sa révocation, ainsi que l'étendue de ses pouvoirs (art. 853-8 al. 1 AUSCGIE).

254. Dans ses rapports avec les tiers, le président représente la SAS et dispose des pouvoirs les plus étendus pour agir en son nom, dans la limite de son objet social[320] (art. 853-8 al. 1 AUSCGIE). Cependant, même les actes accomplis par le président en dehors de l'objet social engagent la société à l'égard des tiers, à moins que la société ne prouve que le tiers savait que l'acte dépassait cet objet ou qu'il ne pouvait l'ignorer compte tenu des circonstances, sans que la seule publication des statuts suffise à constituer cette preuve (art. 853-8 al. 2 et 122 AUSCGIE). En outre, les clauses des statuts, les décisions des organes sociaux limitant les pouvoirs du président, du directeur général ou du directeur général adjoint sont inopposables aux tiers (art. 853-8 al. 4 AUSCGIE).

255. La responsabilité des membres du président et des dirigeants de la SAS est déterminée selon les règles organisant la responsabilité des membres du conseil d'administration des SA (art. 853-10 AUSCGIE).

§2. Les associés et les décisions collectives

256. Chaque action donne droit à une voix au moins (art. 853-12 AUSCGIE). Les différentes décisions qui doivent être prises collectivement par les associés sont déterminées librement par les statuts (art. 853-11 al. 1 AUSCGIE). En outre, les statuts jouissent de

---

[319] V. Art. 2-1 AUSCGIE.

[320] Comp. Cass. com., 14 déc. 2010, n. 09-71.712 : il résulte de l'article L. 227-6 du Code de commerce que le directeur général d'une société par actions simplifiées n'a pas le pouvoir de représenter ladite société lorsque les statuts publiés au RCS ne prévoient pas la désignation d'un dirigeant doté des pouvoirs de représentation identiques à ceux du président.

la plus grande liberté dans la détermination des règles de quorum et de majorité.

257. L'article 853-11 al. 2 AUSCGIE prévoit que les attributions dévolues aux assemblées générales extraordinaires et ordinaires des SA, en matière d'augmentation, d'amortissement ou de réduction de capital, de fusion, de scission, d'apport partiel d'actif, de dissolution, de transformation en une société d'une autre forme, de nomination des commissaires aux comptes, de comptes annuels et de bénéfices sont, dans les conditions prévues par les statuts[321] et sous peine de nullité, exercées collectivement par les associés[322].

258. Cependant, certaines décisions doivent être obligatoirement prises à l'unanimité des associés. Cela ressort des prescrits de l'article 853-22 AUSCGIE qui offre une garantie à l'associé exclu de la SAS. En effet, il prévoit que les clauses statutaires visées aux articles 853-17, 853-18, 853-19, et 853-20 ne peuvent être adoptées ou modifiées, sous peine de nullité, qu'à l'unanimité des associés.

Dans les sociétés ne comprenant qu'un seul associé, le rapport de gestion, les comptes annuels et, le cas échéant, les comptes consolidés sont arrêtés par le président. L'associé unique approuve les comptes, après rapport du commissaire aux comptes s'il en existe un, dans le délai de six (6) mois à compter de la clôture de l'exercice. L'associé unique ne peut déléguer ses pouvoirs. Ses décisions sont répertoriées dans un registre spécial. Lorsque l'associé unique, personne physique, assume personnellement la présidence de la société, le dépôt, dans le même délai au registre du commerce et du crédit mobilier de l'inventaire et des comptes annuels dûment signés vaut approbation des comptes.

§3. Les opérations sur le capital social

259. Les statuts peuvent prévoir l'inaliénabilité des actions pour une durée n'excédant pas dix ans (art. 857-17 AUSCGIE). Si les actions ne sont pas inaliénables, leur cession peut être soumise à l'agrément préalable de la société et à un droit de préemption (art. 853-18 AUSCGIE).

[321] En droit français, les décisions peuvent être prises notamment en assemblée générale ou par correspondance ou par l'établissement d'un acte signé par tous les associés. Comp. KLUWER, *op. cit.*, pp. 401 et s.

[322] Pour ce qui est des règles particulières concernant la SASU : v. art. 853-11 al. 3 et 4 AUSCGIE.

260. Les statuts peuvent prévoir qu'un associé peut être tenu de céder ses actions (art. 853-19 AUSCGIE) ou se voir suspendre ses droits non pécuniaires tant qu'il n'a pas procédé à cette cession (art. 853-19 AUSCGIE). Par extension, les statuts peuvent aussi prévoir que la société associée dont le contrôle est modifié doit, dès cette modification, en informer la SAS. Celle-ci peut décider, dans les conditions fixées par les statuts, de suspendre l'exercice des droits non pécuniaires de cet associé et de l'exclure (art. 853-20 al. 1 AUSCGIE)[323]. Si les statuts ne précisent pas les modalités du prix de cession des actions lorsque la société met en œuvre une clause introduite en application des articles 853-18, 853-19 et 853-20 AUSCGIE, ce prix est fixé par accord entre les parties ou, à défaut, déterminé par un expert désigné, soit selon les clauses des statuts de la société, soit par les parties, soit à défaut d'accord entre elles, par décision de la juridiction compétente dans le ressort de laquelle est situé le siège social, statuant à bref délai. Lorsque les actions sont rachetées par la société, celle-ci est tenue de les céder dans un délai de six (6) mois ou de les annuler.

261. Les statuts doivent déterminer les modalités du prix de cession des actions lorsque la société met en œuvre une clause introduite en application des articles susmentionnés. A défaut d'une telle précision, le prix est fixé par accord entre les parties ou, à défaut, déterminé par un expert désigné, soit selon les clauses des statuts de la société, soit par les parties, soit à défaut d'accord entre elles, par décision de la juridiction compétente dans le ressort de laquelle est situé le siège social, statuant à bref délai (art. 853-21 al. 1 AUSCGIE).

262. Cependant, l'article 853-22 AUSCGIE offre une garantie à l'associé exclu de la SAS. En effet, il prévoit que les clauses statutaires visées aux articles 853-17, 853-18, 853-19, et 853-20 ne peuvent être adoptées ou modifiées, sous peine de nullité, qu'à l'unanimité des associés. La violation des articles 857-17, 857-18 et 857-19 AUSCGIE entraine la nullité de la cession d'actions (art. 853-19-1 AUSCGIE).

263. L'AUSCGIE prévoit aussi la possibilité pour la SAS de racheter ses propres actions. Dans ce cas, elle est tenue de les céder dans un délai de six mois ou de les annuler (art. 853-21 al. 2 AUSCGIE).

---

[323] La même règle est d'application lorsqu'un associé a acquis cette qualité à la suite d'une opération de fusion, de scission ou de dissolution (art. 853-20 al. 2 AUSCGIE).

§4. Le contrôle de la SAS

264. Nous avons vu que la SAS laisse une très large place à la liberté contractuelle. Ainsi, contrairement à la SA où la désignation d'un commissaire aux comptes et d'un suppléant (dans le cas d'une SA ne faisant pas publiquement appel à l'épargne publique) ou de deux commissaires aux comptes et de deux suppléants (dans le cas d'une SA faisant publiquement appel à l'épargne publique) est obligatoire[324], les associés de la SAS peuvent nommer un ou plusieurs commissaires aux comptes (art. 853-13 al. 1 AUSCGIE). Cette désignation se fait, sous peine de nullité, conformément aux stipulations statutaires et aux prescrits de l'article 853-11 AUSCGIE.

265. Cependant, la désignation d'un commissaire aux comptes est exceptionnellement obligatoire si deux des conditions de l'article 853-13 al. 2 AUSCGIE sont remplies. Celles-ci sont :

- Un total du bilan supérieur à cent vingt-cinq millions (125.000.000) de francs CFA ;
- Un chiffre d'affaires supérieur à deux cent cinquante millions (250.000.000) de francs CFA ;
- Un effectif permanent supérieur à cinquante (50) personnes.

266. Cependant, l'exigence de la désignation des commissaires aux comptes tombe caduque lorsqu'elle n'a pas rempli deux des conditions précitées pendant les deux exercices précédant l'expiration du mandat du commissaire aux comptes.

267. En outre, les SAS qui contrôlent, au sens de l'article 174 AUSCGIE, une ou plusieurs sociétés, ou qui sont contrôlées par une ou plusieurs sociétés sont tenues de designer au moins un commissaire aux comptes (art. 853-13 al. 4 AUSCGIE). Par ailleurs, un ou plusieurs associés représentant au moins le dixième du capital peuvent demander en justice la nomination d'un commissaire aux comptes.

268. Enfin, l'AUSCGIE prévoit la désignation obligatoire d'un commissaire aux comptes dans le cas d'une augmentation de capital intervenant par compensation de créances sur la société. Dans ce cas, l'arrêté de comptes établi par le président doit être certifié exact par un commissaire aux comptes (art. 853-13 al. 6 AUSCGIE).

269. Outre la désignation des commissaires aux comptes, l'AUSCGIE consacre des règles concernant certaines conventions autres que celles portant sur des opérations courantes (art. 853-15 AUSCGIE) intervenues entre la SAS et son président, l'un de ses diri-

[324] Art. 702 AUSCGIE.

geants, l'un de ses associés disposant d'une fraction des droits de vote supérieur à dix pour cent (10%) ou, s'il s'agit d'une société associée, la société contrôlant au sens de l'article 174 AUSCGIE (art. 853-14 al. 1 AUSCGIE). Ce régime s'applique aussi aux conventions auxquelles une des personnes citées précédemment est indirectement intéressée ou dans lesquelles elle traite avec la société par personne interposée.

270. Un rapport sur lesdites conventions doit être présenté aux associés par le commissaire aux comptes ou, s'il n'en a pas été désigné, le président de la société. Les associés sont appelés à voter sur ce rapport (art. 853-14 al. 3 AUSCGIE). Sous peine de nullité des délibérations, les personnes intéressées directement ou indirectement ne peuvent pas prendre part au vote. De même, leurs actions ne sont pas prises en compte pour le calcul du quorum et de la majorité (art. 853-14 al. 3 AUSCGIE). Au cas où les conventions ne sont pas approuvées, l'AUSCGIE prévoit qu'elles produisent néanmoins leurs effets, à charge pour la personne intéressée et éventuellement pour le président et les autres dirigeants d'en supporter les conséquences dommageables pour la société (art. 853-14 al. 4 AUSCGIE).

271. Des règles spéciales sont applicables pour la SASU (art. 853-14 al. 6 et 7 AUSCGIE) :

- Il est seulement fait mention au registre spécial des décisions des conventions intervenues directement ou par personne interposée entre la société et son dirigeant ou l'un de ses dirigeants ;
- Lorsque la convention est passée avec l'associé unique, aucune mention n'est à figurer sur le registre et le commissaire aux comptes n'a pas à établir de rapport.

Comme nous l'avons vu, le rapport de gestion, les comptes annuels et, le cas échéant, les comptes consolidés dans les SASU sont arrêtés par le président. L'associé unique approuve les comptes, après rapport du commissaire aux comptes s'il en existe un, dans le délai de six (6) mois à compter de la clôture de l'exercice. L'associé unique ne peut déléguer ses pouvoirs. Ses décisions sont répertoriées dans un registre spécial. Lorsque l'associé unique, personne physique, assume personnellement la présidence de la société, le dépôt, dans le même délai au registre du commerce et du crédit mobilier de l'inventaire et des comptes annuels dûment signés vaut approbation des comptes.

Par ailleurs, les articles 853-17 à 853-20 AUSCGIE ne sont pas applicables aux SASU.

272. Enfin, il est interdit au président et aux dirigeants (sauf en ce qui concerne les personnes morales dirigeantes) ainsi qu'à leurs conjoints, ascendants ou descendants et autres personnes interposées, de contracter, sous quelque forme que ce soit, des emprunts auprès de la société, de se faire consentir par elle un découvert en compte-courant ou autrement, ainsi que de faire cautionner ou avaliser par elle leurs engagements envers les tiers (art. 853-16 al. 1 AUSCGIE).

CHAPITRE V

DISPOSITIONS PENALES DE L'AUSCGIE

273. Aux termes de l'article 5 du Traité de Port-Louis, « les actes uniformes peuvent inclure des dispositions d'incrimination pénale », mais « les Etats-Parties s'engagent à déterminer les sanctions pénales encourues ». Ainsi, l'AUSCGIE prévoit des incriminations relatives à la constitution, au fonctionnement et à la dissolution de la société commerciale. La stratégie adoptée par le législateur de l'OHADA pour venir à bout de la délinquance d'affaire a consisté à harmoniser[325] les infractions d'affaires dans l'espace communautaire et à laisser le soin aux Etats parties de déterminer librement les sanctions qui leur seront applicables. Il s'agit là d'une décomposition de l'élément légal des infractions d'affaires qui se manifeste par la différence de la base légale de ses deux principales composantes. Ainsi, l'incrimination sera fondée sur un texte communautaire, supranational, alors que la sanction relèvera, quant à elle, des législations nationales.

274. En se consacrant à la responsabilité pénale des dirigeants sociaux, les prochaines lignes se focalisent sur l'analyse des infractions liées à la constitution, au fonctionnement et à la dissolution de la société de la société.

---

[325] Voy. M. DELMAS-MARTY, *Pour un droit commun*, édition du Seuil, 1994, p. 240, selon qui « l'harmonisation ne veut pas dire unification. Elle admet les différences et les ordonne. »

SECTION 1. DES INFRACTIONS LIEES A LA FORMATION DU CAPITAL SOCIAL[326]

§1. De la simulation de souscription ou de versement et de la publication de faits faux

I. De la simulation de souscription ou de versement

A. Elément légal

275. L'élément légal de cette incrimination est l'article 887 aux points 1° et 3° de l'AUSCGIE qui dispose, *expressis verbis* :

> « Encourent une sanction pénale :
>
> 3° ceux qui sciemment, par simulation de souscription ou de versement ou par publication de souscription ou de versement qui n'existent pas ou de tous autres faits faux, auront obtenu ou tenté d'obtenir des souscriptions ou des versements (...) »

276. En droit congolais cette incrimination n'est point prévue. En droit français, il s'agit des articles 433, 2°, de la loi du 24 juillet 1966, ainsi que des articles 22 et 23 de la loi du 31 décembre 1970.

B. Elément matériel

277. Cet élément est double : il est constitué par les agissements de simulation et par la recherche des souscriptions ou de versements. La simulation des souscriptions de versement suppose l'établissement du caractère fictif des souscriptions ou de versements d'une part et la preuve qu'ils étaient affirmés sincères et véritables d'autre part. En fait, comme en droit, « elle suppose qu'en vue d'obtenir de nouvelles souscriptions ou de nouveaux versements de fonds, les auteurs font croire aux victimes que la constitution de la société est en bonne voie, alors qu'il n'en est rien. Pour y parvenir, les auteurs peuvent brandir soit de fausses souscriptions antérieures, soit des versements de fonds qui n'ont pas eu lieu. L'un ou l'autre comportement suffit pour la constitution de l'infraction. »[327]

278. Le caractère fictif des souscriptions est l'élément qui, en pratique, se rencontre le plus souvent. Il est, en effet, difficile

---

[326] Pour plus de détails sur l'étude de ces infractions, voy. J. MONSENEPWO Mwakwaye, *Responsabilité pénale des dirigeants sociaux en droit congolais et OHADA des sociétés – Etude du droit pénal issu de l'OHADA, de ses ombres et de ses lumières*, Paris, Editions Universitaires Européennes, 2011.

[327] H. A. BITSAMANA, *op. cit.*, p. 195.

d' « échapper au versement de fonds car les fondateurs qui les ont accueillis ont l'obligation de les déposer chez un notaire ou une banque »[328]. L'existence des versements implique donc que le dépositaire accepte de reconnaitre qu'il a reçu des fonds qui, en réalité, ne lui ont pas été remis. Une pareille complicité est peu vraisemblable compte tenu de la qualité des dépositaires, même si elle reste cependant possible. Par conséquent, bien que l'infraction soit constituée en toute hypothèse, il faut distinguer entre la simulation de souscription et celle de versement car l'une peut exister sans l'autre : « la souscription réelle n'ayant été suivie d'aucune libération effective, ou un versement réel n'ayant fait suite qu'à une souscription fictive »[329]. Par ailleurs, il faut mettre sur un pied d'égalité les souscriptions en numéraire et les souscriptions en nature.

279. Tout comme les souscriptions, les versements sont fictifs lorsqu'il est affirmé qu'ils ont été effectués ou que les dons provenant des souscriptions ont été définitivement mis à la disposition de la société, alors qu'en réalité il n'en a pas été ainsi. En pratique, un versement est réputé fictif dans les cas suivants : en l'absence de tout versement malgré l'affirmation contraire, en cas de simulation de versements ou de versements apparents, en cas de paiement par compensation, etc. Les moyens employés pour réaliser des souscriptions ou des versements sont des actes mensongers qui tendent à faire croire que les souscriptions ou les versements prétendus ont été effectivement obtenus. « Tous les procédés susceptibles d'accréditer, dans l'esprit des tiers, sont répréhensibles »[330].

280. « La tromperie ici consiste à laisser croire aux futurs actionnaires que la société comportera des partenaires qui en réalité sont fictifs. Il peut même arriver que ce soit toute la société qui soit fictive et c'est le second cas prévu par l'article 433, 2° de la loi du 24 juillet 1966 en droit français. Les auteurs des infractions adressent au public des offres de souscriptions et de versement pour la constitution d'un capital social qui n'existe pas, la société étant fictive »[331]. Par consé-

---

[328] B. MERCADAL, « *Infractions aux règles de constitution et d'augmentation du fonds social* », Traité des sociétés, fasc. 125, 3 n° 7. (cité par F. ANOUKAHA, A. CISSE, N . DIOUF, et al., *op. cit.*, p. 241).

[329] F. ANOUKAHA, A. CISSE, N. DIOUF, et al., *op. cit.*, p. 241

[330] B. MERCADEL, *op. cit.*, n° 28.

[331] C. DUCOULOUX-FAVARD, *Droit pénal des affaires*, Paris, Masson, 1987, p.73.

quent, peu importe la méthode utilisée : déclaration verbales, reçus de complaisance, passation d'écritures, etc.

281. C'est ainsi que la jurisprudence française a retenu, notamment, les manœuvres suivantes : l'établissement du certificat de dépositaire affirmant inexactement intégrale du capital ou le versement du premier quart[332], de même que les fausses affirmations appuyées ou non de la production de documents fallacieux[333], tout comme l'utilisation de jeux d'écriture ou d'artifices de comptabilité[334].

282. L'objectif de la simulation est d'obtenir des souscriptions ou des versements. L'article 887 3° de l'AUSCGIE vise ceux qui « auront obtenu des souscriptions ou versements »[335].

283. En dépit des objections de certains auteurs[336] pour qui l'AUSCGIE a seulement visé les souscriptions d'actionnaires, la jurisprudence entend par « souscription » tout engagement pris en faveur d'une société et rémunéré par la délivrance d'un titre quelconque. Selon celle-ci, la simulation est répréhensible si elle a pour but d'entrainer la souscription d'obligations[337] ou la souscription de bons de caisses[338], dans la mesure où ces bons ont le caractère de véritables obligations, la souscription d'actions par apports en numéraire ou par apport en nature, etc.[339]

284. Nous avons vu que outre les agissements de simulation, l'infraction de simulation de souscription et de versement nécessite la recherche des souscriptions ou de versements. Au sujet des actes de recherche de souscription ou de versements, notons que la simulation, même postérieure aux souscriptions, est condamnable dès l'instant où elle tend à retenir les actionnaires et à rendre définitive des souscriptions qui n'avaient jusque-là qu'un caractère conditionnel[340]. Il en est

[332] Cass. Crim. 27 janvier 1928, Revue des sociétés, 1928, p. 109.
[333] C.A. Paris, 16 juillet 1902, Journal des sociétés, 1928, p. 109.
[334] Cass. Crim., 14 janvier 1980, JCP, 1980, p. 125.
[335] F. ANOUKAHA, A. CISSE, N. DIOUF, et al., *op. cit.*, p. 242.
[336] LYON-CAEN et RENAULT, *Traité de droit commercial*, Paris, LGDJ, 5ème éd., tome II, n° 805.
[337] « Titre de créance contre une société, qui est négociable et fait partie d'un emprunt collectif. » (H. A. BITSAMANA, *op. cit.*, p. 147).
[338] « Titre nominatif au porteur ou à ordre, émis par une banque ou par une entreprise commerciale et représentatif d'un emprunt productif d'intérêt et remboursement par celui qui l'a émis à une échéance fixe. » (H. A. BITSAMANA, *op. cit.*, p. 147).
[339] F. ANOUKAHA, A. CISSE, N. DIOUF, et al., *op. cit.*, p. 242.
[340] Cass. Crim., 25 octobre 1934, JCP, 1935, p. 70.

de même lorsque les manœuvres ont lieu après la constitution si elles ont eu pour objet d'obtenir des versements ou de retenir des versements déjà effectués[341].

285. En outre, « le délit de simulation de souscription et de versement est punissable lorsqu'il a été tenté d'obtenir des souscriptions ou de versements. La tentative sera consommée lorsque l'agent aura accompli des actes qui devraient amener l'engagement de souscripteurs sérieux ou des versements de leur part, mais qui n'ont pas eu cet effet pour des raisons indépendantes de la volonté de l'agent. Il y aura tentative, par exemple, si les fondateurs sollicitent la souscription d'actions sans réussir à l'obtenir. Enfin, la simulation est punissable si les manœuvres ont été telles qu'elles étaient de nature à entrainer des souscriptions ou des versements, même si d'autres motifs que ceux tenant à la simulation ont en vérité déterminé ces souscriptions ou ces versements »[342].

C. Elément intentionnel

286. L'infraction de simulation de souscription nécessite, pour sa réalisation, un élément intentionnel. En effet, il nécessite que l'auteur ait agi « sciemment », aux termes de l'article 887 de l'AUSCGIE. L'élément intentionnel tient ici à la seule connaissance qu'a l'agent de réaliser une simulation susceptible d'entrainer des souscriptions ou des versements. La Cour de cassation française estime que l'intention délictueuse résulte suffisamment de ce qu'ils peuvent ignorer la fausseté des faits publiés en raison des fonctions qu'ils remplissent. Donc la mauvaise foi existe dès l'instant où l'auteur de la simulation a agi en connaissance de cause. Il est donc nécessaire que soit établie sa participation consciente aux actes frauduleux[343]. Mais il n'y a pas lieu de démontrer que la simulation avait pour but d'obtenir des souscriptions ou des versements. Il suffit qu'elle les ait en fait provoqués[344].

287. Cependant, il arrive parfois que les tribunaux admettent la bonne foi des administrateurs. C'est ainsi qu'ont notamment été relaxés : l'administrateur qui a joué un rôle effacé dans la direction de l'affaire, faute de démonstration de sa mauvaise foi [345] ;

[341] Cass. Crim., 16 mai 1924, Revue des Sociétés, 1924, p. 306.
[342] F. ANOUKAHA, A. CISSE, N. DIOUF, et al., *op. cit.*, p. 243.
[343] Cass. Crim., 14 janvier 1980.
[344] B. MERCADAL, *op. cit.*, n° 38.
[345] C.A. Douai, 18 avril 1929, Revue des Sociétés, 1934, p. 596.

l'administrateur qui, bien qu'ayant envoyé son pouvoir, n'a pas assisté à la réunion du conseil d'administration où l'emprunt a été décidé[346] ; un administrateur, apporteur en nature, qui, aveugle, avait établi que les opérations de société lui avaient couté des sommes importantes sans aucun profit en contrepartie[347].

II. Publication de faits faux

288. Il s'agit de l'une des infractions directement liées à la constitution des sociétés commerciales. Selon M. B. MERCADAL, « il s'agit là d'un même délit, bien qu'à la lettre, les textes paraissent établir trois incriminations ». En effet, l'article 887-3° de l'AUSCGIE prévoit « (...) la publication de souscriptions ou de versements qui n'existent pas ou de tous autres faits faux », tandis que l'article 887-4° retient la publication des « noms des personnes désignées contrairement à la vérité comme étant ou devant être rattachées à la société à un titre quelconque ». Dans ces deux hypothèses, il n'y a en réalité qu'un seul type d'infraction constitué par la publication de faits faux[348]. Toutefois, le régime de ce délit présente de nombreux points communs avec le délit de simulation puisqu'ils ont le même but »[349], à savoir celui d'obtenir des souscriptions ou des versements. Cependant, du point de vue des éléments constitutif, quelques particularités les séparent.

A. Elément légal

289. L'article 887 de l'AUSCGIE dispose, en ses points 3° (*in fine)* et 4° (*ab initio)* :

> « 3° ceux qui sciemment, par simulation de souscription ou de versement ou par publication de souscription ou de versement qui n'existent pas ou de tous autres faits faux, auront obtenu ou tenté d'obtenir des souscriptions ou des versements ;
>
> 4° ceux qui, sciemment, pour provoquer des souscriptions ou des versements auront publié les noms de personnes désignées contrairement à la vérité comme étant ou devant être attachées à la société à un titre quelconque (...) ».

---

[346] Trib. Corr. Belfort, 4 novembre 1932, Journal des Sociétés, 1888, p. 34.
[347] C.A. Orléans, 28 avril 1887, Journal des sociétés, 1888, p. 34.
[348] F. ANOUKAHA, A. CISSE, N. DIOUF, et al., *op. cit.*, p. 247.
[349] B. MERCADAL, *op. cit.*, n° 58.

En droit français, il s'agit de la troisième hypothèse prévue par l'article 433 de la loi de 1966.

B. Elément matériel

290. Dans l'étude de l'élément matériel de cette incrimination, nous analyserons les faits faux dont il est question, et d'autre part de la publication. Premièrement, concernant les faits faux, force est de mentionner que « certains de ces faits sont visés par l'AUSCGIE. Il s'agit d'une part "de souscription ou de versement qui n'existent pas"[350] ; d'autre part des " noms de personnes désignées contrairement à la vérité comme étant ou devant être attachées à la société à un titre quelconque"[351].

291. Cependant, une analyse profonde de cet article révèle qu'il vise en réalité deux exemples de faits faux : la simulation de souscription et de versements qui n'existent pas et la publication des noms de personnes faussement désignées comme attachées à la société. En effet, des faits faux quelconques, des souscriptions ou versements inexistants et des noms de personnes faussement attachées à la société peuvent être retenus comme constitutifs du délit.[352] A ce sujet, la jurisprudence française retient une définition très large du fait faux, considérant non seulement des faits d'ordre juridique[353], que ceux d'ordre économique[354].

292. Par ailleurs, il n'est pas utile pour la constitution de ce délit qu'il y ait simulation. Il suffit que l'on « accrédite auprès du public un succès considérable de l'émission » alors qu'en réalité, ce sont les fondateurs eux-mêmes qui ont souscrit cette dernière[355]. Quant aux noms des personnes faussement attachées à la société, « ils constituent

---

[350] Art. 887 - 3° *in fine* de l'AUSCGIE.
[351] Art. 887 – 4° *ab initio* de l'AUSCGIE.
[352] F. ANOUKAHA, A. CISSE, N. DIOUF, et al., *op. cit.*, p. 248.
[353] Les faits faux d'ordre juridique sont, entre autres, ceux qui consistent dans l'affirmation inexacte de la constitution régulière de la société, ou de la souscription intégrale du capital social. (Voy. F. ANOUKAHA, A. CISSE, N. DIOUF, et al., *op. cit.*, p. 248).
[354] Les faits d'ordre économique, quant à eux, peuvent concerner : la publication de circulaires ou articles de journaux annonçant une hausse considérable des actions, les affirmations inexactes sur le droit de propriété, la publication, dans un code, de cours fictifs, etc. (Voy. F. ANOUKAHA, A. CISSE, N. DIOUF, et al., *op. cit.*, p. 246.)
[355] B. MERCADAL, *op. cit.*, n° 67 ; Cass. Crim., 10 avril 1884, Revue des sociétés, 1885, p. 6.

une forme particulière de faits faux que le législateur a cru devoir présenter à part, certainement en raison de fréquence de la fraude consistant à souligner les noms des personnes jouissant d'un grand crédit bien que dépourvues de tout lien avec la société[356] ».

293. De manière plus générique, l'article précité vise "tous autres faits faux" publiés en vue d'obtenir des souscriptions ou des versements. Il s'agit d'atteindre toutes les inexactitudes qui ont pu être utilisées par les fondateurs et administrateurs désireux d'assurer la réussite de leur appel de fonds.

294. A première vue, l'on serait tenté de confondre l'incrimination de simulation de souscription ou de versement avec celle de publication de faits faux, car dans les deux cas, le comportement frauduleux est fondé sur des faits faux ou inexistants que l'on fait passer pour vrais auprès des tiers. Cette confusion serait encore plus accrue par le fait que le législateur ohadien les a coulées dans un même alinéa au sein de l'article 887.

295. Cependant, une interprétation stricte (*poenalia restriganda)* fait ressortir avec acuité que ces deux incriminations ne sont pas idem : en effet, l'infraction de simulation de souscription ne nécessite pas obligatoirement dans son élément matériel une publication, tandis que l'infraction de publication de faits faux emporte obligatoirement dans son élément matériel la publication de faits faux : « point n'est besoin que la simulation ait fait l'objet d'une quelconque publication. Elle a lieu dans un cadre restreint, à la différence de cette autre infraction qu'est la publication de faits faux relatifs à la constitution de la société. »[357]

296. De manière plus précise, tant qu'une souscription fausse ou un versement inexistant font simplement l'objet d'une simulation sans aucune publication, l'on se trouve sur le terrain de l'infraction de simulation de souscription ou de versement. Cependant, dès qu'il y a publication de ceux-ci, l'on se trouve sur le terrain de l'infraction de publication de faits faux. A l'inverse, l'infraction de publication de faits faux ne nécessite pas une simulation ; en effet, il suffit que l'on « accrédite auprès du public un succès considérable de l'émission » alors qu'en réalité, ce sont les fondateurs eux-mêmes qui ont souscrit

---

[356] F. ANOUKAHA, A. CISSE, N. DIOUF, et al., *op. cit.*, p. 248 ; Voy. Cass. Crim., 2 mars 1888, Revue des sociétés, 1888, 240.

[357] H. A. BITSAMANA, *op. cit.*, p. 195.

cette dernière[358]. En outre, le délit de publication de fait faux est plus large (il vise des faits faux quelconques, pas seulement la souscription ou le versement) que celui de simulation de souscription et de versements. Enfin, une autre différence réside au niveau de l'élément intentionnel quand l'on compare la publication de fait faux portant sur les noms de personnes désignées contrairement à la vérité comme étant ou devant être attachées à la société à un titre quelconque (Art. 887, 4° AUSCGIE) et le délit de simulation de souscriptions ou de versements. Dans le premier, l'obtention de souscription et de versement fait partie de l'élément intentionnel, tandis que dans le second il fait partie de l'élément matériel[359].

297. Quant à la publication, deuxièmement, il avait été déjà jugé qu'il suffit que les faits faux aient été publiés, c'est-à-dire portés à la connaissance collective du public, quel que soit le mode de publication adopté. Cette jurisprudence continuera certainement d'avoir cours.[360] En effet, un journal édité par une association et d'ailleurs diffusé dans le public suffit pour la constitution de cette infraction. C'est le cas de l'affaire de la Société civile immobilière de placement « Pierre et Cristal ».[361]

298. La publication est réalisée par l'emploi de tout moyen d'information destiné à toucher le public. Peu importe donc le moyen par lequel la publication est assurée. C'est ainsi que la publication peut résulter soit des documents ayant un caractère officiel, tels que des journaux d'annonces légales[362] ; soit d'une insertion dans des documents privés, ou de leur distribution, tels que des circulaires ou des imprimés[363] ; soit d'articles parus dans la presse, tels que des annonces radiodiffusées ou projetées sur un écran[364] ; soit encore de la tenue de propos en public, notamment la présentation d'un faux bilan à l'assemblée générale des actionnaires[365]. En revanche, il n'y a pas de publication si les conversations sont privées ou si les faits sont

---

[358] B. MERCADAL, *op. cit.*, n° 67 ; Cass. Crim., 10 avril 1884, Revue des sociétés, 1885, p. 6.

[359] Cfr Infra : actes de recherche de souscription ou de versement.

[360] H. A. BITSAMANA, *op. cit.*, p. 172.

[361] T.G.I. Paris, 11ème ch.; 3 juillet 1980 et Cour appel Paris, 9ème ch. ; 4 février 1981, inédits.

[362] Voy. Cass. Crim., 16 juin 1934, Revue des sociétés, 1934, p. 158.

[363] Cass. Crim., 30 juillet 1937, Semaine juridique, 1938, p. 512.

[364] Cass. Crim., 31 mars 1933, Journal des sociétés, 1933, p. 529.

[365] Cass. Crim., 18 mars 1986, Bull. Crim., n°109.

mentionnés à l'occasion de sollicitations individuelles de démarcheurs.[366]

299. Cependant, il est possible de se demander si l'expression légale de « faits faux » peut être retenue à propos d'une information simplement succincte ou trop optimiste. Il est bien évident que le mensonge par omission d'infraction doit être réprimé. Ainsi en a d'ailleurs jugé la première chambre du Tribunal de Paris[367] dans l'affaire AMREP.

300. Soulignons encore que, quels que soient les moyens frauduleux utilisés pour obtenir une souscription irrégulière d'actions, ces moyens doivent, comme dans l'escroquerie, être préalables à la remise, ici à la souscription ou au versement. L'acte uniforme ne le précise pas, mais il ne peut être autrement ne serait-ce que par la chronologie même de la procédure de constitution du capital d'une société anonyme.

C. Elément intentionnel

301. L'infraction de publication nécessite aussi, pour sa réalisation, un élément intentionnel. A l'instar du délit de simulation de souscrip-

[366] F. ANOUKAHA, A. CISSE, N. DIOUF, et al., *op. cit.*, p. 248. Cependant, comme nous le verrons infra, les démarcheurs peuvent, dans certaines circonstances, être considérés comme complices (Voy. Cass. Crim., 16 nov. 1889, *D.*, 1889, 5, p. 436.).

[367] T.G.I. Paris, 1ère ch. ; 6 mai 1986, inédit. La société AMREP est une multinationale sous forme de holding financière côtière spécialisée dans la recherche pétrolière. L'une de ces filiales, contrôlée à 99 pour cent, l'Union industrielle et d'entreprises, UIE, avait conclu en 1981 d'importants contrats avec un établissement public du Brésil. Or il s'avéra très vite que ces marchés seraient déficitaires pour l'UIE. Les contrôles budgétaires de mars et d'avril 1983 établirent des pertes de 48 et 68 millions de francs français. C'est alors que le Conseil d'administration de l'AMREP décidait (le 26 octobre 1983) de procéder à une émission d'emprunt obligatoire de 195 millions de francs. Une note d'information succincte de novembre 1983 ne faisait absolument pas état des pertes des contrats brésiliens. Or, dès décembre, la totalité des obligations se trouvaient souscrites par les actionnaires d'AMREP. Et c'est alors seulement qu'un communiqué du conseil d'administration faisait connaitre, en termes généraux, l'activité « légèrement déficitaire de certaines filiales » et la décision de ne pas distribuer des dividendes sur l'exercice 1983. Les obligations tout comme les actions voyaient aussi tôt leur cote chuter sur le marché boursier. Ce n'est qu'en mars 1984 que, par deux communiqués, le Conseil d'administration faisait enfin connaitre « l'évolution très défavorable de la situation » et ce, seulement deux mois avant que le tribunal de commerce de Paris ne prononce le règlement judiciaire des sociétés AMREP et UIE, les pertes de cette dernière se soldant, fin 1983, à 671, 5 millions de francs.

tions ou de versements, le délit de publication de faits faux doit être commis sciemment. Cela ressort des points 3° et 4° de l'article 887 de l'AUSCGIE qui emploient le terme « sciemment ».

302. « Le mot 'sciemment' utilisé par le texte suppose la conscience du but poursuivi, c'est-à-dire le fait de savoir que les souscriptions ou les versements seront frauduleusement obtenues. La preuve de la connaissance des inexactitudes publiées en vue d'obtenir des souscriptions se trouve renforcées s'il apparait, comme dans l'affaire AMREP précitée, que les auteurs de l'infraction ont caché ou gardé sous silence des pertes inquiétantes subies sur certains marchés, tant à l'égard du conseil d'administration que des commissaires aux comptes. »[368]

303. Il est donc nécessaire de constater que l'auteur de la publication a agi en toute connaissance de cause. « Cette simple constatation suffit, tout au moins concernant la publication de souscriptions ou de versements. Par contre, lorsqu'il s'agit de publication de nom de personnes faussement attachées à la société, il semble nécessaire d'exiger, en plus de la conscience des agissements, la preuve de l'intention[369] de l'auteur »[370].

304. En application de ces règles, la jurisprudence française a reconnu de mauvaise foi des administrateurs : qui ont « participé aux séances du conseil d'administration dans lesquelles ont été décidées l'émission et ses garanties » ; qui, en connaissance de la publicité mensongère entachant l'émission, ont exercé leurs fonctions durant la période de placement des titres[371] ; ou qui, bien que le bilan frauduleux « ait été présenté et signé par un directeur qui 'avait fait ensuite publier dans un journal d'annonces en vue de la réalisation, en a eu nécessairement connaissance[372] », etc.

305. Par contre, la bonne foi des administrateurs a été admise au profit d'un administrateur entré dans le conseil d'administration postérieurement aux publications incriminées et à l'encontre de qui, n'a pas été établi qu'il ait pris une part quelconque à leur conception, à leur élaboration, ou au fait qui, les ayant précédés ou accompagnés,

---

[368] C. DUCOULOUX-FAVARD, *op. cit.*, p. 75.

[369] Le texte fait clairement référence à la publication qui doit être faite « ...pour provoquer des souscriptions ou versements... ».

[370] F. ANOUKAHA, A. CISSE, N. DIOUF, et al., *op. cit.*, p. 249.

[371] C.A. Paris, 28 juill. 1943, *JCP*, 1943, éd. G., II, 2507.

[372] Cass. Crim., 26 janv. 1938, S., 1939, 1, p. 49.

les ont rendus possibles[373]. Enfin, la mauvaise foi peut être présumée chez certaines personnes en raison des fonctions qu'elles occupent dans la société[374].

306. Pour cette infraction aussi, il est prévu un dol spécial, à savoir le but d'obtenir des souscriptions ou des versements. Il a été considéré en effet que l'utilisation de faits faux ne pouvait être retenue au titre de l'infraction de simulation de souscription ou de versement que si elle avait pour but d'obtenir des souscriptions. Le tribunal de Paris[375], dans une affaire où plusieurs publications de faits faux avaient été relevées lors de l'émission d'actions de la société Energimo 2, a écarté de la prévention les faits concernant l'un des encarts publicitaires au motif que celui-ci « avait pour objet essentiel de provoquer l'envoi d'une documentation supplémentaire aux personnes qui avaient répondu à cette demande »[376].

307. Cependant, à ce sujet, il faut noter :

- Quand les faits faux consistent en la publication des « noms des personnes désignées contrairement à la vérité comme étant ou devant être attachées à la société à un titre quelconque », l'article 887- 4° nécessite un dol spécial. En effet, le but poursuivi par la publication de faits faux apparait dans le libellé. Par voie de conséquence, en vertu du principe de la légalité et de l'interprétation stricte des lois pénales, cette infraction n'est pas réalisée en l'absence de tout dol spécial ;
- De même, quand les faits faux portent soit sur les souscriptions ou les versements, ou tous autres faits faux, l'article 887-4° retient un dol spécial parmi les éléments constitutifs de l'infraction.

---

373 C.A. Paris, 15 mai 1935, Revue Trimestrielle (dr. Soc.), 1935, p. 357.

374 F. ANOUKAHA, A. CISSE, N . DIOUF, et al., *op. cit.*, p. 250.

375 T.G.I., Paris, 31ème ch. , 12 nov. 1984, inédit ; voir Rapport annuel C.O.B., 1984, p. 100.

376 C. DUCOULOUX-FAVARD, *op. cit.*, p. 74.

§2. De l'établissement mensonger du certificat de dépôt des souscriptions ou de versement

I. De l'élément légal

308. Si le certificat de dépôt contient des allégations fausses, les auteurs de ces mensonges sont punissables. En effet, selon l'article 887-1° et 2° de l'AUSCGIE [377] :

> « Encourent une sanction pénale :
>
> • 1° ceux qui, sciemment, par l'établissement de la déclaration notariée de souscription et de versement ou du certificat du dépositaire, auront affirmé sincères et véritables des souscriptions qu'ils savaient fictives ou auront déclaré que les fonds qui n'ont pas été mis définitivement à la disposition de la société ont été effectivement versés ;
>
> • 2° ceux qui auront remis au notaire ou au dépositaire, une liste des actionnaires ou des bulletins de souscription et de versement mentionnant des souscriptions fictives ou des versements de fonds qui n'ont pas été mis définitivement à la disposition de la société ».

En droit français, cette infraction est prévue aux articles 433, 1° de la loi de 1966, modifiée par la loi du 3 janvier 1983.

II. L'élément matériel

309. Les faits faux entachant la déclaration ne peuvent que porter sur les souscriptions qui sont dès lors fictives, ou sur les versements qui n'ont pas été effectivement mis à la disposition de la société.

310. Concernant le caractère fictif de la souscription, notons que « pour qualifier de fictif un bulletin de souscription, il faut apprécier la validité de ce contrat tant à l'égard de son contenu qu'à l'égard des parties, notamment des souscripteurs. Ceux-ci doivent « vouloir » devenir futurs actionnaires. En fait, la notion de souscripteur, pas plus que celle de fondateur, ne se trouve dissociée de celle de futur associé »[378]. La Cour de cassation française estime à ce sujet que celui qui consent à apporter une part du capital social, consent en même temps à devenir membre de la société. Il doit être mû par le fameux affectio societatis, point névralgique d'une conception contractuelle de la société »[379]. C'est la raison pour laquelle il a été jugé que lorsque ce

[377] Qui reprend les dispositions de l'article 1508 de la loi sénégalaise n° 85-40 du 29 juin 1985 et l'article 433-1° de la loi française du 24 juillet 1966.

[378] F. ANOUKAHA, A. CISSE, N. DIOUF, et al., *op. cit.*, p. 252.

[379] Cass. Crim., 16 mars 1981, Bull. Crim., n° 94.

désir de s'associer fait défaut, le souscripteur n'est qu'un « prête-nom » et la souscription est fictive[380].

311. Quant au défaut de réalité de versements, nous devons remarquer que « le certificat de souscription et de versement doit être fait non plus seulement par le notaire, qui n'est plus nécessairement le dépositaire, mais par le dépositaire quel qu'il soit. Il est rare que celui-ci certifie avoir reçu des fonds en dépôt si tel n'est pas le cas. Mais s'il lui arrivait de le faire, l'exigence de la réalité de versements ne serait pas satisfaite et l'élément matériel du délit serait matérialisé »[381].

III. L'élément intentionnel

312. La mauvaise foi résulte apparemment du fait que les auteurs de l'infraction savent que les souscriptions sont fictives, notamment lorsqu'elles sont faites des prête-noms. « L'absence d'intention réelle des prévenus de participer à la société se déduit des éléments de fait, laissés à l'appréciation des juges du fonds, et la connaissance par ces prévenus de la fausseté de ces déclarations résulte nécessairement de l'ensemble des éléments de la cause ». En d'autres termes, la mauvaise foi consiste à savoir que certains souscripteurs n'ont pas l'*affectio societatis*[382].

§3. De la majoration frauduleuse d'apports en nature

I. Elément légal

313. Le siège de la matière est l'article 887-4° *in fine* :

« Encourent une sanction pénale :

4° (…) ceux qui, frauduleusement, auront fait attribuer à un apport en nature, une évaluation supérieure à sa valeur réelle. »

En droit français, il s'agit des articles 425, 433, 4° ; 460 de la loi du 24 juillet 1966 ; 23, 4° de la Loi du 31 décembre 1970 ; 26, 1° de la Loi du 10 septembre 1947.

314. Notons d'entrée de jeu que cette infraction, à l'inverse de la plupart de celles qui touchent au droit des sociétés, n'est pas spécifique à une fonction. *Quiconque* a participé à la surévaluation peut être sanctionné. Cependant, bien que le texte n'opère aucune

---

[380] Cass. Crim., 16 mars 1981, Bull. Crim., n° 94.
[381] F. ANOUKAHA, A. CISSE, N. DIOUF, et al., *op. cit.*, p. 253.
[382] F. ANOUKAHA, A. CISSE, N. DIOUF, et al., *op. cit.*, p. 253.

distinction entre les auteurs possibles de l'infraction, la situation n'est pas identique lorsqu'il s'agit des associés ou des commissaires aux apports[383].

II. Elément matériel

315. Selon H. A. BITSAMANA, « sa constitution suppose établis deux éléments :

- d'une part l'attribution à l'apport d'une valeur supérieure à sa valeur réelle[384]. Celle-ci doit être non celle qu'elle représente par rapport à la société, mais sa valeur sur le marché ;
- d'autre part des manœuvres frauduleuses. La simple connaissance de la surévaluation ne suffit pas. Il faut en plus qu'il y ait eu des artifices, des mises en scène. C'est le cas lorsqu'on a soudoyé le commissaire aux apports, intrigué pour faire désigner un commissaire qui doit approuver l'évaluation, trompé l'assemblée générale qui doit approuver l'évaluation en lui présentant un document fallacieux. Ces manœuvres peuvent provenir soit de l'apporteur lui-même, soit des dirigeants de la société, le commissaire aux apports étant leur complice »[385].

316. Par contre, selon F. ANOUKAHA, A. CISSE, N. DIOUF, deux éléments matériels ressortent de la lecture de l'article 887-4°. En effet, il s'agit d'une part de la participation à l'attribution de la valeur de l'apport, et d'autre part de l'existence de l'évaluation excessive dudit apport[386].

317. La participation à l'attribution de la valeur de l'apport ressort de l'expression légale « fait attribuer ». En effet, cette expression suppose, selon DUCOULOUX-FAVARD, un acte positif et exclut la tentative de la répression. Nous ne partageons pas ce dernier point de vue, et pensons que le critère de détermination de répression d'une tentative dépend du caractère matériel ou formel de l'infraction. Ainsi, dans la mesure où une personne ne fait pas attribuer une valeur excessive à un apport[387], il ne s'agirait pas d'une tentative non punissable, mais plutôt d'un fait qui ne rentre pas dans la qualification légale, car

[383] C. DUCOULOUX-FAVARD, *op. cit.*, p. 82.
[384] Voy. KLUWER, *op. cit.*, p. 237.
[385] H. A. BITSAMANA, *op. cit.*, p. 132.
[386] Notons que C. DUCOULOUX-FAVARD abonde dans le même sens sur ce point précis (Voy. C. DUCOULOUX-FAVARD, *op. cit.*, p. 80.).
[387] Cas de la personne qui ne fait que participer à la procédure d'attribution de valeur. (Voy. F. ANOUKAHA, A. CISSE, N. DIOUF, et al., *op. cit.*, p. 254.).

les autres éléments constitutifs prévus par l'Acte Uniforme ne seraient par réunis en son chef.

318. Cependant, il ne suffit pas participer à la procédure d'approbation des apports en nature pour avoir 'fait attribuer'... C'est pourquoi l'apporteur qui demandera un « prix » exagéré ne commet pas d'infraction. A condition, toutefois, qu'il se contente de laisser suivre son cours normal à la procédure d'évaluation. Ce sera, hélas, rarement le cas, surtout si l'apporteur effectue un apport important ou est déjà un associé majoritaire et entend donc ou le devenir, ou le rester. S'il n'y a pas appel public à l'épargne, il fera pression sur les autres pour imposer le commissaire aux apports de son choix. Quant à ce dernier, c'est par la rédaction même de son rapport qu'il aura participé positivement à l'attribution de l'évaluation de l'apport. Sa responsabilité pénale se trouvera facilement mise en cause s'il y a surévaluation[388].

319. Quant à l'évaluation supérieure à la valeur réelle, c'est la pratique dite du « *mouillage* » ou « *wattering* » des apports. Certes, l'apporteur a le droit d'obtenir, sauf fraude, le prix maximum de son apport. Toute la difficulté est de déterminer la « valeur réelle » au regard de laquelle sera appréciée la majoration de valeur. Que faut-il entendre par « valeur réelle » ? Aucune indication n'est donnée dans l'AUSCGIE sur ce qu'il faille entendre par « valeur réelle », au regard de laquelle sera appréciée la majoration. Les commissaires aux apports adoptent la méthode qui leur semble la plus appropriée et ils peuvent ainsi prendre en considération certains critères objectifs étrangers à la simple valeur vénale ou marchande. Donc la seule valeur vénale a été écartée au profit d'une valeur vénale corrigée. Cette notion n'est pas très précise elle aussi[389]. Les juges avaient admis la notion de la valeur vénale corrigée par la nature même de l'opération dans l'affaire Willot bien qu'en l'espèce, le délit fut retenu, compte tenu d'une surévaluation manifeste[390].

320. En outre, l'article 887-4° n'exige pas que la majoration procède de « manœuvres », dès lors qu'elle est « frauduleuse » : « le simple mensonge suffit donc à constituer l'élément matériel de l'infraction, sans qu'il soit besoin que ce mensonge tire sa crédibilité d'une quelconque mise en scène destinée à lui donner corps et, à la

---

[388] C. DUCOULOUX-FAVARD, *op. cit.*, p. 83.

[389] . F. ANOUKAHA, A. CISSE, N. DIOUF, et al., *op. cit.*, p. 254.

[390] Trib. Corr. Paris, 16 mai 1974, *D.* 1975. 37 ; Crim., 12 avril 1976, *Bull.,* 115 ; *JCP*, 1977, II, 18523.

limite, une réticence dolosive opposée aux précautions ou aux doutes réaliserait encore l'infraction. Mais dans tous les cas, ce mensonge ou cette réticence dolosive porteront sur la valeur de l'apport puisque la fraude implique une tromperie sur la réalité de celle-ci. C'est une valeur majorée qui aura été invoquée : soit la valeur du bien est exagérée, soit les charges qui la grèvent sont occultées »[391].

III. Elément intentionnel

321. L'élément moral reste défini comme la mauvaise foi, « sans qu'aucune différence bien nette ne résulte, semble-t-il, de la substitution de l'adverbe 'frauduleusement' au terme 'sciemment' des incriminations précédentes »[392].

322. Cependant, la mauvaise foi doit être appréciée différemment selon les personnes qui ont participé à sa réalisation. La mauvaise foi des uns et des autres résulte d'attitudes différentes. « L'apporteur est en droit de faire valoir au maximum ce qu'il apporte. N'est-il pas alors mieux adapté de requérir des manœuvres frauduleuses à son encontre [393] ? Par contre, pour les commissaires aux apports qui remplissent une fonction de gérant d'une expertise honnête d'évaluation, l'élément moral doit être apprécié plus sévèrement. C'est ce qui pousse les tribunaux à rechercher quelle connaissance objective avaient les experts lorsqu'ils ont procédé à l'évaluation.[394] Toutefois, la seule connaissance de la surévaluation suffit, aucune volonté de tromper n'étant requise expressément. Il semble impossible de tirer conséquence de la notion de fraude pour prendre en considération, en plus du dol général, un dol spécial qui mettrait en cause le but poursuivi par l'agent[395]. Cependant, ce point de vue n'est pas partagé par C. DUCOULOUX-FAVARD, pour qui « il n'est pas question de les rendre automatiquement responsables d'une surévaluation qu'ils

[391] F. ANOUKAHA, A. CISSE, N. DIOUF, et al., *op. cit.*, p. 255.

[392] M. DELMAS-MARTY, *op. cit.*, p. 268. (Cfr. Art. 887-4° : « ceux qui, sciemment, pour provoquer des souscriptions ou des versements auront publié les noms de personnes désignées contrairement à la vérité comme étant ou devant être attachées à la société à un titre quelconque ; ceux qui, frauduleusement, auront fait attribuer à un apport en nature, une évaluation supérieure à sa valeur réelle ».) Cependant, lire à ce propos C. DUCOULOUX-FAVARD, *op. cit.*, p. 83.

[393] La législation française antérieure à 1966 qui requérait les *manœuvres frauduleuses* était mieux adaptée à son cas.

[394] F. ANOUKAHA, A. CISSE, N. DIOUF, et al., *op. cit.*, p. 255.

[395] F. ANOUKAHA, A. CISSE, N. DIOUF, et al., *op. cit.*, p. 256.

auraient dû savoir excessive. C'est le terme « frauduleusement », et non pas « sciemment », qui a été retenu par le législateur. Il doit être interprété strictement. C'est d'ailleurs ce que font les tribunaux en recherchant quelle connaissance objective les experts avaient lorsqu'ils ont procédé à l'évaluation. C'est encore l'affaire Willot précitée qui va nous permettre d'illustrer ce point. La cour a pris soin de relever que les commissaires aux apports « connaissaient la vétusté du matériel qui constituait l'essentiel de la société, matériel dont, à quelque unité près, la date de mise en service remontait à plus de vingt années... » qu'ils savaient que les titres apportés à la société Saint-Frères pour une valeur de 20.594.375 francs avaient été acquis quelques semaines auparavant par la société Agache-Willot pour une somme de 12.368.000 francs et qu'à la même époque, les frères Willot les achetaient encore au prix de 175 francs l'unité « ...qu'enfin » les commissaires ont admis l'évaluation des actions de la société Soparge à 2 358 francs l'unité alors que, sachant que ces titres avaient été acquis quelques jours auparavant à une valeur de 1 657 francs, compte tenu de la valeur véritable des actions du Consortium Général Textile contre lesquelles ils avaient été échangés, ils n'ont fait aucune mention de ces circonstances dans leur rapport ».

SECTION 2. DES INFRACTIONS LIEES A LA GESTION DES SOCIETES

§1. Des abus des biens et du crédit de la société

I. Définitions et caractères de l'incrimination

323. En droit français, derrière l'expression communément utilisée d'abus de biens, il y a deux délits distincts : l'abus de biens ou de crédit et l'abus de pouvoir ou de voix. Ainsi, par exemple, l'article 437 de la loi du 24 juillet 1966 dispose sous le troisièmement :

> « Le président, les administrateurs ou directeurs ou directeurs généraux d'une société anonyme qui, de mauvaise foi, auront fait des biens ou du crédit de la société, un usage qu'ils savaient contraire à l'intérêt de celle-ci, à des fins personnelles ou pour favoriser une autre société ou entreprise dans laquelle, ils étaient intéressés directement ou indirectement ».

Et sous le quatrièmement :

> « Le président, les administrateurs ou les directeurs généraux d'une société anonyme qui, de mauvaise foi, auront fait des pouvoirs ou des voix

dont ils disposaient en cette qualité un usage qu'ils savaient contraire aux intérêts de la société, à des fins personnelles ou pour favoriser une autre société ou entreprise dans laquelle ils étaient intéressés directement ou indirectement. »

324. Or cette distinction légale ne porte que sur les modalités de l'infraction et non sur les éléments matériel et moral qui sont absolument identiques pour les deux délits. Par contre, elle repose sur l'analyse des pouvoirs de gestion tels que la loi sur les sociétés commerciales les définit.

325. En effet, « les pouvoirs des dirigeants des sociétés de capitaux se différencient en pouvoirs externes (« représenter » la société, par la signature sociale notamment) et en pouvoirs internes (« décider », seul ou en collège et agir en toutes circonstances). Il est clair que les articles 425 et 437 des lois susmentionnées en droit français ne font que reproduire la répartition des articles 98 et 113 ainsi que les articles 124 et 126 organisant la répartition des pouvoirs dans la société anonyme. Or, pénalement, cette distinction n'a aucune raison d'être et c'est bien pourquoi les tribunaux poursuivent généralement sous la qualification globale « d'infraction à la législation des sociétés commerciales, article 437 » ou « d'abus de biens et autres infractions à la législation des sociétés commerciales ».

D'ailleurs, dans la vie des entreprises, le dirigeant qui possède la signature sociale et le pouvoir de décider et d'agir en toutes circonstances ne se soucie pas de cette distinction figurant dans les textes légaux. « Au surplus, l'abus des biens sociaux[396] est un délit de gestion frauduleuse qui comporte nécessairement de nombreux actes au point que ceux-ci peuvent, la plupart du temps, entrer sous d'autres qualifications pénales. Aussi est-il rare que le délit d'abus de biens ne s'accompagne pas d'autres infractions telles que la non information des associés, la non-tenue des assemblées générales annuelles, le faux en écriture, la présentation de faux bilans, l'entrave à l'exercice du contrôle du commissariat aux comptes, sans parler de la banqueroute »[397]. En droit OHADA, seuls l'abus de biens sociaux[398], et celui du crédit de la société ont été retenus, et pas celui de pouvoirs sociaux ni celui de voix.

326. Par ailleurs, c'est un délit qui ne peut se perpétrer longtemps que si peu de personnes y participent et en profitent. Une telle gestion

---

[396] KLUWER, *op. cit.*, p. 49.
[397] C. DUCOULOUX-FAVARD, *op. cit.*, p. 88.
[398] KLUWER, *op. cit.*, p. 49.

frauduleuse est généralement le fait du petit groupe de ceux qui dominent, à eux seuls, la gestion. « Mais cela nécessite souvent la complicité des salariés, ceux du service comptable notamment, ainsi que le laxisme des commissaires aux comptes peu pointilleux. C'est en effet, un contrôle défectueux de la gestion qui permet les abus de biens sociaux. Le législateur en a pris conscience et c'est pourquoi il cherche à renforcer, par tous moyens, le contrôle du commissariat aux comptes, à lui donner toute l'efficacité souhaitable. Ce qui va de pair avec un renforcement notable de la responsabilité des commissaires même sur le plan pénal »[399].

II. Domaine propre du délit d'abus de biens sociaux

327. Le délit d'abus de biens sociaux est une infraction propre à ceux qui détiennent le pouvoir dans les sociétés de capitaux. Il n'existe donc qu'au sein des sociétés de capitaux, y compris d'ailleurs les sociétés d'économie mixte[400] dont la nature juridique est de droit privé. L'abus de biens sociaux est par contre impossible à commettre dans une société de personnes[401]. « Cette dualité de régime s'explique : il n'est pas tellement anormal que l'associé gérant d'une société en nom collectif, responsable indéfiniment sur son propre patrimoine, se sente un peu « chez lui » dans cette société puisqu'il peut être amené à supporter, dans son patrimoine, les conséquences fâcheuses d'actes accomplis pour le compte de la société. Dans le cas où le gérant n'est pas associé, il suffit souvent de constater que les actes de gestion créent une confusion de patrimoine (celui de la personne physique et celui de la personne morale) pour retenir la responsabilité solidaire et indéfinie du gérant de la société. Du fait de la « petite » personnalité morale des sociétés de personnes, les règles de droit commun de la responsabilité solidaire sont suffisamment protectrices. Il n'est fait alors appel au droit pénal qu'en cas d'actes manifestement dictés par la mauvaise foi ; les délits d'escroquerie, d'abus de confiance, de faux en écriture peuvent être appliqués sans recourir à des qualifications délictuelles spécifiques au droit des af-

---

[399] C. DUCOULOUX-FAVARD, *op. cit.*, p. 88.

[400] T.G.I. Paris, 11ème ch., 18 juin 1985, condamnant le président de la Semeaso ; inédit.

[401] C'est sans aucun doute la raison pour laquelle l'article 891 de l'AUSCGIE cite les administrateurs, le président directeur général, le directeur général, l'administrateur général ou l'administrateur général adjoint, qui sont tous des dirigeants de sociétés de capitaux.

faires. Ces propos peuvent être illustrés par un exemple tiré d'un arrêt de la Cour d'Appel de Paris[402], laquelle a condamné un gérant de commandite simple à huit mois de prison avec sursis et 10.000 francs d'amende pour abus de confiance. Celui-ci détenait pourtant 98, 39 pour cent du capital de la commandite dont il était gérant unique. Or il fit don, au nom de la société, d'une somme de 90.000 francs à un aéro-club. Les juges ont estimé que, « bien que gérant détenant dans la société une très large part du capital, il ne pouvait disposer des fonds de la société que dans l'intérêt de celle-ci et dans le sens de son mandat ». Le don de 90.000 francs constituait donc un détournement de fonds, ceux-ci appartenant à la société et non au gérant, même fortement majoritaire.

Ces mêmes actes, s'ils avaient été perpétrés par un P.D.G.[403] même majoritaire d'une société anonyme, auraient été qualifiés d'abus de biens sociaux. Sur le plan de la morale des affaires, il n'y a guère de différence entre un abus de confiance commis par un gérant de S.N.C. et des abus de biens réalisés par un administrateur de S.A. Par contre, sur le plan juridique, il est plus difficile de qualifier un acte de gestion de détournement que d'usage contraire à la finalité sociale »[404].

III. Eléments constitutifs

A. La qualité de dirigeant de la société victime de l'abus

328. Comme nous venons de le voir, cette incrimination étant propre aux sociétés de capitaux, la qualité des dirigeants va donc constituer un premier élément constitutif du délit. L'article 891 parle des administrateurs, le président directeur général, le directeur général, l'administrateur général ou l'administrateur général adjoint, les dirigeants de fait compris (du moins en droit français ; pour ce qui est du droit OHADA, lire les développements *infra*). C'est pour cette raison que les tribunaux commencent toujours par motiver leur condamnation pour abus de biens sociaux en relevant la qualité de dirigeant de droit ou de fait des inculpés.

329. En outre, il est à noter encore que pour être punissable d'un abus de biens sociaux, il ne suffit pas d'avoir la qualité de dirigeant dans le groupe mais être dirigeant, de droit comme de fait, dans la

---

402 C. appel Paris, 9ème ch., 7 nov. 1978 confirmatif, inédit.

403 P.D.G. : « administrateur d'une S.A, personne physique élue par le conseil d'administration parmi ses membres » (H. A. BITSAMANA, *op. cit.*, p. 163).

404 C. DUCOULOUX-FAVARD, *op. cit.*, p. 89.

société victime des abus. Ainsi dans l'affaire GEEP Industrie[405] les juges révélèrent que Chazal « n'a pu commettre le délit d'abus de biens sociaux à l'occasion de la souscription des parts de la S.A.R.L. Clips puisqu'il n'était pas mandataire ni de droit, ni de fait de la S.A.R.L. GEEP mais occupait un poste d'administrateur d'une autre société »[406].

a. Les dirigeants des sociétés de famille

330. Si le délit d'abus de biens sociaux est réservé par le législateur aux dirigeants de sociétés de capitaux, cela ne signifie pas que les dirigeants des sociétés de famille[407] n'y puissent succomber. Peu importe la forme sociale adoptée, du moment que ces deux conditions sont remplies la société de famille existe. « Or, lorsqu'une telle société se trouve sous la forme d'une S.A., ses membres oublient très vite que la personnalité forte de la société ne leur permet plus de se comporter comme si la société était leur chose et qu'une gestion menée dans leurs seuls intérêts personnels ou familiaux peut conduire à une condamnation pour abus de biens sociaux »[408].Tel est le cas de l'affaire Royer[409] : le dirigeant social d'une société de famille peut être sévèrement condamné (dans cette affaire la peine prononcée a été de deux ans de prison dont six mois fermes). « L'abus de biens sociaux n'est pas seulement un délit qui profite à son auteur, mais il lèse le corps social tout entier. Le contexte de société de famille ne constitue donc pas une circonstance atténuante »[410].

b. Les dirigeants de fait

331. En droit français, il est possible de poursuivre un dirigeant de fait pour abus de biens sociaux. En effet, l'article 431 de la loi du 24 juillet 1966 dispose que toute personne qui, directement ou par personne interposée, aura, en fait, exercé la gestion d'une S.A.R.L. sous

---

405 T.G.I. 11ème ch., 17 mars 1977, inédit.

406 C. DUCOULOUX-FAVARD, *op. cit.*, p. 90.

407 « Les sociétés de famille sont des sociétés dont les capitaux sont presqu'exclusivement entre les mains d'une seule famille et dans lesquelles la pérennité du caractère familial est assurée grâce à un régime de parts sociales qui ne sont cessibles que sur agrément du 'clan familial'. » (C. DUCOULOUX-FAVARD, *op. cit.*, p. 90).

408 C. DUCOULOUX-FAVARD, *op. cit.*, p. 90

409 T.G.I. Paris, 11ème ch., 7 déc. 1976, inédit.

410 C. DUCOULOUX-FAVARD, *op. cit.*, p. 91.

le couvert et en lieu et place de son gérant légal pourra être poursuivi pour abus de biens sociaux et se voir donc appliquer l'article 425, 4°. « Le texte concernant les sociétés par actions est rédigé de façon similaire sous l'article 463. Par conséquent, dès que la gestion active d'une personne est établie, elle peut être qualifiée de dirigeant de fait, poursuivie et sanctionnée au même titre que les dirigeants légaux. La seule difficulté en ce cas consiste à prouver cette gestion de fait : à ce sujet, dès lors que la preuve que certaines personnes ont participé activement à la gestion sociale rapportée, ce qui n'est pas toujours aisé à établir, celles-ci sont assimilées aux dirigeants de droit »[411].

332. Pour établir cette qualité de dirigeant de fait, « les tribunaux doivent analyser de près les rouages de toute l'organisation sociale en même temps qu'ils rechercheront quels actes ont été accomplis par les dirigeants occultes. Par exemple, ils relèveront que le fondateur, qui a très vite disparu des organes de gestion de la société, se trouve avoir participé aux actes délictueux ou en avoir tiré profit. Ou bien ils retiendront que celui qui détient la majorité des part ou actions est celui qui a « proposé » la nomination des dirigeants sociaux et qui a « orienté » leurs actes de gestion. Bien entendu, les délégations de signature, les avances sur comptes, le recrutement du personnel, les lettres signées aux clients ou aux fournisseurs, celles adressées aux banques ou aux conseils juridiques, sont autant d'indices précieux permettant d'étayer la preuve d'une gestion de fait »[412].

333. En droit OHADA, l'article 891 de l'AUSCGIE ne reprend pas le dirigeant de fait parmi les auteurs de cette infraction. Aussi, il est de notre avis qu'en vertu du principe de la légalité des incriminations et des peines, et en vertu de son corolaire qui est le principe de l'interprétation stricte des lois pénales, l'énumération des fonctions faite à l'article 891 est limitative. Le dirigeant de fait pourra être poursuivi non pas en tant qu'auteur principal comme en droit français, mais en tant que complice ou coauteur[413].

---

[411] Ibid.

[412] Id., p. 23.

[413] Comp. articles 21 et 22 du Décret du 30 janvier 1940 portant Code pénal, tel que modifié et complété à ce jour.

B. L'usage des biens et du crédit

a. Les biens sociaux

334. A l'inverse de l'abus de confiance, il ne s'agit pas seulement de choses mobilières remises à la suite d'un contrat[414]. L'usage peut porter sur n'importe quel bien social, même immobilier. Ce sera le cas du P.D.G. qui fait acheter son appartement par la société[415] ou construire villa et piscine comptabilisées à un compte immobilisation intitulé « cités, maisons et habitation »[416].

335. Les biens incorporels, tels les brevets[417], peuvent également être l'objet d'un usage abusif de biens sociaux : est justifiée, a arrêté la Cour de cassation française, « la condamnation pour abus de biens sociaux du P.D.G. d'une société qui, pendant la période visée par la prévention, a perçu à son profit personnel les redevances provenant de la cession de brevet dont les dépenses de recherches, de mise au point et de construction de prototypes avaient été supportées par la société à l'époque antérieure à celle qu'é été retenue par la prévention. « Finalement, par biens sociaux, il faut entendre tout ce qui est dans l'actif social »[418].

b. Le crédit social

336. Il s'entend de la confiance qu'inspire une société du fait de sa capacité financière lui permettant d'emprunter, de contracter des dettes. Use du crédit de la société, le dirigeant qui appose la signature de la société sur un effet de commerce[419] et ce, même si les faits n'ont fait que faire courir un risque à la société. Ainsi en a-t-il été jugé dans l'affaire[420] de la Caisse hypothécaire de crédit. Attendu, ont relevé les magistrats, « qu'il importe peu que les traites acceptées ou avalisées n'aient pu être honorées, leur seule existence ayant fait courir à la so-

[414] En effet, les choses énumérées limitativement à l'article 95 du Décret du 30 janvier 1940 portant Code pénal, tel que modifié et complété à ce jour sont uniquement des choses mobilières : effets, deniers, marchandises, billets, écrits contenant obligation ou décharge. « Ainsi le locataire qui se refuse à quitter les lieux d'un appartement ne commet pas un abus de confiance » (C. DUCOULOUX-FAVRD, *op. cit.*, p. 42).

[415] Affaire du CNRO.

[416] Affaire Schlumpf.

[417] C. appel Colmar, 30 avril 1985.

[418] C. DUCOULOUX-FAVARD, *op. cit.*, p. 92.

[419] Cass. Crim., 10 nov. 1964, *Bull. crim.*, n° 291.

[420] T.G.I. Paris ; 11ème ch., 16 décembre 1977, inédit.

ciété des risques qui ne lui incombaient pas, qu'il est donc établi que courant 1973 M. Wastin a abusé du crédit de la société dans un intérêt personnel ».

337. Il en va de même dans le cas où un dirigeant donne caution à la société pour un emprunt personnel. Ce qui est d'autant plus facile à effectuer que les banques, du fait du pouvoir légal instauré par la loi, acceptent sans formalité particulière ces sortes de caution donnée par ceux qui ont la signature sociale dans les sociétés de capitaux.

C. Le mépris de l'intérêt social

a. Dans les sociétés unitaires

338. Si l'on se place au niveau de la société dans son entité juridique, l'intérêt du corps social n'est autre que celui de la personnalité morale. Et il est admis que l'intérêt de la société ne se confond pas avec celui de ses associés. Si certains considèrent toujours que la société doit aboutir à enrichir ses membres, la réussite commerciale dans une économie où la compétitivité est de règle, est un objectif qui prime bien souvent et que savent défendre les dirigeants sociaux aussi bien que les « managers » salariés. Il est donc possible qu'il existe un abus de biens sociaux dans les sociétés unipersonnelles, « la loi ayant pour but de protéger non seulement les intérêts des associés, mais aussi le patrimoine de la société et des tiers qui contractent avec elles »[421].

b. Dans un groupe de sociétés

340. En se situant sur le plan du groupe de sociétés, l'intérêt du corps social peut s'élargir à l'intérêt du groupe tout entier. « Etant donné que, dans notre économie actuelle, il n'y a pas de société évoluant de manière isolée, la question de savoir à quelle condition l'intérêt d'une société peut être sacrifiée au profit de l'intérêt du groupe se pose de plus en plus souvent. Or, c'est la jurisprudence pénale qui a peu à peu fixé les règles de cette question. C'est à propos de la première affaire Willot[422] que les juges parisiens ont élaboré la règle de droit concernant les limites d'une gestion non frauduleuse en matière de groupe de sociétés. Ces règles jurisprudentielles, désormais

[421] Voy. Cass. Crim., 24 mars 1969, Bull. Crim., n° 130.
[422] T.G.I. Paris, 16 mai 1974 ; Re. Soc. 1975, 657 et J.C.P. 1975-II-11.816.

bien établies, sont appliquées d'une façon constante par les juges répressifs.

341. « Rappelons les trois conditions posées par la jurisprudence Willot : l'acte contraire à l'intérêt social ne peut être justifié au regard du groupe que si : 1° l'on se trouve en présence d'un groupement économique fortement structuré ne reposant pas sur des bases artificielles ; 2° les sacrifices demandés à l'une des sociétés ont bien été réalisés dans l'intérêt du groupe et ont une contrepartie ; 3° ces sacrifices ne font pas courir à la société concernée des risques trop importants pouvant grever son avenir »[423]. Sous une forme ou une autre, ces trois conditions se trouvaient constamment rappelées dans les motivations des juges du fond et la Cour de Cassation, à l'occasion de l'affaire Rozenblum[424], a pour la première fois consacré cette jurisprudence. Dès lors, que ce soit au sein d'une société unitaire ou au sein d'un groupe, l'intérêt social peut se définir comme « la composante des intérêts en présence au sein d'une entité économique donnée, qu'il s'agisse d'une société ou d'un groupe »[425].

c. Le but d'intérêt personnel direct ou indirect

342. Les actes de gestion, pour constituer une infraction pénalement sanctionnable, doivent être des actes déviés de leur finalité, précisément parce que les dirigeants « se servent » de la société comme de leur chose. Ils peuvent le faire directement en utilisant les fonds sociaux pour payer des factures personnelles.

343. L'intérêt personnel direct recherché par le dirigeant peut être, selon la jurisprudence, pécuniaire et directe, mais également professionnelle et morale. Ainsi, l'intérêt personnel du gérant a pu être considéré comme caractérisé à l'égard de l'aliénation gratuite par celui-ci d'une option portant sur le terrain de la société, au bénéfice d'un tiers dont le gérant obtiendra par la suite des fonctions bien rémunérées[426]. De même, l'intérêt personnel peut résulter du souci d'un gérant d'entretenir des relations d'amitié avec un tiers[427]. Par ailleurs,

[423] C. DUCOULOUX-FAVARD, *op. cit.*, p. 95.

[424] Affaire Rozenblum ; T.G.I. Paris, 29 avril 1983, inédit et C. Cass., 4 fév. 1985 ; Gaz. Pal., 1985, p. 6, note J.P. MARCHI.

[425] C. DUCOULOUX-*FAVARD, op. cit.*, p. *95.*

[426] Cass. Crim., 19 déc. 1973, Bull. Crim., n° 480.

[427] Cass. Crim. 19 octobre 1978, Revue des sociétés, 1979, 872, note critique BOULOC qui relève que l'intérêt personnel est bien peu caractérisé, voire présumé

l'intérêt personnel peut résulter du souci d'un gérant d'entretenir une situation au sein de la société et d'entretenir des relations avantageuses avec des personnes influentes[428].

d. La mauvaise foi

344. Les textes précisent que les dirigeants qui peuvent commettre un abus de biens sociaux sont ceux qui ont fait un usage « *qu'ils savaient* » contraire aux intérêts sociaux. La mauvaise foi réside donc dans le fait d'être conscient de la déviance de l'acte de gestion par rapport à sa finalité normale.

345. Par ailleurs, le délit d'abus de biens sociaux vise le titulaire d'une fonction, les dirigeants de droit (ou de fait en droit français) et ceux-ci ne peuvent ignorer en quoi doit constituer une gestion sociale normale et régulière. Aussi leur mauvaise foi se déduit-elle facilement des circonstances de fait et de toutes les autres infractions qui accompagnent généralement le délit d'abus de biens sociaux (non convocation de l'assemblée générale,...).

346. Enfin, à lire les décisions des tribunaux, il est assez frappant de constater que les inculpés ne font que très exceptionnellement preuve de repentir, ils n'ont généralement pas mauvaise conscience d'avoir détourné la gestion sociale de sa voie normale[429].

347. Notons aussi que le préjudice n'est pas un élément constitutif du délit d'abus de biens sociaux, à l'inverse de l'infraction d'abus de confiance[430].

§2. Des incriminations prévues par l'AUSCOOP

348. Adopté le 15 décembre 2010 à Lomé et publié le 15 février 2011 au Journal Officiel de l'Organisation pour l'Harmonisation en Afrique du droit des Affaires, l'Acte uniforme relatif au droit des

et que, au surplus, s'il s'agissait d'une faveur faite à une autre société, il fallait que le gérant soit déjà intéressé dans cette société au moment de l'acte.

[428] Voy. Cass. Crim., 8 décembre 1971, Revue des sociétés, 1972, 514.

[429] Ainsi, dans l'affaire Schlumpf, le tribunal releva comme une attitude « ne pouvant incliner à la clémence », le fait que Fritz Schlumpf « n'a jamais considéré sa collection d'automobiles comme faisant partie intégrante du groupe qu'il s'est tant plu à faire invoquer » par l'intermédiaire de son avocat.

[430] Cass. Crim., 16 fév. 1971 ; J.C.P. 1971. II.16.386 note C. SOUSI et C. appel Colmar, 30 avril 1985, précité.

sociétés coopératives vient s'ajouter à l'ensemble des textes qui constituent l'arcane du droit OHADA.

349. Comprenant 397 articles répartis en quatre parties, cet Acte uniforme régit, dans l'espace OHADA, « toute société coopérative, toute union ou fédération de sociétés coopératives, dont le siège social est situé sur le territoire de l'un des Etats Parties au Traité relatif à l'harmonisation du droit des affaires en Afrique, ci-après désignés les Etats Parties », ainsi que « (...) toute confédération de sociétés coopératives qui fait option de la forme coopérative »[431].

350. La première partie de cet Acte uniforme porte sur les dispositions générales sur la société coopérative. Elle comprend huit titres relatifs, respectivement, à la constitution de la société coopérative[432], au fonctionnement de la société coopérative[433], à l'action en responsabilité civile contre les dirigeants de la société coopérative[434], aux liens de droit entre les sociétés coopératives[435],à la transformation de la société coopérative, à la fusion et à la scission des coopératives, à la dissolution et à la liquidation de la société coopérative[436], et enfin à la nullité de la société coopérative et des actes sociaux. La deuxième partie porte sur les dispositions particulières aux différentes catégories de sociétés coopératives. Elle comporte deux titres portant respectivement sur la société coopérative simplifiée[437], et sur la société coopérative avec conseil d'administration[438]. Les troisièmes et der-

---

431 Article premier de l'Acte uniforme relatif au droit des sociétés coopératives.

432 Ce titre est à son tour réparti en quatre chapitres portant respectivement sur la définition de la société coopérative, la qualité d'associé, les statuts et le règlement intérieur, et sur le registre des sociétés coopératives, leur immatriculation ainsi que leur personnalité juridique.

433 Le second titre comprend quatre chapitres portant respectivement sur les pouvoirs des dirigeants sociaux, l'Assemblée générale, les états financiers de synthèse annuels ainsi que l'affectation du résultat, et enfin les procédures de contrôle préventif.

434 Ce troisième titre ne comprend que deux chapitre : le premier sur l'action individuelle et le second sur l'action sociale.

435 Ce titre ne comprend qu'un seul et unique chapitre portant sur les unions, fédérations, confédérations et réseaux.

436 Ce titre ne comporte que deux chapitres relatifs respectivement à la dissolution de la société coopérative et à sa liquidation.

437 Quatre chapitres constituent la substance de ce titre ; le premier porte sur la constitution, le deuxième sur le fonctionnement de la société coopérative simplifiée, le troisième sur les fusions et scissions, et enfin le dernier chapitre sur la dissolution de la société coopérative simplifiée.

438 Ce titre est le plus important, comprenant huit chapitres portant sur : la constitution de la société coopérative avec conseil d'administration, l'administration

nières parties portent respectivement sur les dispositions pénales et les dispositions diverses, transitoires et finales. C'est la troisième partie sur les dispositions pénales qui va constituer l'objet du présent paragraphe.

I. De l'utilisation indue des expressions contenues dans l'AUSCOOP

351. L'article 386 de l'Acte uniforme dispose : « Encourt une sanction pénale toute personne qui, sans y être habilitée conformément aux dispositions légales et réglementaires applicables à ce type de groupements, aura indûment utilisé les expressions de sociétés coopératives, union de sociétés coopératives, fédération de sociétés coopératives ou de confédération de sociétés coopératives, accompagnées d'un qualificatif quelconque, ainsi que toutes les dénominations de nature à laisser entendre qu'il s'agit d'un des groupements cités dans le présent article ». Aux termes de cet article, nous pouvons dégager les éléments suivant comme faisant partie de cette nouvelle incrimination :

- La forme de la société ou de groupement autre que celle de société coopérative. La définition de la coopérative est donnée par l'article 4 de l'acte uniforme sous examen. Celui-ci considère comme coopérative un groupement autonome de personnes volontairement réunies pour satisfaire leurs aspirations et besoins économiques, sociaux et culturels communs, au moyen d'une entreprise dont la propriété et la gestion sont collectives et où le pouvoir est exercé démocratiquement et selon les principes coopératifs[439] ;
- L'utilisation indue des expressions de société coopérative, union ou de fédération de sociétés coopératives[440], de confédération de

---

et la direction de la société coopérative avec conseil d'administration, l'assemblée générale, la dissolution des sociétés coopératives avec conseil d'administration, la responsabilité, et les dispositions relatives aux parts sociales.

[439] Cette définition ne diffère pas de celle du droit français qui la considère, plus généralement, comme une société qui contribue à la satisfaction des besoins et à la promotion des activités économiques et sociales de ses membres ainsi qu'à leur formation (Art. 1 de la loi n° 47-1775 du 10 septembre 1947 portant statut de la coopération). Dans les deux législations, les coopératives ne connaissent pas de limitation d'objets. Mais, à la différence du droit français, le droit OHADA permet aux coopérateurs de traiter avec des usagers non coopérateurs mais dans les limites qu'il fixe.

[440] L'union ou la fédération sont des groupes que créent deux ou plusieurs coopératives dans le but respectivement d'exercer subsidiairement à leur objet toute sorte d'activités économiques (union : Art. 136 de l'AUSCOOP) et de coordonner

sociétés coopératives[441], ainsi que toutes dénominations de nature à laisser entendre qu'il s'agit de l'un des groupements cités dans l'article 386 de l'AUSCOOP.

Il ne s'agit pas d'un délit de fonction ; en effet, l'article 386 parle de « toute personne ».

II. Du renvoi à l'AUSCGIE

352. L'article 387 de l'AUSCOOP dispose : « Sous réserve des dispositions spécifiques prévues à l'article 386 ci-dessus, sont applicables aux sociétés coopératives ainsi qu'à leurs unions, fédérations et confédérations, les dispositions non contraires des articles 886 à 905 de l'Acte uniforme relatif au droit des sociétés commerciales et du groupement d'intérêt économique ». Par conséquent, toute l'étude menée sur les articles 886 à 905 de l'AUSCGIE doit être reportée ici. Il suffira donc de se reporter aux paragraphes précédents.

SECTION 3. DES INFRACTIONS RELATIVES A LA COMPTABILITE ET AU CAPITAL DE LA SOCIETE

§1. De la distribution des dividendes fictifs

353. L'article 889 de l'AUSCGIE dispose : « Encourent une sanction pénale, les dirigeants sociaux qui, en l'absence d'inventaire ou au

---

leurs activités ou celle des unions affiliées qu'elles créent notamment en veillant à l'application des principes coopératifs, en leur fournissant assistance pour leur constitution et leur gestion, en protégeant leurs intérêts auprès des organismes publics et privés, en offrant leurs bons offices en cas de différends, en contrôlant même leur gestion avec la possibilité de déclencher la procédure d'alerte (fédération : Art. 144 à 145 de l'AUSCOOP). L'union peut être membre d'une fédération. La qualité de ses membres peut aussi aider à la distinguer de cette dernière. L'union ne regroupe que les coopératives qui poursuivent les mêmes objets tandis que la fédération, elle, regroupe les coopératives pouvant avoir différents objets et les unions.

[441] L'acte uniforme s'applique aussi à des confédérations qui optent pour la forme coopérative. Celles-ci sont composées des fédérations. Néanmoins, elles peuvent accepter les sociétés coopératives et les unions se trouvant dans les difficultés de former ou d'adhérer aux fédérations. Elles ont pour missions entre autres de défendre les intérêts de leurs membres et de vulgariser la législation sur les coopératives et suivre son évolution[441]. Sont aussi concernés par l'acte uniforme les réseaux coopératifs de moyens ou d'objectifs regroupant les coopératives, leurs unions, fédérations et confédérations qui n'ont pas le même lien commun. Ces réseaux sont organisés par les articles 160 à 166 de l'AUSCOOP.

moyen d'inventaire frauduleux, auront, sciemment, opéré entre les actionnaires ou les associés la répartition de dividendes fictifs. » En droit français, il s'agit des articles 437, 1° et 425, 2°, Loi du 24 juillet 1966.

354. En sus des éléments matériel (B) et intentionnel (C) pour la réalisation de cette infraction, un élément préalable est nécessaire : le caractère fictif ou l'inexactitude de l'inventaire (A). A première vue, cette infraction repose sur des bases identiques à l'incrimination de présentation ou de publication d'états financiers sauf que la fraude consiste à aller un peu plus loin que la présentation de comptes inexacts. Pourtant, l'assimilation des premiers éléments constitutifs du délit de répartition de dividendes fictifs avec ceux de la présentation de faux bilan ne peut être totale.

I. De l'élément préalable : absence d'inventaire ou inventaire frauduleux

A. De l'absence d'inventaire

355. L'inventaire étant considéré dans son sens large (toute situation permettant de connaitre l'état du patrimoine de la société), son défaut à l'occasion de distribution de dividendes fictifs se rencontre rarement[442].

B. De l'inexactitude de l'inventaire

356. En droit français, le texte fait référence ici à l'inventaire et non, comme dans le cas précédent, aux comptes annuels (et antérieurement à 1983, au bilan). Certes, l'inventaire, qui a pour objet de recenser en détail les valeurs d'actif et de passif, est une pièce comptable qui sert de base pour établir l'actif, c'est-à-dire un des éléments du bilan. Dès lors, si l'inventaire est inexact, le bilan le sera également. Reste à savoir si, en pratique, un bilan inexact, sur base duquel seraient distribués des dividendes, pourrait reposer sur un inventaire exact... dans l'affirmative, l'interprétation stricte de la loi pénale conduirait à écarter ce cas d'une quelconque répression. Le problème se pose dans les mêmes termes lorsque des réserves faites sur des bénéfices antérieurs sont distribués et que cette répartition est présentée aux associés comme s'il s'agissait de bénéfices de l'exercice écoulé. Les réserves ne figurent pas forcément dans l'inventaire, mais

[442] F. ANOUKAHA, A. CISSE, N. DIOUF, et al., *op. cit.*, p. 283.

dans le bilan. Cette répartition, faussement présentée comme une répartition de bénéfices est répréhensible, mais l'interprétation stricte de la loi ne permet pas d'utiliser l'incrimination de répartition de dividendes fictifs[443].

357. L'inventaire frauduleux est plus fréquent et se rencontre plus que l'inventaire absent. L'inexactitude de l'inventaire s'accompagne donc de la mauvaise foi de son auteur puisque le texte renvoie à la fraude. Cette fraude peut se manifester par une majoration ou une minoration de l'actif.

358. La majoration de l'actif peut résulter d'une surévaluation d'éléments réels de l'actif (par exemple la surévaluation de stocks et de la valeur des titres ou encore l'inscription des frais généraux comme frais et travaux de premier établissement, etc.). Mais elle peut aussi se traduire par une simulation de l'existence d'éléments d'actif, en réalité inexistants, par exemple, l'inscription à l'actif de créances en réalité irrécouvrables ou la simulation de stocks inexistants, etc.[444]

La minoration du passif se fait par exemple par l'omission de l'inscription d'une charge, en reportant une partie des frais généraux sur le compte de l'exercice suivant, ou en sous-évaluant le montant d'une dette.[445]

II. De l'élément matériel

359. L'élément matériel consiste dans un acte de distribution de dividendes qui doivent revêtir un caractère fictif. Pour que l'on retienne un acte de distribution, il n'est pas nécessaire que les dividendes mis à disposition des actionnaires aient été effectivement perçus ; l'essentiel c'est « qu'un droit privatif soit créé au profit des actionnaires ». Le délit peut même se réaliser par compensation : si tel n'était pas le cas, l'attitude des bénéficiaires (négligence ou volonté) retarderait la consommation du délit. L'infraction sera donc réalisée par la décision des gérants ou du conseil d'administration ordonnant le paiement des dividendes, même en cas de vote par l'assemblée générale d'un quitus ou d'une décision approuvant cette répartition. Par contre, il n'y a pas d'infraction lorsque les dirigeants ne procèdent pas à la répartition, même si l'autorisation de répartition a été votée[446].

---

[443] C. DUCOULOUX-FAVARD, *op. cit.*, p. 107.
[444] F. ANOUKAHA, A. CISSE, N. DIOUF, et al., *op. cit.*, p. 283.
[445] Id., p. 284.
[446] Ibidem.

Ainsi, le point de départ de la prescription de l'action publique commence le jour de la mise à la disposition des associés des dividendes.

360. Le caractère fictif des dividendes. La fictivité des dividendes ne repose pas seulement sur l'absence d'inventaire ou son caractère frauduleux. Il faut, en outre, que les dividendes ne correspondant à aucun bénéfice réellement existant. Autrement dit, pour reprendre l'expression de MM. Rousselet et Patin[447], le « capital doit avoir été amené ».

361. Le dividende correspond à la part du bénéfice social que l'on attribue à chaque actionnaire ou associé. L'article 144 de l'AUSCGIE fixe les conditions dans lesquelles cette répartition doit s'effectuer. En effet, c'est « après approbation des états financiers de synthèse et constatation de l'existence de sommes distribuables que l'assemblée générale détermine…la part de bénéfice à distribuer, selon le cas aux actions ou aux parts sociales ». Et l'article conclut que « tout dividende distribution en violation de ces règles est un dividende fictif ». Il ressort de cet article que deux conditions doivent être remplies pour que les dividendes ne soient pas considérés comme fictifs. D'abord une condition liée à la procédure de prise de la décision de distribution. Ensuite, une condition de fond relative à la réalité du bénéfice :

- La violation de la condition de forme : la sanction d'une condition de forme par des dispositions pénales semble excessive ou tout au moins dénote du caractère très formalité de l'AUSCGIE. L'article 144 détermine la procédure à suivre pour pouvoir attribuer la part de chaque associé ou actionnaire dans le bénéfice. Il fait au préalable une approbation des états financiers et une constatation de l'existence de sommes distribuables par l'assemblée générale. Et lorsque ces règles ne sont pas respectées, tout dividende distribué est fictif. Cette violation peut se traduire par une répartition de bénéfices contrairement à une décision de l'assemblée des actionnaires ou tout simplement avant l'approbation des états financiers.
- La violation de la condition de fond : en général, le caractère fictif des dividendes des irrégularités de fond liées au bénéfice. Alors, est fictif tout dividende distribué lorsque le bénéfice lui-même est fictif ou qu'il n'est pas encore réalisé.[448]

---

[447] Il en était ainsi également dans la législation antérieure ; voir Cass. Crim., 22 janvier 1937 ; S. 38.1.293, note LEGAL.
[448] F. ANOUKAHA, A. CISSE, N. DIOUF, et al., *op. cit.*, p. 285.

362. La distribution de dividendes est étroitement liée à l'existence du bénéfice. Lorsque celui-ci fait défaut, le dividende sera prélevé sur le capital ou les réserves légales de la société. « Toutefois, les tantièmes qui constituent une partie de la rémunération des administrateurs et qui sont tirés du bénéfice distribuable, ne constituent pas des dividendes fictifs. Ils sont destinés aux administrateurs, alors que l'article 899 vise les actionnaires et les associés. Par contre, en ce qui concerne les réserves définies comme des bénéfices non distribués ou l'excès de la situation nette sur le capital social dont l'exigibilité est retardée, le caractère fictif ou non du dividende tiré sur elles varie en fonction de leur nature. Ainsi, les dividendes tirés des réserves occultes ne le sont pas. Il en est de même des réserves libres à la condition que la décision de l'assemblée « indique expressément les postes de réserve sur lesquels les prélèvements sont effectués ». Le bénéfice non réalisé constitue également le délit, l'acte de distribution des dividendes tirés de bénéfices existants en dehors de toute exigence de réalisation effective. En effet, la réalisation du bénéfice est une condition de régularité de la distribution. Toutefois, la notion de bénéfice réalisé n'est pas aisée à déterminer car il ne fait pas confondre la réalité du bénéfice avec sa liquidité. C'est ce qui fait qu'un bénéfice réalisé puisse ne pas se trouver matériellement dans les caisses de la société. Par ailleurs, la constatation de l'existence doit se faire annuellement. De ce fait, la distribution d'acomptes ou dividendes intercalaires semble être prohibée car contraire au principe d'annualité de constatation du dividende. En plus, les dividendes distribués doivent exister actuellement, ce qui rend irrégulière la distribution de bénéfices futurs.

III. De l'élément intentionnel

363. La nécessité d'une intention délictueuse [449] résulte, à l'évidence, de l'emploi des termes « fictifs, frauduleux, et sciemment » [450]. Cette mauvaise foi consiste dans la connaissance, par l'auteur, tant du caractère fictif des dividendes que de l'inexactitude de l'inventaire ou du bilan ou des conditions dans lesquelles la distribution des dividendes a été décidée. C'est pourquoi la

[449] Voy. FOUGERE, « *Gestion financière : dividendes fictifs ; sanctions pénales* », *JCP,* 1986, 2, 021994, p. 5, n°37. (Cité par F. ANOUKAHA, A. CISSE, N. DIOUF, et al., *op. cit.*, p. 286).

[450] Cass. Crim., 23 juin 1883, DP, 83, 1, 425 ; 18 janv. 1894, *DP*, 95, 1759.

jurisprudence a décidé que la mauvaise foi de l'administrateur doit se situer à la date de la confection du bilan[451] et que l'irrégularité de celui-ci n'apparait que plus tard. Il ne saurait se prévaloir de sa bonne foi au moment de la confection si, sachant par la suite le caractère fictif des dividendes, il met effectivement en distribution les dividendes votés[452].

364. La jurisprudence considère aussi que la négligence dont ont pu se rendre coupables certains administrateurs en ne vérifiant pas convenablement les écritures comptables, négligence susceptible d'engager leur responsabilité civile, ne saurait justifier leur maintien dans les tiers de la prévention[453]. Par ailleurs, il n'y a pas de présomption de mauvaise foi tirée de la seule qualité d'administrateur du prévenu. Toutefois, certaines irrégularités sont de nature telle qu'elles rendent vraisemblables l'esprit de fraude chez ceux qui ont établi le bilan. Mais même dans ce cas, la preuve de la bonne foi peut être admise[454].

365. La jurisprudence considère que la mauvaise foi ressort de la fonction de gérant ou d'administrateur[455] au jour de la décision du conseil créant un droit privatif au profit des actionnaires, de l'omission d'établir un inventaire[456] ou de la nature et du nombre de fraudes portées sur les inventaires[457]. Et la bonne foi a été admise au profit du prévenu ayant joué un rôle effacé dans l'administrateur de la société[458], de son absence aux réunions du conseil d'administration. Les employés à la comptabilité ou les cabinets d'experts comptables qui en sont chargés pourront être poursuivis du chef de la complicité[459].

---

[451] Cass. Crim., 25 juin 1927, Gaz. Pal., 1927, 2, 726.

[452] Voy. Cass. Crim., 28 mars 1936, Rev. Spéc. Sociétés, 1936, 454.

[453] Cass. Crim., 24 avril 1891, *DP*, 93, 1, 49 ; 2 juillet 1898 et Riom, 27 avril 1898, DP, 1901, 1, 49 ; 21 juil. 1898 et Riom, 27 avr. 1898, *DP,* 1901, 1, 537.

[454] F. ANOUKAHA, A. CISSE, N. DIOUF, et al., *op. cit.*, p. 286.

[455] Voy. Cass. Crim., 30 mai 1930, Revue des sociétés, 1930, 325 ; 18 janvier 1894, *DP,* 95, e, 159 ; Rev. Sociétés, 1894, 112.

[456] Paris, 13 juillet 1938, *Gaz. Pal.,* 1938, 2, 194 ; Cass. Crim., 24 juill. 1885, Revue des sociétés, 1887, 6.

[457] Cass. Crim., 31 mars 1933, Gaz. Pal., 1933, 1, 973.

[458] Cass. Crim., 18 janv. 1894, S., 94, 1, 256.

[459] C. DUCOULOUX-FAVARD, *op. cit.*, p. 108.

§2. Des infractions relatives aux modifications du capital

366. Le droit des sociétés consacre le principe de l'intangibilité du capital social. Cependant, « la nécessité des affaires conduit souvent à le modifier. Mais pour protéger les créanciers et les tiers, la loi sanctionne pénalement le mécanisme juridique qu'elle organise »[460] dans la mesure où de telles modifications risquent de léser ces derniers. C'est pourquoi toute modification du capital est strictement réglementée. « Et le droit pénal, à l'image du droit commercial, distingue les cas d'augmentation et de réduction du capital »[461].

I. L'augmentation du capital

367. Elle peut se faire par plusieurs procédés : nouveaux apports en nature, incorporation des réserves, souscriptions nouvelles, concessions d'obligations en actions. Mais quel que soit le procédé, l'augmentation implique une émission d'actions nouvelles qui risque de nuire aux anciens actionnaires. Dès lors, comme mors de la constitution, tous les intéressés doivent être protégés. C'est ainsi que l'émission d'actions est compensée par le droit préférentiel de souscription.

A. L'émission d'actions nouvelles

368. Il existe des incriminations spécialement attachées à l'émission d'actions ou de coupures d'actions au moment de l'augmentation du capital (article 893 AUSCGIE). « L'infraction nécessite un élément matériel, l'émission d'actions ou de coupures d'action et un élément moral, une simple faute d'imprudence. Le texte ne requiert plus l'existence d'irrégularités qui apparaissent comme des conditions préalables »[462]. L'on retrouve parmi ces irrégularités le non-établissement du certificat de dépositaire ou le défaut de contrat de garantie, et le non-accomplissement des formalités préalables à l'augmentation du capital. Ensuite, l'on retrouve aussi « les irrégularités relatives à l'émission d'actions sans que le capital soit antérieurement souscrit ou soit intégralement libéré ou sans que les nouvelles actions d'apport aient été intégralement libérées avant

---

[460] Trib. Corr. Paris, 20 novembre 1980, inédit, une affaire concernant une filiale vietnamienne.
[461] F. ANOUKAHA, A. CISSE, N. DIOUF, et al., *op. cit.*, p. 291.
[462] F. ANOUKAHA, A. CISSE, N. DIOUF, et al., *op. cit.*, p. 291.

l'inscription modificative au registre de commerce, ou sans que les nouvelles actions d'apport aient été intégralement libérées avant l'inscription modificative au registre de commerce, ou sans que les actions nouvelles de numéraire aient été libérées, lors de la souscription d'un quart au moins de leur valeur nominale et, le cas échéant, de la totalité de la prime d'émission[463]. Enfin, les irrégularités en cas de non maintien des actions de numéraire en la forme normative jusqu'à leur entière libération »[464].

B. Le droit de souscription préférentiel

369. Le droit préférentiel qui est reconnu soit aux actionnaires, soit aux obligataires, est prévu par les articles 894 et 895 de l'AUSCGIE. Aussi allons-nous aborder dans un premier plan le droit référentiel des actionnaires (a) puis celui des obligataires (b).

a. Le droit préférentiel des actionnaires

370. L'article 573 dispose : « Les actionnaires ont, proportionnellement au montant de leurs actions, un droit irréductible de préférence à la souscription des actions de numéraire émises pour réaliser une augmentation de capital ». D'un autre côté, l'article 586 de l'AUSCGIE donne pouvoir à l'assemblée générale de supprimer le droit préférentiel de souscription. Le droit pénal intervient pour protéger ces deux aspects du droit des actionnaires, à savoir sa reconnaissance et sa suppression qui sont pénalement contrôlés.

371. La reconnaissance du droit préférentiel est prévue par l'article 894-1 et 3 de l'AUSCGIE qui dispose :

> « Encourent des sanctions pénales, les dirigeants sociaux qui, lors d'une augmentation de capital :
>
> • 1° n'auront pas fait bénéficier les actionnaires, proportionnellement au montant de leurs actions, d'un droit préférentiel de souscription des actions de numéraire lorsque ce droit n'a pas été supprimé par l'assemblée générale et que les actionnaires n'y ont pas renoncé ; (...)
>
> • 3° n'auront pas attribué les actions rendues disponibles, faute d'un nombre suffisant de souscription à titre irréductible, aux actionnaires qui ont souscrit à titre réductible un nombre d'actions supérieur à celui qu'ils

[463] Comp. KLUWER, *op. cit.*, pp. 143, 147 et s.
[464] F. ANOUKAHA, A. CISSE, N. DIOUF, et al., *op. cit.*, p. 291.

pouvaient souscrire à titre irréductible, proportionnellement aux droits dont ils disposent ; (…) ».

372. Cet article incrimine l'attitude de certains dirigeants sociaux lors d'une augmentation de capital [465]. « L'élément matériel de l'infraction consiste en une omission : ne pas réserver aux actionnaires un délai de vingt jours, à dater de l'ouverture de la souscription, pour l'exercice de leur droit ; ne pas faire bénéficier les actionnaires, proportionnellement au montant de leurs actions, d'un droit de préférence à la souscription des actions en numéraire, … Pour ce qui est de la suppression du droit préférentiel, l'AUSCGIE requiert un rapport en vue de la suppression du droit de préférence des actionnaires [466]. C'est ainsi que l'article 895 de l'AUSCGIE punit les dirigeants sociaux qui auront donné ou confirmé des indications inexactes dans les rapports présentés à l'assemblée générale appelée à décider de la suppression du droit préférentiel de souscription. Mais si l'infraction suppose la mauvaise foi, car devant être commise 'sciemment' »[467].

373. Il faut cependant faire remarquer que l'article 895 ne vise pas les commissaires aux comptes, alors que ceux-ci peuvent être amenés à faire un rapport au même titre que le conseil d'administration ou l'administrateur général (Article 588). C'est ainsi que F. ANOUKAHA, A. CISSE, N. DIOUF estiment que vraisemblablement, comme c'est le cas en France, les commissaires aux comptes devraient pouvoir être sous la menace de cette infraction[468].

b. Le droit préférentiel des obligataires

374. Il est possible de prévoir dès l'emprunt la transformation ultérieure des obligations en actions selon certaines conditions. Ce sont justement ces actions convertibles qui sont concernées par l'article 894 de l'AUSCGIE[469]. L'article 894 ne semble protéger que le droit préférentiel de souscription des actionnaires et non leurs droits dans le

---

[465] En droit sénégalais, la peine prévue pour ce délit est une amende de 100.000 à 1 000.000 de francs CFA (article 9 de la loi 98-22 du 26 mars 1998 portant sur les sanctions pénales applicables aux infractions contenues dans l'Acte uniforme relatif aux droits des sociétés commerciales et du groupement d'intérêt économique).

[466] Article 588 de l'AUSCGIE. L'article 589 de l'AUSCGIE en fixe le contenu.

[467] F. ANOUKAHA, A. CISSE, N. DIOUF, et al., *op. cit.*, p. 292.

[468] Id., p. 293.

[469] Notons que les actions échangeables sont prises en considération en droit étranger, notamment la loi de 1966 en son article 450-6° en droit français.

capital social. « En effet, l'article 894 incrimine de la part des dirigeants sociaux le fait de ne pas réserver les droits des titulaires de bons de souscription »[470].

II. La réduction du capital

375. L'AUSCGIE prévoit un minimum de capital social en fonction du type de société. L'article 628 de l'AUSCGIE dispose :

> « La réduction du capital est autorisée ou décidée par l'assemblée générale extraordinaire, qui peut déléguer au conseil d'administration ou à l'administrateur général, selon le cas, tous pouvoirs pour la réaliser.
>
> En aucun cas elle ne peut porter atteinte à l'égalité des actionnaires sauf consentement exprès des actionnaires défavorisés. »

376. Aux termes de l'article 627, la réduction résulte soit de la diminution de la valeur nominale des actions, soit de la diminution du nombre des actions. L'article 639 al. 2 prévoit exceptionnellement la possibilité de réduire le capital social par l'achat ou la prise en gage par la société de ses propres actions. C'est le cas du rachat de ses actions par une société.

377. Dans tous les cas, les articles 629 et suivants fixe des conditions de fond et de forme en vue de la diminution du montant nominal ou du nombre des actions en vue de réduire le capital. Ces règles se voient renforcées par l'article 896 de l'AUSCGIE qui vient sanctionner pénalement les administrateurs et le président directeur général de mauvaise foi qui auraient violé les règles de fond et de forme des articles 629 et suivants. En effet, l'article 896 dispose :

> « Encourent une sanction pénale, les administrateurs, le président-directeur général, le directeur général, l'administrateur général ou l'administrateur général adjoint qui, sciemment, auront procédé à une réduction de capital :
>
> • 1° sans respecter l'égalité des actionnaires ;
>
> • 2° sans avoir communiqué le projet de réduction de capital aux commissaires aux comptes quarante-cinq jours avant la tenue de l'assemblée générale appelée à statuer sur la réduction de capital. »

378. « La condition de fond est relative au non-respect de l'égalité des actionnaires, alors que la condition de forme concerne l'omission de communiquer le projet de réduction du capital social aux commis-

---

[470] F. ANOUKAHA, A. CISSE, N. DIOUF, et al., *op. cit.*, p. 293.

saires aux comptes quatre-vingt jours au moins avant la réunion de l'assemblée appelée à statuer »[471]. Contrairement à l'article 454-3° de la loi française de 1966, l'AUSCGIE ne vise pas l'omission d'assurer la publicité de la décision de réduction du capital au registre de commerce et dans un journal d'annonces légales.

379. Enfin, « il convient de distinguer la réduction du capital d'une opération voisine, l'amortissement du capital défini par l'article 651 comme l'opération par laquelle la société rembourse aux actionnaires tout produit de la liquidation future de la société. Mais l'amortissement ne fait pas l'objet d'une protection pénale dans le cadre de la loi uniforme »[472].

SECTION 4. DES INFRACTIONS RELATIVES A LA DISPARITION DE LA SOCIETE

§1. De la banqueroute

I. Des conditions préalables

380. « Une double condition est exigée pour que le délit de banqueroute soit constitué. Il s'agit de la qualité de l'agent pour les personnes physiques, et pour les entreprises, de l'ouverture d'une procédure collective ou plus exactement de l'existence d'une situation de cessation des paiements »[473].

1. De la qualité de l'agent

381. Il faut distinguer selon qu'il s'agit d'une personne physique commerçante ou d'une personne physique dirigeant une personne morale.

A. Des personnes physiques

382. Aux termes de l'article 227 de l'AUPCAP, la banqueroute d'applique « aux commerçants, personnes physiques et aux associés des sociétés commerciales qui ont la qualité de commerçants ». A cet égard, l'AUPCAP a la même portée que le Code de commerce sénégalais, ou que le Décret du 20 avril 1935 en droit congolais[474] qui

[471] F. ANOUKAHA, A. CISSE, N. DIOUF, et al., *op. cit.*, p. 293.
[472] Id., p. 294.
[473] F. ANOUKAHA, A. CISSE, N. DIOUF, et al., *op. cit.*, p. 296.
[474] LIKULIA BOLONGO, *op. cit.*, pp. 494 et s.

limitaient ainsi les domaines de la répression aux seuls commerçants. Cependant, attendu que notre étude porte exclusivement sur les dirigeants sociaux, nous ne nous attarderons pas sur cette matière.

B. Des personnes morales

383. L'article 230 de l'AUPCAP vise « les personnes physiques dirigeantes de personnes morales assujetties aux procédures collectives et les personnes physiques représentantes de personnes morales dirigeantes de personnes morales ». « Dès lors, il n'est pas nécessaire que la personne morale soit elle-même commerçante, le seul exercice d'une activité économique suffit[475]. En outre, la personne morale peut ne pas être une société car le texte s'applique également aux G.I.E. »[476]

384. L'article 230 précise aussi qu'il peut s'agir de dirigeants de droit ou de fait ou plus généralement « de toute personne ayant directement ou par personne interposée, administré, géré, ou liquidé la personne morale sous le couvert ou aux lieux et places de ses représentants légaux ».

385. A ce sujet, la jurisprudence française avait retenu le délit de banqueroute à l'encontre d'une associée d'une S.A.R.L. qui « est intervenue directement dans la gestion de l'entreprise, s'intitulant elle-même dans les effets commerciaux comme l'un des gérants, et qui se trouvait, en raison de sa position prépondérante 'cogérante de fait » »[477]

386. Pour résumer ce premier point, il apparait qu'à la qualité de commerçant a fait place la notion plus large d'entreprise privée ayant une activité économique.

---

[475] A propos des personnes physiques qui ont agi au sein d'une personne morale, on se souvient que l'article 130 de la loi de juillet 1967 en droit français permettait de poursuivre dirigeant et représentants de personnes morales n'ayant pas la commercialité. Pour ce faire, ce texte utilisait une formulation par la négative : pouvaient être assimilés à des banqueroutiers, « les personnes physiques dirigeants des personnes morales de droit privé non commerçantes, à l'exclusion de celles qui n'ont pas un objet économique et ne poursuivent, ni en droit, ni en fait, un but lucratif ». L'application de ce texte aux associations sans but lucratif était des plus significatives.

[476] F. ANOUKAHA, A. CISSE, N. DIOUF, et al., *op. cit.*, p. 297.

[477] Voy. Crim. 23 janvier 1978, Bull., 24 ; 16 juin 1976, Gaz. Pal., 1976, 2, 640.

2. La cessation des paiements

387. Aux termes des articles 228 et 229 de l'AUPCAP, le délit de banqueroute suppose un état de cessation des paiements, comme ce fut le cas dans la loi de 1985. Il n'est donc pas nécessaire que cet état soit constaté par une juridiction commerciale ou civile. Les tribunaux répressifs sont donc amenés à apprécier dans chaque cas l'existence même et le moment de la cessation des paiements[478]. « Par contre, désormais, en France, le délit de banqueroute suppose l'ouverture d'une procédure de redressement judiciaire ou de liquidation (article 197), c'est-à-dire qu'il faut certes la cessation des paiements, mais celle-ci doit être constatée par le tribunal compétent. Ce qui fait que le juge pénal est dans ce cas lié par la décision des juges consulaires ou civils à qui il revient de fixer la cessation des paiements et la date de celle-ci. Pourtant, là également, l'autonomie du droit pénal subsiste car selon la jurisprudence[479], le juge pénal peut retenir la date de cessation des paiements autre que celle qui a été retenue par le juge commercial ou civil. Mais toujours est-il qu'avec l'AUPCAP, c'est la cessation de paiements qui constitue une condition de la banqueroute, alors qu'en France, c'est le jugement constatant cette cessation »[480].

II. Des éléments constitutifs

388. Nous allons analyser la banqueroute simple de la banqueroute frauduleuse en fonction desquels l'élément moral est parfois nécessaire.

A. La banqueroute simple et la banqueroute frauduleuse

389. Comme en droit congolais, l'AUPCAP distingue de façon classique la banqueroute simple de la banqueroute frauduleuse[481].

---

[478] Crim., 30 oct. 1968, Bull., 282 ; Crim., 5 Décembre 1949, JCP, 1950, II, 5829 obs. LARGUIER.

[479] Voy. Crim., 18 nov. 1991, JCP, 1993, II, 22102, note SORDINE ; JCP, 1992, I, 3634, n° 17 et JCPE, 1992, 195, n°17, obs. CABRILLAC ; Rev. Proc. Coll., 1992, p. 319, obs. DEVEZE ; 21 juin 1993, B. 217 ; Voy. Crim., 26 sept. 1996, R. 1997 ; p. 396 ; obs. RENUCCI.

[480] F. ANOUKAHA, A. CISSE, N. DIOUF, et al., *op. cit.*, p. 298.

[481] En droit français, cette distinction est supprimée depuis la loi de 1985 en droit français.

a. De la banqueroute simple

390. L'AUPCAP a retenu cinq cas de banqueroute simple dont deux similaires avec la synthèse de la loi de 1985 en France : l'emploi de moyens ruineux et la comptabilité incomplète ou irrégulière[482]. « En plus, la banqueroute simple est réalisée[483] si la personne en état de cessation de paiements a contracté sans recevoir des valeurs en échange, des engagements trop importants eu égard à sa situation lorsqu'elle les a contractées, ou si sans excuse légitime, elle ne fait pas déclaration à la juridiction compétente de son état de cessation des paiements dans les trente jours, ou enfin si, ayant été déclarée deux fois en état de cessation de paiements en cinq ans, ses procédures ont été clôturées pour insuffisance d'actif »[484].

b. La banqueroute frauduleuse

391. Les cas de banqueroute frauduleuse sont nombreux. « En outre, l'AUPCAP incrimine la soustraction de la comptabilité, l'exercice des fonctions de commerçants contrairement aux interdictions, le paiement à un créancier au préjudice de la masse, après la cessation des paiements, la stipulation avec un créancier des avantages particuliers en raison de son vote dans les délibérations de la masse.

B. L'élément intentionnel

392. Il est admis par la jurisprudence que la mauvaise foi n'était pas nécessaire à la banqueroute simple. Toutefois, le cas d'emploi de moyens ruineux semble supposer l'intention frauduleuse, car la loi vise « l'intention de retarder la constatation de la cessation des paiements, traduisant l'exigence d'un dol spécial ou, tout au moins, de la mauvaise foi de l'auteur ».

---

[482] Voy. M. DELMAS-MARTY, *op. cit.*, pp. 579 et s.
[483] Voy. J. LARGUIER, *op. cit.*, pp. 476 et s.
[484] F. ANOUKAHA, A. CISSE, N. DIOUF, et al., *op. cit.*, p. 298.

§2. De la perte de la moitié du capital social et des infractions liées à la liquidation

I. De la perte de la moitié du capital

393. A côté des causes de dissolution communes à toutes les sociétés[485], l'AUSCGIE, en son article 736, prévoit une cause de dissolution particulière aux sociétés anonymes : la perte partielle d'actifs dans les conditions prévues aux articles 664 à 668 de l'AUSCGIE.

394. « En effet, si les capitaux propres de la société deviennent inférieurs à la moitié du capital social, du fait des pertes constatées dans les documents comptables, le conseil d'administration ou le directoire, selon le cas, est tenu de convoquer l'assemblée générale extraordinaire à l'effet de décider, s'il y a lieu, la dissolution de la société »[486].

395. En vue d'assurer la mise en œuvre de ces formalités par la menace de sanctions pénales, l'article 901 de l'AUSCGIE dispose :

« Encourent une sanction pénale, les dirigeants sociaux qui, sciemment, lorsque les capitaux propres de la société deviennent inférieurs à la moitié du capital social du fait des pertes constatées dans les états financiers de synthèse :

- 1° n'auront pas fait convoquer, dans les quatre mois qui suivent l'approbation des états financiers de synthèse ayant fait apparaître ces pertes, l'assemblée générale extraordinaire à l'effet de décider, s'il y a lieu, la dissolution anticipée de la société ;
- 2° n'auront pas déposé au greffe du tribunal chargé des affaires commerciales, inscrit au registre du commerce et du crédit mobilier et publié dans un journal habilité à recevoir les annonces légales, la dissolution anticipée de la société ».

396. En fait, comme en droit, la perte de la moitié du capital social constitue une condition ou un élément préalable à la réalisation du délit. Aussi allons-nous préciser les éléments constitutifs de ce délit, à savoir : l'élément matériel (1) et l'élément intentionnel (2).

---

[485] Art. 200 et 201 de l'AUSCGIE.

[486] F. ANOUKAHA, A. CISSE, N. DIOUF, et al., *op. cit.*, p. 303.

A. L'élément matériel

397. « Il consiste en une omission caractérisée par le fait pour les dirigeants sociaux d'une société dont l'actif net est devenu inférieur à la moitié du capital social, du fait des pertes constatées dans les états financiers de synthèse, de n'avoir pas accompli l'une des deux formalités suivantes :

- Convoquer, dans les quatre mois qui suivent l'approbation des états financiers de synthèse ayant fait apparaitre ces pertes, l'assemblée générale extraordinaire à l'effet de décider, s'il y a lieu, la dissolution de la société[487] ;
- Déposer au greffe du tribunal chargé des affaires commerciales, inscrire au registre du commerce et du crédit mobilier et publier dans un journal habilité à recevoir les annonces légales, la dissolution anticipée de la société »[488].

B. L'élément moral

398. Comme l'a rappelé la Cour de cassation française[489], la mauvaise foi est exigée par l'utilisation de l'adverbe « sciemment ». La Cour de cassation a considéré que le prévenu ne peut arguer sa bonne foi au motif que les bénéfices réalisés lors des exercices ultérieurs ont permis de reconstituer un actif supérieur « au seuil critique » du capital social[490].

II. Des infractions liées à la liquidation de la société

399. « La liquidation consiste en un ensemble de d'opérations visant, après règlement du passif sur les éléments d'actif, à convertir ces éléments en argent, en vue du partage à effectuer, éventuellement entre les associés »[491]. Nous allons distinguer les infractions relatives à la nomination du liquidateur de celles relatives à l'exercice de leur mission.

---

[487] Quand l'assemblée décide de poursuivre l'activité, il n'y a pas délit à ne pas réunir chaque année l'assemblée générale extraordinaire tant que le capital social n'est pas reconstitué, mais il faudra réduire le capital après le deuxième exercice. Voy. Trib. Corr. Paris, 30 mars 1984, Gaz. Pal., 1984, p. 434, note A.P.S.

[488] F. ANOUKAHA, A. CISSE, N. DIOUF, et al., *op. cit.*, p. 304.

[489] Crim., 27 avril 1987, Bull., 167.

[490] Voy. Crim., 17 octobre 1983, B. 246 ; Crim., 20 mars 1995, Dr. Pén., 1995.

[491] F. ANOUKAHA, A. CISSE, N. DIOUF, et al., *op. cit.*, p. 304.

A. Des infractions relatives à la nomination du liquidateur social

400. L'article 902-1° de l'AUSCGIE menace de sanctions pénales le défaut de publicité de la nomination du liquidateur. En effet, il vise le liquidateur qui n'aura pas, dans le délai d'un mois à compter de sa nomination, publié dans un journal habilité à recevoir les annonces légales du lieu du siège social, l'acte le nommant liquidateur et déposé au registre du commerce et du crédit mobilier les décisions prononçant la dissolution[492].

401. Deux observations méritent d'être faites sur ce point :

- Il s'agit d'une infraction d'omission ;
- Contrairement à la législation française[493], l'AUSCGIE ne prévoit pas de sanctions pénales relatives à la désignation du liquidateur, c'est-à-dire le choix de sa personne.

B. Les infractions relatives à la mission du liquidateur social

402. Elles se divisent d'une part en infractions d'omission et les infractions de commission.

a. Des infractions d'omission

403. L'article 902 -2° sanctionne le liquidateur qui n'aura pas convoqué les associés, en fin de liquidation, pour statuer sur le compte définitif de la liquidation, sur le quitus de sa gestion et la décharge de son mandat et pour constater la clôture de la liquidation.

404. Lorsque la liquidation intervient sur décision judiciaire[494], encourt une sanction pénale, le liquidateur qui, sciemment :

- 1° n'aura pas, dans les six mois de sa nomination, présenté un rapport sur la situation active et passive de la société en liquidation et sur la poursuite des opérations de liquidation, ni sollicité les autorisations nécessaires pour les terminer ;

[492] L'infraction est constituée si le liquidateur s'abstient de vérifier qu'on a bien respecté les directives qu'il avait données d'avoir procédé à la publicité ; Crim., 7 mars 1994. R. soc., 1994, p. 506, obs. BOULOC.

[493] En droit français, ces infractions concernent l'exercice de fonctions de liquidateur en cas d'interdiction ou de condamnation.

[494] Selon la jurisprudence française, ces règles ne s'appliquent pas lorsque le législateur est nommé par l'assemblée générale : Crim., 9 mai 1977, Bull., 167. Elles s'appliquent par contre en cas de liquidation d'une société dissoute à l'amiable sauf clause statutaire : Crim., 7 mars 1994, R. soc., 1994, p. 506, obs. BOULOC.

- 2° n'aura pas, dans les trois mois de la clôture de chaque exercice, établi les états financiers de synthèse au vu de l'inventaire et un rapport écrit dans lequel il rend compte des opérations de la liquidation au cours de l'exercice écoulé ;
- 3° n'aura pas permis aux associés d'exercer, en période de liquidation, leur droit de communication des documents sociaux dans les mêmes conditions qu'antérieurement ;
- 4° n'aura pas convoqué les associés, au moins une fois par an, pour leur rendre compte des états financiers de synthèse en cas de continuation de l'exploitation sociale ;
- 5° n'aura pas déposé à un compte ouvert dans une banque au nom de la société en liquidation, dans le délai de quinze jours à compter de la décision de répartition, les sommes affectées aux répartitions entre les associés et les créanciers ;
- 6° n'aura pas déposé, sur un compte de consignation ouvert dans les écritures du Trésor, dans le délai d'un an à compter de la clôture de la liquidation, les sommes attribuées à des créanciers ou à des associés et non réclamées par eux[495].

b. Les infractions de commission

405. A ce stade, l'article 904 sanctionne le liquidateur qui, de mauvaise foi :

- 1° aura fait des biens ou du crédit de la société en liquidation, un usage qu'il savait contraire à l'intérêt de celle-ci, à des fins personnelles ou pour favoriser une autre personne morale dans laquelle il était intéressé, directement ou indirectement ;
- 2° aura cédé tout ou partie de l'actif de la société en liquidation à une personne ayant eu dans la société la qualité d'associé en nom, de commandité, de gérant, de membre du conseil d'administration, d'administrateur général ou de commissaire aux comptes, sans avoir obtenu le consentement unanime des associés ou, à défaut, l'autorisation de la juridiction compétente[496].

495 « L'infraction n'est pas constituée si le législateur a pu légitimement croire, au moment de la répartition, qu'un créancier avait renoncé à cette qualité. (F. ANOUKAHA, A. CISSE, N. DIOUF, et al., *op. cit.*, p. 306).

496 Voy. Crim., 8 nov. 1993, Revue des sociétés, 1994, p. 298, obs. BOULOC, sur la recevabilité de l'action civile d'un actionnaire.

SECTION 5. DES TECHNIQUES DE DETERMINATION DES SANCTIONS DES INFRACTIONS D'AFFAIRE DANS L'ESPACE OHADA

406. L'article 5 du Traité de Port-Louis dispose :

> « Les actes pris pour l'adoption des règles communes prévues à l'article premier du présent traité sont qualifiés "actes uniformes".
>
> Les actes uniformes peuvent inclure des dispositions d'incrimination pénale.
>
> Les Etats Parties s'engagent à déterminer les sanctions pénales encourues. »

« En appliquant l'article 5 du Traité OHADA par lequel ils s'engagent à déterminer les sanctions pénales encourues par les contrevenants à la norme communautaire, les Etats membres de l'OHADA fixent le quantum des peines applicables. Chaque Etat y procède en fonction des paramètres qu'il lui revient de déterminer. Le choix de ne pas harmoniser les sanctions traduit à la fois l'option libérale qui sous-tend la législation de l'OHADA et les disparités économiques et parfois idéologiques en Afrique noire francophone »[497].

Ainsi, le Traité pose le principe de la détermination des sanctions par les Etats parties (§1). Cependant, une lecture avisée des différents Actes uniformes révèle que le législateur ohadien a très souvent, parfois abusivement, dérogé à cette règle, en renvoyant à des textes internes préexistants ou du moins qu'il estime exister dans l'arsenal juridique des Etats parties (§ 2). Malheureusement, cette disparité de techniques de fixation des sanctions pénales a pour conséquence une hétérogénéité de sanctions dans l'espace OHADA, laquelle s'accompagne de conséquences nocives ou négatives que nous aborderons (§ 3).

§1. De la détermination des sanctions par les Etats

407. Aux termes de l'article 5 de son Traité, l'OHADA a transféré aux Etats membres le soin de trouver des sanctions pénales aux incriminations contenues dans les Actes uniformes. C'est ce que

[497] F. ANOUKAHA, A. CISSE, N. DIOUF, et al., *op. cit.*, p. 233.

Jacques BORE appelle « une mobilisation du droit national au service du droit communautaire »[498].

> « Ainsi, les législateurs nationaux, puisqu'ils ont reçu compétence à cet effet, déterminent les sanctions de leur choix. Chaque pays de l'espace OHADA est compétent pour prendre les lois pénales sanctionnant les incriminations contenues dans les Actes uniformes de l'OHADA. Cela signifie que chaque pays de l'espace OHADA déterminera les sanctions en fonction de ses propres valeurs de référence[499] »[500].

Bien que contestable, comme nous le verrons plus tard, cette option repose sur des considérations d'ordre juridique (A) d'une part et économique de l'autre (B).

I. Les raisons juridiques

408. L'exposé des motifs de la loi sénégalaise n° 98-22 du 26 mars 1998 portant sur les sanctions pénales applicables aux infractions contenues dans l'AUSCGIE, invoque comme principale raison la différence de système pénal des Etats signataires du Traité de l'OHADA :

> « C'est à cet effet que le Sénégal a la préoccupation de prévoir des peines conformes à son système pénal, par conséquent adaptées à ses valeurs et ses réalités »[501].

> « Cependant, cette argumentation ne résiste pas à l'analyse car rien ne s'opposait à ce que les Etats mettent en harmonie leur conception philosophico-juridique en vue de mettre en place un dispositif répressif commun en laissant aux juges une marge d'appréciation permettant de moduler les peines au moment de leur application en fonction des

---

[498] J. BORE, « *La difficile rencontre du droit pénal et du droit communautaire* », in Mélanges en l'honneur d'André VITU, Droit pénal contemporain, Cujas, 1989, p. 25-49.

[499] Il faut noter que cette option originale a fait l'objet de vives critiques par une partie de la doctrine qui en conteste la pertinence (N. DIOUF, « *Actes uniformes et droit pénal des Etats signataires du Traité de l'OHADA : la difficile émergence d'un droit pénal communautaire des affaires dans l'espace OHADA* », in Ohadata, pp. 1-14).

[500] F. ANOUKAHA, A. CISSE, N. DIOUF, et al., *op. cit.*, p. 234.

[501] L'affirmation de Portalis selon laquelle « la lecture des lois pénales d'un peuple peut donner une juste idée de sa morale publique et de ses mœurs privées » trouverait ici une application.

particularités de chaque espèce. C'est ce qui serait le plus conforme au mouvement d'harmonisation qu'ils ont enclenché »[502].

409. Par ailleurs, « d'autres arguments relatifs notamment à la rupture de l'égalité des justiciables de l'OHADA devant les sujétions résultant des peines appliquées peuvent être invoquées. En effet, les Etats membres de l'OHADA ne sont pas à un même niveau de développement[503]. Cette disparité économique des Etats se répercute sur le pouvoir d'achat des justiciables. Ainsi, le PNB/h du Gabon était de 4480 FCFA en 1992 alors que celui de la Guinée Bissau était de 210 à cette même date. Dès lors, soumettre un citoyen gabonais et un citoyen Bissau-guinéen à une même amende, par exemple, pour violation de l'article 886 de l'AUSCGIE relatif à l'émission d'actions avant l'immatriculation de la société, heurterait le principe de l'égalité de ces deux justiciables devant la norme communautaire. D'un autre côté, la recherche d'une plus grande efficacité de la répression pénale justifierait que les normes soient rapprochées au maximum du citoyen. Il faut que les destinataires de la loi pénale sentent que celle-ci constitue l'expression de leurs profondes aspirations mais surtout de leur volonté propre »[504].

II. Les raisons économiques

410. En sus des raisons juridiques que nous avons évoquées, certaines raisons juridiques expliquent le choix du législateur ohadien. En effet, « la justice a un coût, un prix qu'il faut payer chaque fois qu'on la réclame. La justice pénale étant le monopole de l'Etat, c'est à lui de la prendre en charge. Mais nos Etats ne sont pas riches. Et c'est pourquoi on pourrait interpréter la nationalisation de la sanction pénale comme une manière de faire respecter le droit issu de l'OHADA en fonction de leur capacité financière et économique à prendre en charge le phénomène criminel.

> « La disparité flagrante des niveaux de développement des pays africains membres de l'OHADA semble être à la base du rattachement des sanctions aux législateurs nationaux. En pratique, cela signifierait, dans un

[502] F. ANOUKAHA, A. CISSE, N. DIOUF, et al., *op. cit.*, p. 235.
[503] Voy. à ce propos S.E. le juge Mohammed BEDJAOUI, « *Remarques conclusives* », in Actes du huitième congrès annuel de la SADIC sur le thème : L'intégration régionale est-elle une solution aux problèmes économiques de l'Afrique ? », Le Caire, 2 au 4 septembre 1996.
[504] F. ANOUKAHA, A. CISSE, N. DIOUF, et al., *op. cit.*, p. 235.

Etat comme la Guinée Bissau, que les sanctions privatives de liberté qui seront consacrées seront fonction de la capacité d'accueil des prisons de ce pays, que la décision d'emprisonner un dirigeant d'entreprise « en indélicatesse » avec la loi pénale dépendra de la capacité de cet Etat de se passer des finances de ce « *White collar criminal* ».

§2. Conséquences de l'hétérogénéité des sanctions dans l'espace OHADA

411. La solution adoptée par l'article 5 du Traité de l'OHADA aboutit à l'instauration d'une véritable hétérogénéité des sanctions applicables aux infractions d'affaire dans l'espace OHADA. Malheureusement, cette hétérogénéité s'accompagne de certaines conséquences, à savoir le risque de disparité des sanctions pénales (A), le risque d'apparition de « paradis pénaux » (B), l'éclatement de l'élément légal (C), la détermination de la compétence de la CCJA en matière pénale (D), et l'amoindrissement des rôles des parlements nationaux (E).

I. Le risque de disparité des sanctions nationales

412. Les difficultés rencontrées lors de l'adoption et de la ratification des Actes uniformes ne laissent pas supposer que les dix-sept Etats membres de l'OHADA choisissent une gamme identique de sanctions en application de l'article 5 du Traité de l'OHADA.

Dès lors, l'investisseur ou le juriste devra se porter vers dix-sept sanctions différentes pour chaque incrimination. « Cet état de fait pourrait amener l'opérateur économique à s'implanter dans un pays où la réponse étatique face au phénomène criminel est la moins ferme. Il faut seulement espérer que la course aux investissements n'amènera pas certains Etats à vider leur droit pénal de toute son essence, à savoir son aspect sanctionnateur, pour être plus 'compétitifs'. Mais il pourrait aussi se faire que les Etats aillent non pas dans le sens de l'assouplissement mais dans celui de la rigueur car, faut-il le rappeler, le droit de l'OHADA cherche aussi et surtout à mettre un terme à l'insécurité juridique et judiciaire dans l'espace OHADA »[505].

---

[505] F. ANOUKAHA, A. CISSE, N. DIOUF, et al., *op. cit.*, p. 237.

II. Les risques d'apparition de « paradis pénaux »

413. « Les 'paradis pénaux', encore appelés 'pays refuge' ou encore 'forum shopping' seront constitués par ceux d'entre les pays de l'espace OHADA qui, pour diverses raisons adopteront les sanctions les moins lourdes et attireront par la même occasion les investisseurs peu enclins à se conformer aux prescriptions de la loi communautaire. Ce risque est grave puisque à terme pourraient se mettre en place de vraies multinationales du crime avec des pays exportateurs et des pays importateurs de criminalité. « De la même manière que certaines sociétés pour s'en tirer à bon compte au plan interne, recourent à la budgétisation des infractions qu'elles commettent en ouvrant des comptes destinés exclusivement à la prise en charge de leurs dépenses actuelles ou éventuelles nées de leurs activités délictuelles, les multinationales pourraient choisir le territoire de commission de leur forfait pour échapper à la rigueur de telle législation ou bénéficier de la douceur de telle autre. C'est d'ailleurs ce qui explique le développement de la criminalité transnationale avec notamment la complexité liée à la décentralisation du pouvoir de décision et la dispersion des acteurs (auteurs, complices, commanditaires,...) dans un espace interconnecté »[506].

III. Le problème d'égalité

414. En laissant la liberté aux Etats de déterminer les sanctions pénales sans fixer à ces derniers des principes directeurs, et sans consacrer des mécanismes juridiques pouvant contraindre les Etats à satisfaire à cette obligation conventionnelle, le droit pénal des affaires OHADA érode le principe d'égalité entre Etats et entre les sujets de droit dans l'espace OHADA.

En effet, il n'y a à ce jour aucun principe directeur communautaire consacré pour guider les Etats dans la fixation des sanctions pénales. La conséquence en est qu'une même incrimination donnée (prenons par exemple le cas de l'abus de biens sociaux), pourra être sanctionnée par une peine de servitude pénale de 10 ans par exemple au Mali, par une servitude pénale de 2 ans au Sénégal, ou même par une simple amende de 5.000 FCFA au Gabon, et ainsi de suite. Les Etats jouissent d'une très grande liberté en la matière, laquelle liberté est si grande qu'elle s'apparente à du libertinage.

---

[506] F. ANOUKAHA, A. CISSE, N. DIOUF, et al., *op. cit.*, p. 237.

Dans les points précédents nous avons vu que cette liberté outrancière et non contrôlée dont bénéficient les Etats sur base de l'article 5 du Traité entraine une disparité des sanctions dans l'espace OHADA, et par voie de conséquence aboutit à la création de paradis pénaux dans l'espace OHADA : les Etats qui adopteront les sanctions les plus faibles attireront plus facilement les investisseurs qui, malheureusement, ne sont pas tous enclins au respect des normes. Cela crée donc une inégalité entre les Etats.

415. Cependant, cette inégalité est encore plus renforcée par le fait que le droit OHADA n'a pas prévu de mécanisme juridique pouvant contraindre les Etats à adopter lesdites sanctions. En effet, le recours en manquement[507] n'étant pas prévu par le Traité, la CCJA ne peut être saisie lorsqu'un Etat n'exécute pas l'obligation d'adopter des normes de sanction découlant de l'article 5 alinéa 2 du Traité. En d'autres termes, il n'existe aucun mécanisme prévu par le Traité qui puisse obliger les Etats parties à prévoir dans leurs législations nationales les sanctions pénales aux incriminations prévues dans les Actes uniformes.

416. C'est ainsi qu'à l'heure actuelle, la majorité des Etats de l'espace OHADA n'a pas adopté de sanctions pénales aux incriminations prévues dans les différents actes uniformes qui pourtant ont été adoptés et sont entrés en vigueur depuis fort longtemps. Cela aboutit presque à rendre désuètes les incriminations prévues par les différents actes uniformes.

IV. Problèmes de légalité

Nous allons analyser le problème de la légalité sous deux aspects, se rapportant soit à la technique de renvoi à un texte à créer, soit un texte préexistant.

A. En cas de renvoi à un texte à créer

417. D'une part, nous avons vu que l'article 5 du Traité OHADA d'une part attribue au législateur ohadien la tâche d'édicter des

[507] Sur cette notion, voire J. LOHOUES-OBLE, « *L'apparition d'un droit international des affaires en Afrique* », in RIDC, 1999, Dakar, p. 543. Selon cet auteur, « la CCJA ne peut être saisie du manquement d'un Etat à ses engagements lorsque cet Etat, par exemple, s'est abstenu ou a refusé de prendre sur le plan interne les dispositions législatives ou réglementaires d'application des actes d'harmonisation comme le lui impose le Traité ».

incriminations, et d'autre part laisse aux Etats le soin d'adopter des sanctions pénales. Cela a pour conséquence d'éclater l'élément légal de l'infraction qui devient hybride du point de vue de sa nature juridique : l'incrimination est supranationale ou conventionnelle et la sanction est législative.

Ce bicéphalisme de l'élément légal de l'infraction a des conséquences juridiques, en ce que :

- La sanction pénale, prévue par une loi, pourra faire l'objet d'un contrôle de constitutionalité par la Cour constitutionnelle[508], mais pas l'incrimination ;
- de même, le régime d'adoption et de révision de la sanction est celui de la procédure législative ordinaire[509] ;
- La sanction pénale relève du droit interne et national de chaque Etat partie, tandis que l'incrimination relève par contre du droit communautaire, mieux, du droit des traités en général.

Cela aboutit à une incrimination bicéphale à deux régimes juridiques différents pour une même infraction.

B. En cas de renvoi à des textes préexistants

418. Certains Actes uniformes, après avoir indiqué le comportement prohibé, renvoient à une sanction préétablie existant ou censée exister dans la législation des Etats Parties. Ils partent en quelque sorte d'une infraction qui sert de repère et renvoient aux peines qui lui sont applicables. Dans de tels cas, le législateur national n'a aucun pouvoir d'appréciation, puisque c'est l'Acte uniforme instituant l'incrimination qui choisit, de manière indirecte, la peine applicable, par référence à une infraction déjà prévue par la loi nationale.

Cette méthode conduit à déposséder les Etats de leur pouvoir répressif consacré à l'article 5 du Traité car c'est la norme communautaire (Acte uniforme) qui, de sa propre autorité, indique non seulement ce qui doit être sanctionné, mais aussi comment il doit l'être.

Il suffit d'analyser les dispositions de l'Acte uniforme portant organisation des sûretés[510] (a), de l'Acte uniforme portant organisation des procédures simplifiées de recouvrement et des voies d'exé-

---

[508] Voy. articles 160 et 162 de la Constitution du 18 février 2006 en droit congolais.

[509] Voy. articles 130 et suivants de la Constitution du 18 février 2006 en droit congolais.

[510] Voy. article 97 dernier alinéa AUS.

cution[511] (b) et de l'Acte uniforme portant organisation des procédures collectives d'apurement du passif (c) pour se rendre compte que les Etats parties sont dessaisis à la fois du pouvoir de déterminer les comportements à punir et celui de fixer la mesure de la sanction.

419. Nous n'allons pas nous appesantir outre mesure sur l'Acte uniforme portant organisation des sûretés ou sur l'Acte uniforme portant organisation des procédures simplifiées de recouvrement et des voies d'exécution. C'est bien à titre indicatif que nous allons les aborder, réservant toute notre attention pour le cas de l'Acte uniforme portant organisation des procédures collectives d'apurement du passif.

a. La technique de renvoi à un texte préexistant dans l'Acte uniforme portant organisation des suretés (AUS)

420. L'article 97 de l'AUS dispose :

> « Le débiteur ne peut vendre tout ou partie du matériel grevé d'un nantissement sans l'accord préalable du créancier nanti ou, à défaut, sans autorisation judiciaire.
>
> A défaut d'un tel accord ou d'une telle autorisation judiciaire, s'il y a vente du matériel nanti, la dette devient exigible immédiatement.
>
> Si elle n'est pas payée, le débiteur sera soumis à la procédure de redressement judiciaire ou de liquidation des biens si une telle procédure lui est applicable.
>
> Les incapacités et déchéances de la faillite personnelle et les peines prévues pour le délit d'abus de confiance s'appliquent au débiteur ou à toute personne qui, par des manœuvres frauduleuses, prive le créancier nanti de ses droits ou les diminue. »

Ainsi, l'AUS, en son article 97 dernier alinéa, prévoit que les peines prévues pour le délit d'abus de confiance s'appliquent au débiteur ou à toute personne qui, par des manœuvres frauduleuses, prive le créancier nanti de ses droits ou les diminue.

En déterminant la peine en se référant à une infraction prévue par la loi nationale, l'AUS déroge au principe de l'article 5 du Traité, et s'arroge le droit de fixer la mesure de sanction.

421. La *famossissima quaestio* serait celle de savoir quel est le soubassement principiel ou même légal en vertu duquel le législateur ohadien prévoit pour de tels agissements, bien que de manière indi-

[511] Articles 100, 109 (7° et 10°) AUS.

recte, des sanctions pénales, qui, du reste, sont différentes de celles que certaines lois nationales appliquent à des faits similaires.

En effet, parmi les éléments visés à l'article 97, figure l'usage de manœuvres frauduleuses. Or, en droit sénégalais par exemple, le Code pénal sénégalais[512], l'infraction qui implique l'usage de manœuvres frauduleuses est qualifiée d'escroquerie punie plus sévèrement[513] que l'abus de confiance[514] que vise pourtant l'AUS.

La technique de renvoi à un texte préexistant a aussi été utilisée dans d'autre Actes uniformes, notamment l'Acte uniforme portant organisation des procédures simplifiées de recouvrement et des voies d'exécution.

b. La technique de renvoi à un texte préexistant dans l'Acte uniforme portant organisation des procédures simplifiées de recouvrement et des voies d'exécution

422. L'article 100 de cet Acte uniforme dispose sous le septièmement et le dixièmement :

> « L'huissier ou l'agent d'exécution dresse un inventaire des biens. L'acte de saisie contient, à peine de nullité :
>
> (...) 7) la mention, en caractères très apparents, que les biens saisis sont indisponibles, qu'ils sont placés sous la garde du débiteur, qu'ils ne peuvent être ni aliénés ni déplacés, si ce n'est dans le cas prévu par l'article 97 ci-dessus, sous peine de sanctions pénales, et que le débiteur est tenu de faire connaître la présente saisie à tout créancier qui procéderait à une nouvelle saisie des mêmes biens ;

[512] Ce code résulte de la loi n° 65-60 du 21 juillet 1960 portant Code pénal.

[513] Aux termes de l'article 379 de la loi n° 65-60 du 21 juillet 1960 portant Code pénal, cette infraction est punie d'une servitude pénale d'un an au moins et de cinq ans au plus, et une amende de 100.000 FCFA à 1.000.000 FCFA.

[514] Aux termes de l'article 383 al. 1er de la loi n° 65-60 du 21 juillet 1960 portant Code pénal, cette infraction est punie d'une peine de servitude pénale de 6 mois au moins, et de 4 ans au plus et d'une amende de 20.000 à 3.000.000 FCFA.
En droit congolais, sur base des articles 95 et 98 du Décret du 30 janvier 1940 portant Code pénal, l'abus de confiance et l'escroquerie sont presque punies des mêmes peines : une servitude pénale de trois mois à cinq ans, ou une amende en dépassant pas mille francs (abus de confiance) ou deux mille francs (pour l'escroquerie). Voy. D. J. MUANDA Nkole Wa Yahve, *L'escroquerie et la distribution des dividendes fictifs en droit pénal des sociétés issu de l'OHADA : esquisse d'une théorie de droit pénal des sociétés*, Kinshasa, FENACO, 2010.

(…) 10) la reproduction des dispositions pénales sanctionnant le détournement d'objets saisis (…) ».

Par ailleurs, l'article 109 du même Acte uniforme dispose sous le douzièmement :

« Si le tiers déclare détenir des biens pour le compte du débiteur, il est dressé un inventaire qui contient, à peine de nullité :

(…) 12) la reproduction des dispositions pénales sanctionnant le détournement d'objets saisis. »

Il en est de même des articles 64 point 10, 71alinéa 2, et l'article 231 sous le dixièmement, où il est fait mention des « sanctions » ou des « textes pénaux relatifs au détournement des objets saisis ».

423. Le plus intéressant à relever dans ces différentes dispositions est le « stratagème » qu'utilise le législateur ohadien pour déterminer lui-même la sanction pénale : en effet, la méthode utilisée est assez curieuse, puisqu'on a profité d'un texte destiné à fixer les conditions de forme d'un acte de procédure (l'acte de saisie pour l'article 100, le procès-verbal de saisie pour l'article 64, ou l'inventaire pour ce qui est de l'article 109) pour glisser une incrimination qui risque de passer inaperçue.

424. En droit congolais, l'incrimination concernée par « le détournement d'objets saisis » est l'article 129 du Décret du 7 mars 1960 portant Code de procédure civile dont le libellé est le suivant :

« Le saisi et les tiers qui auront soustrait, détourné, fait usage, endommagé ou détruit des effets qu'ils savaient saisis seront punis des peines prévues pour le vol ».

c. La technique de renvoi à un texte préexistant dans l'Acte uniforme portant organisation des procédures collectives d'apurement du passif

Cet Acte uniforme, comme les autres, indique les agissements qui doivent être pénalement sanctionnés et renvoie à la loi de chaque Etat partie pour l'établissement de la sanction. Les termes utilisés cependant sont tellement vagues qu'il est cependant parfois pratiquement impossible de déterminer la disposition de la législation nationale à laquelle il est fait référence pour la répression.

Certes, il nous faut admettre que, dans certains cas, la norme de sanction prévue en droit interne peut être facilement trouvée, l'Acte uniforme portant organisation des procédures collectives choisissant lui-même une qualification qui existe déjà dans les lois nationales. Ainsi, certains actes imputables aux commerçants personnes physique et aux associés de certaines sociétés commerciales sont considérés comme des cas soit de banqueroute simple[515], soit de banqueroute frauduleuse[516].

Ainsi, les articles 228 et 229 de cet Acte uniforme prévoient certains actes imputables aux commerçants et aux associés de certaines sociétés commerciales qui sont considérés comme, respectivement, des cas de banqueroute simple, ou de banqueroute frauduleuse[517].

425. Pour la répression des agissements imputables aux proches du débiteur en cessation de paiement[518] ou aux créanciers[519], l'Acte uniforme portant organisation des procédures collectives d'apurement du passif renvoie aux peines prévues par le droit pénal en vigueur dans chaque Etat partie pour les infractions commises « au préjudice d'un incapable ». Cependant, les indications qu'il donne sont tellement vagues qu'elles ne renseignent pas suffisamment sur la norme de droit interne. Il y n'y a pas en effet une, mais plusieurs infractions rentrant dans les prévisions du texte.

Attendu que les législations nationales comportent des dispositions sanctionnant le délit de banqueroute[520], il suffit de se rapporter à ces dispositions pour trouver la norme de sanction.

426. Cependant, dans beaucoup d'autres cas, l'identification de la norme de référence pose de grandes difficultés, les termes utilisés par

---

[515] Cfr. Article 228 de l'Acte Uniforme portant organisation des procédures collectives.

[516] Article 229 de l'Acte uniforme portant organisation des procédures collectives.

[517] Voir la dernière section du chapitre deuxième du présent travail.

[518] Voir article 241 AUPCAP.

[519] Voir article 244 AUPCAP.

[520] A titre illustratif, en droit congolais les articles 86 et suivants du Décret du 30 janvier 1940 portant code pénal tel que modifié et complété à ce jour traitent de la banqueroute. Au Sénégal, la banqueroute simple est prévue par l'article 376 alinéa 2 du Code pénal et la banqueroute frauduleuse par l'article 376 dernier alinéa du même code. Au Burkina Faso, il y a les articles 495 et 496 du Code pénal (ce Code résulte de la loi n° 43-96 ADP du 13 novembre 1996) pour la banqueroute simple et l'article 498 de la même loi pour la banqueroute frauduleuse. Au Niger, les peines de banqueroute simple et de banqueroute frauduleuse sont prévues par l'article 365 du Code pénal (le Code pénal Nigérien est institué par la loi n° 61-27 du 15 juillet 1961). En République de Guinée, les peines de banqueroute simple et de banqueroute frauduleuse sont fixées par l'article 433 du Code pénal (loi n° 98/036 du 31 décembre 1998).

l'Acte uniforme étant tellement vagues qu'il est impossible de choisir la disposition qui recevra application.

En effet, quand l'Acte portant organisation des procédures collectives d'apurement du passif renvoie, pour la répression des agissements imputables aux proches du débiteur en cessation de paiement[521] ou aux créanciers[522], aux peines prévues par le Droit pénal en vigueur dans chaque Etat partie pour les infractions commises au préjudice d'un incapable, les indicateurs qu'il donne sont tellement vagues qu'il ne renseigne pas suffisamment sur la norme de sanction de droit interne. Il y a une pluralité d'infractions possibles. En effet, il peut y avoir dans la législation nationale d'un Etat donné plusieurs incriminations protégeant les incapables. L'abus des besoins d'un mineur prévu et puni par certaines législations, comme par exemple l'article 381 du Code pénal sénégalais, ou l'article 489 du Code pénal Burkinabé, ainsi que les articles 339 du Code pénal nigérien, 343 du Code pénal guinéen, porte atteinte aux intérêts d'un incapable au même titre que l'exposition ou le délaissement d'enfants ou d'incapables prévus par les mêmes législations[523]. On prend donc la mesure de la tâche ardue du juge national appelé à rechercher la norme de répression.

427. La recherche du texte applicable est d'autant plus compliquée si le juge national estime que, compte de l'autonomie du droit pénal, le mot « incapable » utilisé dans l'Acte uniforme portant organisation des procédures collectives n'a pas le même sens qu'en droit civil. Dans ce cas, la liste des textes en concours va s'allonger, car il faudra ajouter les textes réprimant les infractions portant atteinte aux intérêts de ceux à qui la loi interdit de participer au commerce juridique en raison de leur inexpérience ou de la défaillance de leurs facultés mentales ou corporelles, c'est-à-dire les incapables au sens purement civil (qui sont dans une situation de particulière vulnérabilité en raison de leur âge, de leur maladie, de leur infirmité, ou même de leur situation économique)[524].

---

[521] Voir article 241 de l'Acte uniforme dont question.

[522] Voir article 244 du même Acte uniforme.

[523] Au Sénégal : article 344 du Code pénal sénégalais, article 489 du Code pénal burkinabé, article 399 du Code pénal nigérien, et article 343 du Code pénal guinéen.

[524] On pourrait par exemple penser, en Guinée, de l'article 339 de la loi de 1998 réprimant la mise en gage d'être humain, et au Niger de l'article 260-5 réprimant le fait pour un parent de compromettre la sécurité et la moralité des enfants.

428. La solution serait peut-être que le juge, saisi des poursuites, mette en parallèle la valeur sociale à laquelle la personne poursuivie sur le fondement des articles 241 et 244 a porté atteinte et la valeur interne que la norme nationale veut protéger. Cependant si cette solution semble satisfaisante lorsqu'il s'agit de concours des textes applicables, elle est critiquable quand il s'agit de l'hypothèse de l'absence de textes.

Par contre, lorsqu'il prévoit, pour la répression des comportements imputables au syndic[525], aux peines prévues par le droit national « pour les infractions commises par une personne faisant appel public à l'épargne public au préjudicie d'un loueur, dépositaire, mandataire, constituant de nantissement (...) », on cherche en vain le texte de référence, les textes étant tel qu'il est impossible de trouver l'infraction correspondant à cette définition.

En effet, le moins que l'on puisse dire est que ce texte n'est pas un modèle de clarté. Il ne permet pas de trouver en droit interne la norme de référence.

429. Il est vrai que l'on pourrait penser à l'abus de confiance, car cette infraction, comme nous l'avons vu dans le second chapitre de cette étude, se consomme par le détournement ou la dissipation d'une chose remise à titre de louage, de dépôt, de mandat, de nantissement, ou de prêt à usage, semble se rapprocher le plus de l'article 243. Mais cette solution a ses limites, dans la mesure où l'abus de confiance ne comporte pas, parmi ses éléments constitutifs, l'appel au public.

Cependant, dans certaines législations, comme par exemple l'article 487 al. 1er du Code pénal Burkinabè, l'article 383 al. 2 du Code pénal sénégalais, l'article 433 al. 3 du Code pénal guinéen et l'article 338 al. 2 du Code pénal nigérien, l'on retrouve l'abus de confiance aggravé, la circonstance aggravante étant ici l'appel public. Cependant, il faut garder à l'esprit que l'abus de confiance aggravé ne peut être commis qu'au préjudicie d'un déposant, d'un mandataire ou d'un constituant de nantissement. L'appel au public n'est en effet une circonstance aggravante de l'abus de confiance que si l'agent y a recours en vue d'obtenir la remise des fonds de valeur à titre de dépôt, de mandat ou de nantissement. Il n'y a pas d'aggravation si la remise a été faite à un autre titre, tel que le louage, le prêt à usage, et le travail salarié ou non. Dans ces conditions, on ne voit pas pourquoi l'Acte uniforme parlerait d'infractions commises au préjudice d'un loueur,

[525] Voir article 243 du même Acte uniforme.

d'un préteur ou d'un maitre d'ouvrage s'il voulait renvoyer aux peines de l'abus de confiance aggravé.

430. En somme, le renvoi à une norme préexistante, en ce qu'il introduit une certaine incertitude dans la détermination de la sanction, contribue à l'érosion du principe de la légalité par l'octroi au juge d'un pouvoir d'interprétation excessif, ouvrant la porte à l'arbitraire du juge[526].

Or le principe de la légalité ne se résume pas seulement à l'exigence d'une loi pour l'établissement des incriminations et la détermination des sanctions. Il impose aussi la promulgation des lois suffisamment accessibles, prévisibles et précises dans les conséquences afin que les citoyens puissent savoir ce qui est interdit, prévoir les conséquences d'un acte déterminé et régler leur conduite. Aussi, si le législateur ohadien, par l'utilisation de formules vagues, n'indique pas avec suffisamment de clarté et de précision ce qui est interdit et la sanction de l'accomplissement de l'acte interdit, il ouvre la porte à l'arbitraire du juge, auquel s'ajoute l'arbitraire de la loi. En somme, l'on peut conclure en affirmant que la technique de renvoi à un texte préexistant telle que présentée *supra* place le législateur dans une situation « apathique », car la répression des comportements considérés n'appelle aucune intervention de sa part.

V. La détermination de la compétence de la CCJA

431. L'article 14 alinéa 3 du Traité de l'OHADA dispose :

> « Saisie par la voie du recours en cassation, la Cour se prononce sur les décisions rendues par les juridictions d'Appel des Etats Parties dans toutes les affaires soulevant des questions relatives à l'application des actes uniformes et des règlements prévus au présent traité à l'exception des décisions appliquant des sanctions pénales ».

A la lecture de ce texte, on serait tenté de croire, comme la majorité de la doctrine d'ailleurs, que les pourvois en cassation en matière pé-

[526] A l'arbitrage du juge, il s'ajoute, d'ailleurs, ce que l'on appelle l'arbitraire de la loi. A partir des décisions du Conseil Constitutionnel français, une loi inintelligible exprime l'arbitraire du pouvoir en ce sens que, ne fournissant pas au destinataire l'information sur ce qu'elle vise, elle ne peut fournir l'information sur ce qu'elle ne vise pas, ce qui fait que la personne ne pouvant connaitre ce qui est interdit est dans une situation analogue à celle où tout serait interdit. (V. FRISON-ROCHE et W. BARANES, Le principe constitutionnel de l'accessibilité et de l'intelligibilité de la loi, D. 2000, chron., p. 301).

nale doivent nécessairement être portés devant les juridictions nationales statuant en cassation et qu'ils ne peuvent, en aucun cas, être soumis à la Cour commune de justice et d'arbitrage, même si les pourvois étaient fondés sur un moyen tiré de la violation d'un Acte uniforme, d'une décision ou d'un règlement.

432. Cependant, une lecture plus profonde de ce texte nous amène à adopter une position plus nuancée, car la solution n'est pas aussi tranchée qu'on pourrait le penser.

En effet, l'article 14 susmentionné ne vise que « les décisions appliquant des sanctions pénales ». Quid alors d'une décision rendue en matière pénale, mais ne comportant pas de condamnation ? Car une toute décision rendue en matière pénale ne contient pas forcément une condamnation : tel est le cas d'une décision prononçant une relaxe à la suite d'une erreur de qualification ou contre un jugement avant-dire droit interlocutoire. La CCJA est-elle exclue lorsque le pourvoi est dirigé contre une telle décision ?

« Même à supposer que, dans le vocabulaire des auteurs du Traité de Port-Louis, la 'décision prononçant une sanction pénale' soit synonyme de décision rendue en matière pénale[527], on ne peut pas dire que la compétence de la CCJA doit absolument être écartée. En effet, la nécessité d'assurer une unité d'interprétation des Actes uniformes s'oppose à une telle solution. Il est vrai que la juridiction nationale statuant en cassation est seule compétente, lorsque le pourvoi tend à faire sanctionner la violation d'une règle de procédure (nullité des actes de procédure), la violation d'une règle de compétence ou la violation de l'obligation de motiver (défaut de motifs, insuffisance de motifs ou contradiction de motifs). Il est tout aussi vrai que le pourvoi tendant à faire censurer la violation de la norme de sanction ne peut être porté que devant les juridictions nationales statuant en cassation. Tel est le cas du pourvoi fondé sur une violation de la norme de sanction à laquelle renvoie l'Acte uniforme portant l'incrimination : décision prononçant une peine complémentaire (confiscation ou fermeture d'établissement) non prévue ou décision prononçant une peine inférieure au minimum légal sans constater l'existence de circonstances atténuantes.

---

[527] Telle est l'opinion du Professeur Pougoué selon qui « la Cour n'est pas compétente pour la décision à caractère pénal même si celle-ci concerne les Actes uniformes ». Voir P.G. POUGOUE, *Présentation générale et procédure en droit OHADA*, P.U.A., 1998, p. 15.

« On ne peut cependant écarter la compétence de la CCJA lorsque le pourvoi est fondé sur la violation de l'Acte uniforme qui établit l'incrimination. Toute solution qui consisterait à attribuer aux juridictions nationales la compétence pour statuer sur ces pourvois conduirait à avoir autant d'interprétations du même texte qu'il y a des Etats parties, et ce n'est certainement pas ce que souhaitaient les auteurs du Traité »[528].

433. Alors, doit-on considérer, alors, que le contentieux judiciaire en matière pénale est attribué concurremment à la CCJA (compétente pour contrôler les qualifications) et aux juridictions nationales statuant en cassation (compétence pour contrôler l'interprétation des normes de sanction) ? Une telle solution, si elle est retenue, pourrait, elle aussi, faire naitre de sérieuses difficultés. Il suffit de songer à l'hypothèse où une partie entend critiquer une décision en se fondant, d'une part sur la violation d'une règle de procédure ou de compétence ou sur une violation de la norme de sanction, d'autre part sur la violation de l'incrimination : étant donné qu'il est hors de question de former un seul pourvoi avec deux moyens destinés à être soumis à deux juridictions différentes, quelle sera la procédure applicable ?

Qu'il nous soit aussi permis d'ajouter que si, sur base de l'article 14 du traité *a contrario*, la CCJA est compétente pour les pourvois en cassation formés contre ses décisions n'appliquant pas des sanctions pénales (bien que rendues en matière pénale), le malaise est encore plus grand : car en vertu de son pouvoir d'évocation consacré par l'article 14 du Traité *in fine*, la CCJA devra évoquer et donc prononcer une condamnation quant au fond ; or celle-ci impliquera l'application d'une sanction pénale qui, sur base de l'article 5 du Traité de Port-Louis, est déterminée par l'Etat partie. L'on se trouvera donc dans une hypothèse dans laquelle la CCJA appliquera une loi nationale.

VI. Du rôle des parlements nationaux : absents en amont, présents en aval

434. « Absents de tout le processus d'élaboration des normes communautaires, les parlements nationaux sont pourtant chargés de voter les règles destinées à faire respecter les AU. Pour y procéder efficacement, il leur faut une certaine maitrise des tenants et des aboutissants de chacune des dispositions communautaires. Mais ce qu'on remarque c'est qu'ils ne sont même pas représentés dans les comités nationaux OHADA. Ce qui laisse entrevoir une certaine

[528] N. DIOUF, *op. cit.*, p. 13.

exclusion des parlements nationaux de l'œuvre d'harmonisation. Détenteurs d'une compétence résiduelle de fixation du quantum des peines encourues, les représentants des nations se retrouvent obligés, du fait de leur inaptitude à appréhender le droit OHADA sous ses différents aspects (*sic*), de voter sans vraiment les discuter ou, encore moins, amender les projets de lois qui sont préparés par les directions des affaires criminelles ou les services des Ministères de la Justice. Il en résulte un dessaisissement de facto des parlements nationaux de leurs compétences législatives en droit des affaires au profit des pouvoirs exécutifs. C'est dans ce sens qu'il faut comprendre les inquiétudes de Me DOUDOU NDOYE qui s'interrogea sur la nécessité d'une institution qui 'dénie aux peuples africains un minimum de contrôle sur les choix relatifs à leur destin' »[529].

435. « Dans le cas où la loi nationale est le résultat d'une proposition de loi, donc d'une initiative parlementaire, il risque de se poser des problèmes d'adéquation entre les buts visés par l'OHADA, les moyens à sa disposition et les dispositions nationales d'application. L'exemple le plus patent est donné par les Etats au risque de créer des paradis pénaux. Et lorsqu'elle résulte d'un projet de loi, c'est le contrôle parlementaire qui risque de ne pas être correctement exercé. C'est pourquoi il est impératif de poser des principes directeurs communautaires pour orienter les politiques législatives nationales »[530].

Toutes ces difficultés relatives à la mise en œuvre peuvent être résorbées et résolues par la mise en place de certains palliatifs que nous allons aborder dans les lignes qui suivent.

D'ores et déjà, nous pouvons mentionner l'importance de la formation des parlementaires aux principes et techniques de l'OHADA, car l'adoption de sanctions pénales efficientes a pour préalable une bonne compréhension des institutions-règles et principes que le droit pénal vient protéger. En sus, il serait de bon aloi d'accroitre les rapports entre les parlements nationaux et la Commission Nationale OHADA[531].

---

[529] DOUDOU NDOYE, « *Le traité relatif à l'OHADA, la Constitution sénégalaise et les principes du droit processuel* », in Revue EDJA, n° 22, juillet à septembre 1994, p. 15.

[530] F. ANOUKAHA, A. CISSE, N. DIOUF, et al., *op. cit.*, p. 238.

[531] Celle-ci est créée par le Décret n° 010/13 du 23 mars 2010 portant création, organisation et fonctionnement de la Commission Nationale de l'Organisation pour l'Harmonisation en Afrique du Droit des Affaires (OHADA). Placée sous l'autorité

SECTION 6. MECANISMES NATIONAUX DE GARANTIE DE LA MEILLEURE MISE EN ŒUVRE DU DROIT PENAL ISSU DE L'OHADA

436. Nonobstant le nombre important d'incriminations permettant de mettre en cause la responsabilité des dirigeants sociaux pour ce qui est des infractions du droit des sociétés OHADA, nous avons vu qu'il est ce jour impossible de mettre en œuvre effectivement cette responsabilité pour multiples raisons évoquées et abordées *supra*. D'autre part, nous avons vu que le principe issu de l'article 5 n'est pas sans occasionner des difficultés quant à l'égalité et la légalité dans l'espace OHADA.

Aussi, forts de toutes ces critiques, nous allons dans les prochaines lignes proposer des pistes de solution pouvant permettre de résoudre la problématique de la difficile rencontre entre le droit pénal et le droit communautaire ohadien. Ces pistes de solutions sont envisagées au plan national.

437. L'article 5 du Traité fait obligation à la République Démocratique du Congo, notre pays, de fixer les sanctions pénales applicables aux comportements incriminés par les Actes uniformes. Sur base de l'article 26 de la Convention de Vienne sur le droit des Traités, et du principe *Pacta sunt servanda* y consacré, la République Démocratique du Congo doit exécuter de bonne foi cette obligation lui faite. Il doit donc être adopté une loi relative aux sanctions pénales applicables aux infractions prévues par les Actes uniformes (paragraphe 1). Cependant, à défaut de le faire, certains textes internes pourraient-ils

---

du Ministre ayant la Justice dans ses attributions, elle est chargée de l'étude et du suivi des questions relatives à la coopération et à l'intégration en matière de droit des Affaires dans le cadre de l'Organisation pour l'Harmonisation en Afrique du Droit des Affaires (OHADA). A cet effet, elle assure des attributions générales et des attributions spéciales définies par les dispositions ci-dessous. Elle assure, notamment, le traitement, la mise en œuvre et le suivi des actes et décisions relatif à l'harmonisation du droit des affaires, l'étude des avant-projets d'actes uniformes ou de règlements et la formulation d'observations pour le compte et à' l'attention du Gouvernement, la promotion de la formation sur le droit des affaires harmonisé, la collecte, la centralisation, la diffusion de l'information juridique et la vulgarisation de la documentation relative au droit des Affaires harmonisé, l'organisation et le suivi de la mise en conformité du droit national par rapport au droit des affaires harmonisé, la formulation d'observations sur les difficultés constatées dans l'application du Traité, des actes uniformes et des règlements de l'Organisation pour l'Harmonisation en Afrique du Droit des Affaires (OHADA) pour le compte du Gouvernement.

éventuellement suppléer à ce vide et servir à sanctionner toutes les infractions aux règles fixées par les Actes uniformes (paragraphe 2) ?

§1. De l'adoption des sanctions pénales applicables aux infractions contenues dans les Actes uniformes

438. L'article 122 de la Constitution du 18 février 2006 dispose, sous le sixièmement, que la détermination des infractions et des peines qui leur sont applicables (...) est fixée par la loi. Il s'agit donc d'une matière rentrant dans le domaine réservé du législateur[532].

Cependant, l'adoption de cette loi nécessite et requiert l'identification :

- Des Actes uniformes dont les incriminations sont visées (A) ;
- Des infractions prévues en droit congolais qui se rapprochent le mieux des nouvelles incriminations des Actes uniformes pour une meilleure harmonie juridique (B) ;
- L'identification de valeurs axiologiques protégées par les incriminations, ainsi que des objectifs de politique répressive des autorités publiques ;
- La prise en compte des sanctions déjà fixées par les autres Etats de l'espace OHADA.

---

[532] Il est intéressant de se demander qui, des assemblées provinciales et du Parlement est compétent pour adopter la loi fixant les sanctions pénales applicables aux infractions contenues dans les Actes uniformes. Il est vrai que la réponse qui semble s'imposer est celle consistant à désigner le Parlement. Cependant, il est étonnant de constater qu'une telle réponse n'a pas d'assise constitutionnelle. En effet, si l'article 122, en son point 6 désigne le pouvoir législatif pour fixer les peines, cela ne suffit pas pour asseoir les compétences du Parlement. En effet, il faudrait en plus que cette compétence lui ait été attribuée par le Constituant sur base des articles 202, 203 et 204 opérant la répartition des compétences entre le Parlement et les assemblées provinciales. Or, la glose de ces articles nous révèle que seules les assemblées provinciales se voient reconnaitre le pouvoir de fixer les peines pour assurer le respect des édits (article 204 point 14). Pour le reste, il n'est rien dit pour ce qui est de la compétence du Parlement pour fixer les peines. Le raisonnement a contrario consistant à arguer que le Parlement se retrouve compétent pour fixer les peines autres que celles visées par l'article 204 point 14 ne vaut pas car en droit public, non seulement la compétence est d'attribution, mais encore il est de principe qu'*ubi lex voluit, dixit, ubi lex noluit, tacuit.* Nous pensons qu'il s'agit d'un problème de légistique regrettable qui peut fausser l'interprétation et l'application des principes constitutionnels.

I. De la détermination des Actes uniformes visés

439. Dans le cadre de notre travail qui, rappelons-le a porté sur la responsabilité des dirigeants sociaux en droit OHADA, les Actes uniformes concernés par la fixation au plan national de sanctions pénales sont l'AUSCGIE (1), et l'Acte uniforme portant organisation et harmonisation des comptabilités des entreprises sises dans les Etats-Parties au Traité relatif à l'harmonisation du droit des affaires en Afrique (2).

A. De l'adoption d'une loi fixant les sanctions pénales applicables aux infractions contenues dans l'AUSCGIE

440. A l'image de la loi sénégalaise n° 98-22 du 26 mars 1998 portant sur les sanctions pénales applicables aux infractions contenues dans l'AUSC, il est impératif, aux termes de l'article 5 du Traité, que la République Démocratique du Congo se dote d'une loi similaire. Cependant, il ne suffit pas déterminer l'Acte uniforme concerné : encore faut-il déterminer les dispositions de cet Acte uniforme qui nécessiteront une intervention du législateur congolais ; il s'agit, dans le cadre de notre étude sur la responsabilité des dirigeants sociaux, des articles suivants :

- la simulation de souscription ou de versement et de la publication de faits faux : article 887 aux points 1° et 3° ;
- l'établissement du certificat de dépôt des souscriptions ou de versement : article 887-1° et 2° ;
- Des déclarations notariées mensongères : article 887- 1° ;
- De la majoration frauduleuse d'apports en nature : article 887-4° *in fine ;*
- De l'émission irrégulière d'actions ou de valeurs mobilières : article 886 ;
- De la négociation irrégulière d'actions ou de valeurs mobilières : article 888 ;
- De l'abus des biens et du crédit de la société : article 891 ;
- De la publication des états financiers faux ou inexacts : article 890 ;
- De la distribution des dividendes fictifs : article 889 ;
- Des infractions relatives à la communication de la comptabilité : article 890 ;
- Des infractions d'entrave aux fonctions du commissariat aux comptes (articles 897 et 900 de l'AUSCGIE) ;

- Des infractions commises par les commissaires aux comptes : informations mensongères (article 899 de l'AUSCGIE), la non-révélation de faits délictueux (article 899 de l'AUSCGIE) ;
- Des atteintes aux droits des associés : article 892 de l'AUSCGIE ;
- Des infractions relatives aux modifications du capital : 893 à 896 de l'AUSCGIE ;
- De l'utilisation indue des expressions contenues dans l'AUSCOOP : article 386 de l'AUSCOOP.

B. Des peines applicables aux infractions de l'Acte uniforme portant organisation et harmonisation des comptabilités des entreprises

441. Nous avons vu que l'Acte uniforme portant organisation et harmonisation des comptabilités des entreprises sises dans les Etats-Parties au Traité relatif à l'harmonisation du droit des affaires en Afrique a aussi prévu des incriminations imputables aux dirigeants sociaux. C'est le cas de l'article 111 qui reprend pratiquement les mêmes infractions que celles prévues à l'article 890 de l'AUSCGIE, à savoir le défaut d'inventaire et la présentation d'états financiers inexacts, mieux, infidèles.

442. Aussi pensons-nous que le législateur devra adopter une seule et même sanction pénale pour les articles 890 de l'AUSCGIE et 111 de l'Acte uniforme portant organisation et harmonisation des comptabilités des entreprises sises dans les Etats-Parties au Traité relatif à l'harmonisation du droit des affaires en vue d'assurer une harmonie dans la législation répressive congolaise. Et pour des raisons de clarté et de sécurité juridique, la loi fixant les dispositions pénales de ces deux textes devra spécifier explicitement et clairement qu'elle les concerne tous les deux, sous peine de créer un vide juridique : en effet, s'il y a ressemblance entre les deux dispositions, il n'y a cependant pas identité. C'est d'ailleurs pourquoi nous avons tenu tout au long de notre travail à distinguer les deux textes, sans toutefois manquer d'établir le parallélisme existant entre eux.

II. De la détermination des infractions prévues en droit congolais proches des incriminations des AU

443. Sur le plan national, il est plus qu'impérieux que le législateur adopte, en vertu de l'article 5 du Traité de Port-Louis, des sanctions applicables aux incriminations consacrées dans les Actes uniformes, en l'occurrence, en ce qui nous concerne, l'AUSCGIE, sinon, ce se-

rait, pour emprunter l'expression du Professeur KUMBU, « un silence coupable »[533]. Bien que l'article 5 du Traité de Port-Louis fasse obligation à la République Démocratique du Congo d'adopter des sanctions pénales applicables aux incriminations prévues par les Actes uniformes, cet établissement des sanctions doit se faire dans le respect d'une certaine harmonie au sein de l'arsenal juridique congolais.

En effet, cette harmonie commande que la fixation des sanctions aux incriminations des Actes uniformes se fasse en tenant compte des infractions de droit commun déjà existantes et appliquées en droit congolais, ceci afin d'éviter qu'il n'existe un hiatus trop grand entre les premières et les dernières. Il serait en effet illogique de sanctionner, par exemple, l'infraction d'abus de biens sociaux d'une peine de servitude pénale de trois mois à deux ans, alors que l'infraction d'abus de confiance qui lui est proche est punie d'une peine de servitude pénale de trois mois à cinq ans[534].

444. C'est la raison pour laquelle nous estimons que dans la démarche de fixation des sanctions pénales applicables aux incriminations prévues par les Actes uniformes, il est de bon aloi de partir de l'identification des infractions nationales qui leur sont proches, et enfin de moduler les peines soit dans le sens d'une plus grande sévérité (en augmentant le taux des amendes ou la durée de la servitude pénale), soit dans le sens d'une plus faible sanction (en diminuant le taux des amendes, ou en diminuant la durée de la servitude pénale) en fonction de la politique répressive[535], ou de protection d'une valeur axiologique donnée : mais dans tous les cas, le point de départ, ou le point de repère doit être les infractions déjà prévues en droit congolais.

445. Pour ce faire, dans le cadre de notre étude qui, rappelons-le, consiste en la détermination du régime de la responsabilité pénale des dirigeants sociaux, le tableau ci-contre indique les différentes incriminations en droit OHADA, celles en droit congolais s'y rapprochant[536], ainsi que les sanctions prévues en droit congolais :

---

[533] J. M. KUMBU KI NGIMBI, « *Le silence coupable* », in Afrique d'Espérance, n° 2, février-mai 2003, pp. 8-10.

[534] Voy. article 95 du Décret du 30 janvier 1940 portant Code pénal.

[535] Comme par exemple un objectif de lutte contre la criminalité en col blanc, ou d'assainissement d'un secteur économique donné, ou même de « tolérance zéro ».

[536] Il nous faut insister avec force sur le fait que ce tableau fait ressortir les ressemblances et non les identités entre les incriminations en droit OHADA et en droit congolais : *il y a ressemblance, et non identité*. Aussi, le lecteur se gardera d'établir une identité ou une égalité entre les incriminations qui auront été mises en parallèle.

N°	Droit OHADA	Droit congolais	Remarques
1.	Simulation de souscription ou de versement (Article 887 aux points 1° et 3° de l'AUSCGIE)	Escroquerie (article 98 du D. du 30 janvier 1940 portant Code pénal).	Dans la mesure où il y a production de pièces ou de documents.
2.	Publication de faits faux (Article 887 de l'AUSCGIE)	Escroquerie (article 98 du D. du 30 janvier 1940 portant Code pénal). Article 2 de l'Ordonnance-Loi du 24 février 1950 sur la concurrence déloyale	A noter qu'il s'agit des manœuvres frauduleuses par publicité. Dans la mesure où l'une des pratiques de concurrence déloyale est commise (cfr. Affaire Pierre et Cristal en droit français).
3.	Etablissement mensonger du certificat de dépôt des souscriptions ou de versement (Article 887-1° et 2° de l'AUSCGIE)	—	—
4.	Déclarations notariées mensongères (Art. 887- 1° AUSCGIE)	Article 11 du Décret du 27 février 1887 sur les sociétés commerciales.	—
5.	Majoration frauduleuse d'apports en nature (Art. 887-4° *in fine* AUSCGIE)	Escroquerie (article 98 du D. du 30 janvier 1940 portant Code pénal).	L'on pourrait penser à l'escroquerie, la manœuvre frauduleuse consistant ici en la majoration frauduleuse de l'apport.
6.	Emission irrégulière d'actions ou de valeurs mobilières (Art. 886 de l'AUSCGIE)	—	—
7.	Négociation irrégulière d'actions ou de valeurs mobilières (Art. 888 de l'AUSCGIE)	—	—
8.	Abus de biens et du crédit de la société (Article 891 de l'AUSCGIE)	Abus de confiance (article 95 du Code Pénal Congolais). Recel de choses —	Sous réserve des éléments mentionnés dans le tableau comparatif dressé dans le corps du travail. Pour ce qui est des complices et des coauteurs
9.	Atteintes aux droits d'associés (article 892 de l'AUSCGIE)	—	—
10.	De l'obstacle au contrôle et du refus de contrôle (articles 897, 899 et 900 de l'AUSCGIE)	—	—
11.	De la distribution des dividendes fictifs (Article 889 de l'AUSCGIE)	Escroquerie (Article 98 du D. du 30 janvier 1940 portant Code pénal).	—

12.	Des infractions relatives à la communication de la comptabilité (Article 890 de l'AUSCGIE).	—	—
13.	L'augmentation du capital (Article 893 de l'AUSCGIE).	—	—
14.	La réduction du capital (Article 896 de l'AUSCGIE).	—	—
15.	Banqueroute, cas assimilés à la banqueroute, et infractions connexes (Articles 226 et suivants de l'AUPCAP).	Banqueroute, et cas assimilés à la banqueroute (articles 86 et suivants du D. du 30 janvier 1940 portant Code pénal). —	Pour ce qui est des incriminations connexes (comme « les infractions protégeant les incapables), nous avons déjà abordé la difficulté qu'il y a à identifier la sanction en droit interne qui s'y rapporte.

§2. Glose du Décret du 6 août 1922

446. Le Décret du 6 août 1922 sur les sanctions applicables aux infractions à l'égard desquelles la loi ne détermine pas de peines particulières dispose en son article premier :

> « Les contraventions aux décrets, ordonnances, arrêtés, règlements d'administration intérieure et de police, à l'égard desquelles la loi ne détermine pas de peines particulières seront punies d'une servitude pénale de deux mois au maximum et d'une amende n'excédant pas deux mille francs, ou d'une de ces peines seulement ».

La mention de cet article à cette étape de notre travail vise à répondre à la question de savoir si, au cas où le législateur congolais n'adopte pas des sanctions pénales applicables aux incriminations des Actes uniformes, le Décret du 6 aout 1922 serait d'application : *aliis verbis*, conformément aux dispositions pertinentes de ce décret, la peine applicable à toutes ces incriminations serait celle d'une servitude pénale de deux mois au maximum et d'une amende n'excédant pas deux mille francs, ou une de ces peines seulement.

447. Cependant, la glose de cet article nous révèle qu'à la question soulevée *supra* la réponse est négative pour les raisons suivantes :

- L'article 1er du Décret du 6 aout 1922 parle des décrets, ordonnances, arrêtés, règlements d'administration intérieure et de police, mais pas d'un traité international, ni un texte constitutionnel. Or les traités internationaux n'ont pas valeur législative, mais plutôt supra législative sur base de l'article 215 de la Constitution du 18 février 2006 ;

- La première raison appelle la seconde : du fait que les traités ne sont pas cités par ce Décret, et sur base du principe *Poenalia sunt restriganda*, qui lui-même est un des corollaires du principe *Nullum crimen, nulla poena sine lege*, le Décret ne peut concerner les incriminations contenues dans les Actes uniformes à défaut de sanctions pénales adoptées par le législateur congolais.

La mise en œuvre de la responsabilité pénale des dirigeants sociaux ne nécessite pas seulement des mesures au niveau national, mais aussi et surtout au niveau communautaire.

ANNEXES

ANNEXE I.

TEXTES APPLICABLES ET REGIME JURIDIQUE DES SOCIETES COMMERCIALES EN RDC[537]

TEXTE CONGOLAIS	OBJET	AUSCGIE	OBSERVATIONS
DECRET DU 30 JUILLET 1888 SUR LES CONTRATS ET LES OBLIGATIONS CONVENTIONNELLES			
Art. 446.1	Définition du contrat de société	Articles 4 et 5	Identité d'objet. L'article 4 AUSCGIE est même plus précis que. En outre, l'art. 446.1 CCLIII est contraire à l'article 5 AUSCGIE. De ce fait, l'article 446.1CCCLIII est abrogé
Art. 446.2	Durée indéterminée du contrat de société à défaut de précision des associés	Aucune disposition similaire	La possibilité de constituer une société pour une durée indéterminée est exclue dans l'AUSCGIE. La durée de la société figue parmi les mentions obligatoires devant figurer dans les statuts. L'article 446.2 CCCLIII est incompatible avec l'AUSCGIE et est donc abrogé
Art. 446.3	Conséquences de la perte fortuite d'un apport de capital	A l'exception de son 66, L'AUSCGIE ne contient aucune disposition similaire	L'art. 446.3 CCCLIII est une disposition complémentaire et compatible avec l'AUSCGIE. Il n'est donc pas abrogé

[537] Source : Ministère de la justice et des droits humains, Commission nationale OHADA CNO – RDC, *Harmonisation du droit Congolais avec les actes uniformes de l'OHADA*, pp. 243-322.

Art. 446.4 et 466.5	Sanction du non-respect par les associés de leur engagement au titre du contrat de société – Modalités de la dissolution de la société	Art. 75 à 80 Art. 200 al. 5	Identité d'objet. Les articles 446.4 et 446.5 CCCLIII sont abrogés
DECRET DU ROI SOUVERAIN DU 27 FEVRIER 1887 SUR LES SOCIETES COMMERCIALES			
Art. 1 al. 1	Individualité juridique de la société par rapport aux associés	Aucune disposition identique. Cependant, l'AUSCGIE donne naissance à une personne morale indépendante dotée de la personnalité juridique (voir notamment art. 98 AUSCGIE)	Cette disposition est abrogée car non nécessaire
Art. 1 al. 2	Nomenclature de sociétés commerciales	Art. 6 al. 2 de l'AUSCGIE Acte uniforme relatif au droit des sociétés coopéra-tives	Abrogation de l'art. 1 al. 2 du Décret du 27 février 1887
Art. 2 à 5	Obligation de dépôt des actes de sociétés et de toute leur modification – Régime de nullité pour défaut de dépôt – Publication des actes de sociétés au Journal officiel par voie d'insertion et/ou sur son site internet (Loi n. 10/008 du 27 février 2010)- Contenu obligatoire	Art. 101 et 257 et ss. AUSCGIE	Identité d'objet et dispositions partiellement contraires ou contradictoires a l'AUSCGIE et a l'AUDCG. Par ailleurs, les dispositions de l'AUSCGIE sont plus complètes et plus précises. Les art. 2 à 5 du Décret de 1887 sont donc abrogés.
Art. 6	Autorisation préalable obligatoire pour la constitution des sociétés par actions à responsabilité limitée et des sociétés coopéra-tives	Aucune disposition	Disposition contraire à l'esprit et à la lettre de l'AUSCGIE et à l'Acte uniforme relatif au droit des sociétés coopératives. L'art. 6 du Décret de 1887 doit dont être abrogé
Art. 7	Modalités du pouvoir de représentation de la société	Art. 104 et 121 de l'AUSCGIE	Le maintien de cette disposi-tion ne semble pas utile. Elle est donc abrogée.

Art. 8	Capacité d'exercer et d'ester en justice	Aucune disposition	Disposition compatible et complémentaire à l'AUSCGIE. L'art. 8 du Décret de 1887 est donc maintenu
Art. 9	Capacité des sociétés étrangères pour la fondation de tout type de succursale au Congo – Obligation et délais pour le dépôt et la publication des actes de cette succursale.	Art. 116 et ss. AUSCGIE	Identité d'objet et disposition contraire à l'AUSCGIE. L'art. 9 du Décret de 1887 est donc abrogé
Art. 10	Action en justice et responsabilité pour la gestion des succursales de sociétés étrangères	Art. 117 AUSCGIE	Disposition contraire à l'AUSCGIE. L'art. 10 du Décret de 1887 est donc abrogé
Art. 11	Sanction du dépôt frauduleux des actes de société – Délit d'escroquerie	Art. 75, 164, 259 et 887 AUSCGIE	Identité d'objet et disposition contraire à l'AUSCGIE. L'AUSCGIE ne prévoit pas le cas de dol et tromperie envers les tiers, sauf en son Art. 164. L'art. 11 du Décret de 1887 doit donc être abrogé
Art. 12	Autorisation gouvernementale pour posséder ou acquérir un terrain à partir d'une certaine dimension	Aucune disposition	Disposition particulière du droit national qui n'est pas abrogée
Art. 13 al. 1 et 2	Frais pour le dépôt des actes des sociétés privées à responsabilité limitée et des sociétés par actions à responsabilité limitée	Aucune disposition	Disposition particulière du droit national qui n'est pas abrogée. Cependant, une modification des terminologies de sociétés pour les adapter l'AUSCGIE s'impose
Art. 13 al. 3 et ss.	Amende fiscale pour dépôt tardif des actes de sociétés dans les délais – Paiement d'un droit proportionnel pour certaines sociétés	Aucune disposition	Disposition particulière du droit national qui n'est pas abrogée
Art. 14	Définition de la société en nom collectif	Art. 270 AUCGIE	Identité d'objet. L'AUSCGIE est par ailleurs plus précis et complet. L'art. 14 est donc abrogé
Art. 15	Formation des sociétés en nom collectif - renvoi aux formalités de l'art. 207 du CCCLIII	Art. 10 et 11 AUSCGIE	Identité d'objet avec l'AUSCGIE. Il n'est pas nécessaire de conserver l'art. 15 du Décret qui n'apporte aucun complément. L'art. 15 du Décret de 1887 est donc abrogé

Art. 16	Dénomination sociale de la société en nom collectif	Art. 15 AUSCGIE	Identité d'objet. L'art. 16 du Décret de 1887 est donc abrogé
Art. 17	Unanimité requise pour toute cession de parts sociales dans la société en nom collectif Modalité de dissolution de la société pour décès d'un associé	Art. 274 à 290 AUSCGIE	Identité d'objet. Par ailleurs, les dispositions de l'AUSCGIE ont plus précises et complètes. L'art. 17 du Décret de 1887 est donc abrogé
Art. 18 al. 1, 2 et 4 Art. 19	Obligations et responsabilité des associés de la société en nom collectif	Art. 270 AUSCGIE	Identité d'objet avec l'AUSCGIE. Les alinéas 1, 2 et 4 de l'art. 18 ainsi que l'art. 19 du Décret de 1887 sont abrogés
Art. 18 al. 3	Retrait d'un associé	Aucune disposition	Disposition nationale particulière qui est conservée. L'art. 18 al. 3 est donc maintenu
Art. 20	Condition de l'engagement de la société en nom collectif pour les actes des associés	Art. 121 et 122 AUSCGIE	Disposition contraire à l'AUSCGIE. L'art 20 du Décret de 1887 est donc abrogé
Art. 21	Gestion des sociétés en nom collectif Nomination et révocation des gérants	Art. 276, 279 et 280 AUSCGIE	Identité d'objet et disposition partiellement contraire. L'art. 21 du Décret de 1887 est donc abrogé
Art. 22	Contenu du pouvoir des gérants des sociétés en nom collectif	Art. 227 AUSCGIE	Identité d'objet. L'art. 227 AUSCGIE est plus complet. L'art. 22 du Décret de 1887 est donc abrogé
Art. 25	Modalités pour la modification des statuts des sociétés en nom collectif	Art. 10, 72, 245 et 263 AUSCGIE	Identité d'objet. Les dispositions de l'AUSCGIE sont par ailleurs plus complètes. L'art. 25du Décret de 1887 est donc abrogé
Art. 26	Définition de la société en commandite simple	Art. 293 AUSCGIE	Identité d'objet. L'art. 26 du Décret de 1887 est donc abrogé
Art. 27	Dénomination sociale de la société en commandite simple	Art. 294 al. 2 AUSCGIE	Identité d'objet. L'art. 27 du Décret de 1887 est donc abrogé
Art. 28	Intérêts et dividendes perçus par l'associé commanditaire	Aucune disposition	Disposition complémentaire qui peut être conservée. L'art. 28 du Décret de 1887 est maintenu

Art. 29	Obligation des associés commandités Condition d'engagement de la société pour les actes des associés commandités	Aucune disposition	Référence aux art. 18 à 20 dont seul l'art. 18 al. 3 est maintenu. L'art. 29 du Décret de 1887 est maintenu seulement en ce qui concerne l'art. 18 al. 3 du Décret de 1887
Art. 30	Cession des parts des associés de la société en commandite simple	Art 296 et 297 AUSCGIE	Identité d'objet et disposition contraire à l'AUSCGIE. L'art. 30 du Décret de 1887 est donc abrogé
Art. 31	Gestion des sociétés en commandite simple Pouvoir des gérants Associés commandités	Art. 298 AUSCGIE	Identité d'objet. L'art. 31 du Décret de 1887 est donc abrogé
Art. 32	Absence de pouvoir de gestion externe des associés commandités	Art. 299 et 301 AUSCGIE	Identité d'objet. L'art. 32 du Décret de 1887 est donc abrogé
Art. 33	Sanction des associés commanditaires pour des actes de gestion prohibés	Art. 300 AUSCGIE	Identité d'objet L'art. 33 est donc abrogé
Art. 35	Formalités pour la formation des sociétés en commandite simple et pour la modification de leurs actes	Art. 305 AUSCGIE	Attendu que les art. 15 et 25 du Décret de 1887 sont abrogés, l'art. 35 du Décret de 1887 est lui aussi abrogé
Art. 36 à38	Définition de la société privée à responsabilité limitée Dénomination sociale Mention obligatoire du siège social	Art. 14, 17, 23, 309, 310 AUSCGIE	Identité d'objet et dispositions contraires à l'AUSCGIE. Il se pose aussi un problème de terminologie au regard des dispositions de l'AUSCGIE. Les art. 36 à 38 sont donc abrogés
Art. 39	Interdictions relatives au financement par appel public à l'épargne et émission d'obligations	Art. 780 et 823 AUSCGIE	Identité d'objet. L'art. 39 est donc abrogé
Art. 40	Montant et souscription du capital social des sociétés privées à responsabilité limitée	Art. 61 et 311 AUSCGIE	Identité d'objet. L'art. 40 du Décret de 1887 est donc abrogé
Art. 41	Objet sociale des sociétés privées à responsabilité limitée Interdiction pour la capitalisation, l'assurance et l'épargne	Aucune disposition	Disposition nationale particulière qui peut être conservée L'art. 41 du Décret de 1887 est donc maintenu

Art. 42	Modalités pour la transformation des sociétés privées à responsabilité limitée	Art 181 et 182 AUSCGIE	Identité d'objet. L'art. 42 du Décret de 1887 est donc abrogé
Art. 43 et 44	Formalités pour la constitution des sociétés privées à responsabilité limitées	Art. 10, 11 et 315 AUSCGIE	Identité d'objet et dispositions contraires à l'AUSCGIE. Les art. 43 et 44 AUSCGIE sont donc abrogés
Art. 45 et 46	Mentions obligatoires pour l'acte constitutif des sociétés privées à responsabilité limitée et pour les augmentations du capital	Art. 13 et 67 AUSCGIE	Identité d'objet Les art. 45 et 46 AUSCGIE sont donc abrogés
Art. 48	Irrecevabilité de l'action pour la non publication de l'acte constitutif des sociétés privées à responsabilité limitée	Aucune disposition prévoyant une telle sanction	Disposition nationale particulière qui peut être conservée. L'art. 48 du Décret de 1887 est donc maintenu
Art. 49	Modalités pour la modification des statuts	Art. 10, 72 et 124 AUSCGIE	Identité d'objet. L'art. 49 du Décret de 1887 est donc abrogé
Art. 50	Parts sociales du capital des sociétés privées à responsabilité limitée	Art. 51, 53, 54 et 346 AUSCGIE	Identité d'objet. Les dispositions de l'AUSCGIE sont par ailleurs plus précises. L'art. 51 du Décret de 1887 est donc abrogé
Art. 51	Droits attachés aux parts sociales des sociétés privées à responsabilité limitée	Art 51, 53, 54 et 346 AUSCGIE	Identité d'objet. Les dispositions de l'AUSCGIE sont plus complètes. L'art. 51 du Décret de 1887 est donc abrogé
Art. 52	Indivisibilité des parts sociales des sociétés privées à responsabilité limitée. Cas de suspension des droits y afférant	Art. 52 et 55 AUSCGIE	Identité d'objet et disposition contraire puisque l'AUSCGI ne prévoit pas un tel cas de suspension. L'art. 52 du Décret de 1887 est donc abrogé
Art. 53	Modalités d'usufruit sur les parts sociales des sociétés privées à responsabilité limitée Cas de suspension du droit de vote	Art. 55, 127 et 128 AUSCGIE	Identité d'objet et disposition contraire. L'AUSCGIE ne prévoit pas un tel cas de suspension. L'art. 53 du Décret de 1887 est donc abrogé

Art. 54	Gage sur les parts sociales des sociétés privées à responsabilité limitée	Art. 322 AUSCGIE Art. 140 et ss. AUS	Identité d'objet et disposition contraire à l'AUSCGIE. En droit OHADA, on parle de nantissement de parts sociales car cette garantie s'opère sans dépossession. L'art. 54 est donc abrogé
Art. 55 et 56	Tenue du registre des associés Certificat délivré aux associés	Aucune disposition	Dispositions particulières dont le maintien est utile pour compléter l'AUDCG Les art. 55 et 56 du Décret de 1887 sont donc maintenus
Art. 57 à 59	Modalités de cession des parts sociales des sociétés privées à responsabilité limitée Procédure d'agrément Refus d'agrément	Art. 317, 318, 319 t 321 AUSCGIE	Identité d'objet et dispositions partiellement contraires à l'AUSCGIE. L'AUSCGIE est plus précis mais il ne prévoit pas la possibilité de demander la dissolution de la société pour refus d'agrément. Les art. 57 à 59 sont donc abrogés
Art. 60	Possibilité de saisie des parts sociales des sociétés privées à responsabilité limitée	Art. 85 à 90 AUPSRVE	Disposition contraire au droit OHADA. L'art. 60 du Décret de 1887 est donc abrogé
Art. 61	Opposabilité de la cession des parts sociales des sociétés privées à responsabilité limitée Publicité	Art. 317 AUSCGIE	Identité d'objet et disposition contraire à l'AUSCGIE. L'AUSCGIE prévoit une publication au RCCM et non au registre des associés. L'art. 61 du Décret de 1887 est donc abrogé
Art. 62	Rachat par la société des parts sociales de la société privée à responsabilité limitée	Art. 319 al. 6 AUSCGIE	Identité d'objet. L'art. 62 du Décret de 1887 est abrogé
Art. 63	Appels de fonds sur les parts sociales non entièrement libérées dans les sociétés privées à responsabilité limitée	Aucune disposition	Disposition contraire à l'AUSCGIE qui prescrit que le capital social doit être intégralement libéré à la souscription. L'art. 63 du Décret de 1887 est donc abrogé
Art. 64 à 67	Gérance de la société privée à responsabilité limitée Nomination Durée Révocation	Art. 323, 324, 325 et 326 AUSCGIE	Identité d'objet et dispositions partiellement contraires. Les art. 64 à 67 AUSCGIE sont abrogés

Art. 68	Pouvoirs des gérants de la société privée à responsabilité limitée	Art. 328 et 329 AUSCGIE	Identité d'objet. L'art. 68 du Décret de 1887 est donc abrogé
Art. 69	Gestion journalière par un agent ou mandataire de la société privée à responsabilité limitée	Aucune disposition explicite dans l'AUSCGIE (voir cependant l'art. 323 AUSCGIE)	Disposition complémentaire qui peut être conservée. L'art. 69 du Décret de 1887 est donc maintenu
Art. 70	Gérant unique et pluralité des gérants Dualité d'intérêt avec la société privée à responsabilité limitée	Art. 328 et ss. AUSCGIE	Disposition contraire à l'AUSCGIE. L'art. 70 du Décret de 1887 est donc abrogé
Art. 71 à 77	Dispositions relatives aux « commissaires »	Art. 376 à 381 AUSCGIE	Dispositions identiques, sauf différence de terminologie (commissaire=commissaires aux comptes) et de régimes. Les art. 71 à 77 du Décret de 1887 sont donc abrogés
Art. 78 à 81	Tenue des assemblées générales des sociétés privées à responsabilité limitée Droit de vote Représentation	Art. 126, 334, 335, 357 et 358 AUSCGIE	Identité d'objet. Par ailleurs, l'AUSCGIE est plus précis et complet (exigence de l'assemblée extraordinaire pour la modification des statuts). Les art. 78 à 81 du Décret de 1887 sont donc abrogés
Art. 82	Périodicité de l'assemblée ordinaire annuelle des sociétés privées à responsabilité limitée	Art. 348 AUSCGIE	Identité d'objet et disposition contraire. L'art. 82 du Décret de 1887 est donc abrogé
Art. 83 et 84	Formalités pour la convocation des assemblées générales des sociétés privées à responsabilité limitée	Art. 337 et 338 AUSCGIE	Identité d'objet et dispositions partiellement contraires. Les art. 83 et 84 sont donc abrogés
Art. 85	Assemblée délibérant sur la réduction du capital social d'une société privée à responsabilité limitée	Art. 367 AUSCGIE	Identité d'objet et disposition contraire. L'art. 85 du Décret de 1887 est donc abrogé
Art. 86 et 87	Mode de délibération des assemblées ordinaires des sociétés privées à responsabilité limitée Procès-verbaux Calcul de la majorité	Art. 333, 342, 349 et 358 AUSCGIE	Identité d'objet et dispositions contraires à l'AUSCGIE. Les art. 86 et 87 AUSCGIE sont donc abrogés

Art. 88	Prorogation des assemblées des sociétés privées à responsabilité limitée	Aucune disposition	Disposition complémentaire qui peut être conservée. L'art. 88 du Décret de 1887 est donc maintenu
Art. 89 à 96 Art. 98	Clôture des écritures comptables Rapport de gestion Bilan annuel de l'état financier de la société privée à responsabilité privée Droit de communication des associés	Art. 137, 138, 139, 140 et 345 AUSCGIE AUDCE (Acte Uniforme sur la comptabilité des entreprises)	Identité d'objet et dispositions partiellement contraires. Les art. 89 à 96, ainsi que l'art. 98 du Décret de 1887 sont donc abrogés
Art. 97	Bénéfices distribuables de la société privée à responsabilité limitée	Art. 143 AUSCGIE	Identité d'objet et disposition contraire. L'art. 97 du Décret de 1887 est donc abrogé
Art. 99	Dissolution ou prorogation de la société privée à responsabilité limitée décidée par l'assemblée générale	Art. 33 et 200 4) de l'AUSCGIE	Identité d'objet. L'art. 99 du Décret de 1887 est donc abrogé
Art. 100	Dissolution dans le cas de variation des capitaux propres	Art. 371 AUSCGIE	Identité d'objet L'art. 100 du Décret de 1887 est donc abrogé
Art. 101	Causes de non dissolution de la société privée à responsabilité limitée	Art. 384 AUSCGIE	Identité d'objet. L'art. 101 AUSCGIE est donc abrogé
Art. 102 à 105 Art. 108	Responsabilité des gérants, fondateurs et commissaires de société privée à responsabilité limitée	Art. 78, 316, 330 et 381 AUSCGIE	Identité d'objet et dispositions partiellement contraires. Les art. 102 à 105 et l'art. 108 sont abrogés
Art.106 et 109	Responsabilité des fondateurs et gérants de la société privée à responsabilité limitée en cas de faillite, concordat judiciaire ou de sursis de paiement	Art. 106 et ss. AUSCGIE Art. 196 et ss. AUPCAP	Identité d'objet et dispositions contraires. Les art. 106 et 109 du Décret de 1887 sont donc abrogés
Art. 110	Conservation des droits des créanciers	Aucune disposition	Disposition contraire à l'esprit de l'AUSCGIE. L'art. 110 du Décret de 1887 est donc abrogé
Art. 111	Solidarité entre cédant et cessionnaire des parts sociales	Aucune disposition	Disposition complémentaire qui peut être conservée

Art. 112	Remboursement des dividendes non prélevés sur les bénéfices réels	Art. 346 al. 3 AUSCGIE	Identité d'objet. L'art. 112 du Décret de 1887 est donc abrogé
Art. 113	Cas de restitution des parts sociales Réduction irrégulière du capital de la société privée à responsabilité limitée	Art. 366 et ss. AUSCGIE	Disposition incompatible qui est abrogée
Art. 114 al. 1	Les sociétés dissoutes continuent à exister pour les besoins de la liquidation	Art. 201 al. 3 et 205 AUSCGIE	Identité d'objet. L'al. 1 de l'art. 114 du Décret de 1887 est donc abrogé
Art. 114 al. 2	Mention sur les pièces de la société dissoute qu'elle est en liquidation	Art. 204 al. 2 AUSCGIE	Identité d'objet. L'al. 2 de l'art. 114 du Décret de 1887 est donc abrogé
Art. 115 al. 1	Détermination du mode de liquidation et nomination des liquidateurs	Art. 206 AUSCGIE	Identité d'objet et disposition contraire. L'al. 1 de l'art. 115 du Décret de 1887 est donc abrogé
Art. 115 al. 2	Détermination du mode de liquidation et nomination des liquidateurs par les tribunaux	Art. 208 AUSCGIE	Identité d'objet et disposition contraire. L'al. 2 de l'art. 115 du Décret de 1887 est donc abrogé
Art. 116	Les organes de gestion statutaires sont considérés comme liquidateurs à défaut de nomination de liquidateurs	Art. 208 AUSCGIE	Disposition contraire. L'art. 116 du Décret de 1887 est donc abrogé
Art. 117 et 118	Missions des liquidateurs	Art. 213 et ss. AUSCGIE	Identité d'objet et dispositions contraires. Les art. 117 et 118 du Décret de 1887 sont donc abrogés
Art. 119 à 121	Cession et réalisation de l'actif	Art. 213 et ss. AUSCGIE	Identité d'objet et dispositions contraires. Les art. 119 à 121 du Décret de 1887 sont donc abrogés
Art. 122	Responsabilité du liquidateur	Art. 221 AUSCGIE	Identité d'objet. L'art. 122 du Décret de 1887 est donc abrogé
Art. 123	Indication annuelle des résultats de la liquidation à l'assemblée générale	Art. 213 et ss. Ainsi que Art. 228 AUSCGIE	Disposition contraire. L'art. 123 du Décret de 1887 est donc abrogé

Art. 124	Clôture de la liquidation	Art. 217 et ss. AUSCGIE	Identité d'objet et disposition contraire. L'art. 124 du Décret de 1887 est donc abrogé
Art. 125 et 126	Délais de prescription des actions	Art. 221, 251, 316, 332 et 346 AUSCGIE	Dispositions contraires. L'AUSCGIE prévoit une prescription de 3 ans sauf délai pénal (10 ans). Les art. 125 et 126 du Décret de 1887 sont donc abrogés
Art. 127 à 129	Dispositions transitoires	Aucune disposition	Dispositions qui n'ont plus de raison d'être et qui doivent donc être abrogées
ARRETE ROYAL DU 22 JUIN 1926 SOCIETES PAR ACTIONS A RESPONSABILITE LIMITEE. AUTORISATION. CONDITION			
Art. 1 al. 1	Régime d'autorisation pour la création d'une société par actions à responsabilité limitée	Aucune disposition	Le régime de l'autorisation est contraire à l'esprit et à la lettre de l'AUSCGIE. L'art. 1 al. 1 de l'Arrêté Royal est donc abrogé
Art. 1-1	Acte constitutif sous forme authentique	Art. 10 et 11	L'exigence de la forme authentique des statuts était une obligation, en droit congolais, pour la SPRL et la SARL. Ils pouvaient en effet être sous seing privé pour les autres formes de société. L'AUSCGIE est sur ce point plus libéral. L'exigence d'un acte authentique n'y est plus, en effet, de rigueur. Les statuts peuvent, en droit OHADA, être constitués ou modifiés soit par acte authentique soit par acte sous seing privé. L'art. 1-1 de l'Arrêté Royal est donc abrogé
Art. 1-2	Présence de sept associés au minimum	Art. 385 al. 2	Disposition contraire à l'AUSCGIE. L'art. 1-2 de l'Arrêté Royal est donc abrogé
Art. 1-3	Le capital social doit être intégralement souscrit	Art. 388	Identité d'objet. L'art. 1-3 de l'Arrêté Royal est donc abrogé

Art. 1-4	Libération des actions d'un cinquième du capital	Art. 389 al. 1	Disposition contraire. Le capital doit être libéré d'1/4 dans l'AUSCGIE. L'art. 1-4 de l'Arrêté Royal est donc abrogé
Art. 1-5	Avoir social proportionné à l'objet social	Aucune disposition	Disposition contraire. L'AUSCGIE fixe simplement un capital social minimum. L'art. 1-5 de l'Arrêté Royal est donc abrogé
Art. 1-6 a)	Dispositions obligatoires de l'acte constitutif : objet de la société	Art. 19	Identité d'objet. L'art. 1-6 a) de l'Arrêté Royal est donc abrogé
Art. 1-6 b)	Dispositions obligatoires de l'acte constitutif : raison sociale ou dénomination sociale	Art. 14 et 16	Identité d'objet. L'art. 1-6 b) de l'Arrêté Royal est donc abrogé
Art. 1-6 c)	Dispositions obligatoires de l'acte constitutif : désignation des associés et étendue de leur responsabilité	Art. 13 et 397	Identité d'objet. L'art. 1-6 c) de l'Arrêté Royal est donc abrogé
Art. 1-6 e)	Dispositions obligatoires de l'acte constitutif : désignation des obligations des associés	Art. 13 et 397	Identité d'objet. L'art. 1-6 e) de l'Arrêté Royal est donc abrogé
Art. 1-6 f)	Dispositions obligatoires de l'acte constitutif : immeubles apportés à la société	Art. 45 et ss. et art. 400 et ss.	Identité d'objet. L'art. 1-6 f) de l'Arrêté Royal est donc abrogé
Art. 1-6 g)	Dispositions obligatoires de l'acte constitutif : indication des charges hypothécaires grevant les biens apportés	Aucune disposition	Disposition contraire. Ces indications font l'objet d'un rapport du commissaire aux comptes. L'art. 1-6 g) est donc abrogé
Art. 1-6 h)	Dispositions obligatoires de l'acte constitutif : conditions de réalisation des droits apportés en option	Art. 45 et ss.	Identité d'objet. L'art. 1-6 h) de l'Arrêté Royal est donc abrogé
Art. 1-6 i)	Dispositions obligatoires de l'acte constitutif : avantages particuliers	Art. 400 et ss.	Identité d'objet. L'art. 1-6 i) de l'Arrêté Royal est donc abrogé

Art. 1-6 j)	Dispositions obligatoires de l'acte constitutif : frais de constitution	Art. 106 et ss.	Identité d'objet. L'art. 1-6 j) de l'Arrêté Royal est donc abrogé
Art. 1-6 k)	Dispositions obligatoires de l'acte constitutif : siège social en RDC	Art. 23 et ss.	Disposition contraire. L'art. 1-6 k) de l'Arrêté Royal est donc abrogé
Art. 1-6 l)	Dispositions obligatoires de l'acte constitutif : durée de la société	Art. 28 et ss.	Disposition contraire. L'art. 1-6 l) de l'Arrêté Royal est donc abrogé
Art. 1-7 a)	Dispositions obligatoires de l'acte de société	Aucune disposition	Disposition contraire. L'art. 1-7 a) de l'Arrêté Royal est donc abrogé
Art. 1-7 b)	Dispositions obligatoires de l'acte de société : actions nominatives jusqu'à leur entière libération	Art. 749	Identité d'objet. L'art. 1-7 b) de l'Arrêté Royal est donc abrogé
Art. 1-7 c)	Dispositions obligatoires de l'acte de société : soumission à la loi belge des titres ou parts bénéficiaires, actions représentatives d'apports, etc.	Aucune disposition	Disposition contraire. L'art. 1-7 c) de l'Arrêté Royal est donc abrogé
Art. 1-8 a) et b)	Respect par l'acte constitutif : droit de vote.	Art. 538, 543 et ss. Art. 751 et ss.	Identité d'objet. L'art. 1-8 a) et b) de l'Arrêté Royal est donc abrogé
Art. 1-8 c)	Respect par l'acte constitutif : règles d'interdiction de prendre part au vote	Art. 543 et 553	Identité d'objet. L'art. 1-8 c) de l'Arrêté Royal est donc abrogé
Art. 2	Autorisation en cas de modification des statuts	Aucune disposition	Disposition contraire. L'art. 2 de l'Arrêté Royal est donc abrogé
Art. 2 bis et 2 ter	Dérogations à l'autorisation en cas de modification des statuts	Aucune disposition	Dispositions surannées et contraires. Les art. 2 bis et 2 ter de l'Arrêté Royal sont donc abrogés
Art. 3	Dispositions d'application	Aucune disposition	Disposition contraire. L'art. 3 de l'Arrêté Royal est donc abrogé

ORDONNANCE N. 11-14 DU 20 JANVIER 1951. PUBLICATION DES ACTES DE SOCIETE AU BULLETIN ADMINISTRATIF			
Art. 1	Dépôt de la copie des actes dont la publication est requise en deux exemplaires au tribunal de première instance	Art. 257 et ss. AUSCGIE Art. 37 et ss. AUDCG	Disposition contraire. L'art. 1 de l'Ordonnance 11-14 et donc abrogé
Art. 2	Transmission d'une copie de l'acte par le greffier au secrétaire général de la colonie	Aucune disposition	Disposition surannée
DECRET DU 13 AOUT 1954. UNIFICATION ET GROUPEMENT DES ACTIONS, TITRES OU PARTS BENEFICAIRES DES SOCIETES PAR ACTIONS A RESPONSABILITE LIMITEE			
Art. 1 A	Pouvoir de l'Assemblée générale de modifier ou remplacer les actions, titres, ou parts d'une catégorie à une autre Validité de la deliberation	Art. 555 al. 3	Identité d'objet et disposition contraire. L'AUSCGIE prévoit que la décision de l'assemblée générale n'est définitive qu'après approbation de l'assemblée spéciale des actionnaires concernés par les modifications. L'art. 1 A du Décret de 1954 est donc abrogé
Art. 1 B	Homologation de la décision de l'assemblée générale par la Cour d'appel du siège social de la société concernée	Art. 555 al. 3	Identité d'objet et disposition contraire. L'art. 1 B du Décret de 1954 est donc abrogé
Art. 2	Modalité du groupement des actions de certaines sociétés par actions à responsabilité limitée constituées avant le 1er janvier 1945	Aucune disposition	Disposition obsolète
Art. 3	Modalité du report du droit de gage émis sur des titres échangés ou remplacés conformément à un arrêté belge du 17 janvier 1949	Aucune disposition	Disposition obsolète
Art. 4 et 5	Dispositions transitoires	Aucune disposition	Dispositions obsolètes

ORDONNANCE-LOI N. 66-341 DU 07 JUIN 1966. SIEGE SOCIAL ET SIEGE ADMINISTRATIF DES SOCIETES DONT LE PRINCIPAL SIEGE D'EXPLOITATION EST SITUE AU CONGO			
Art. 1	Toutes sociétés dont le siège d'exploitation est au Congo doivent avoir leur siège social et leur siège administratif au Congo. Définition du siège administratif	Art. 24, 551 et 554	Disposition contraire. En droit OHADA, le siège social peut être dans un autre Etat. L'art. 1 de l'ordonnance-loi de 1966 est donc abrogée
Art. 2	Les sociétés constituées avant l'entrée en vigueur de l'ordonnance-loi doivent mettre en conformité leurs statuts	Art. 908	Disposition inutile car les statuts doivent être mis en conformité avec l'AUSCGIE. L'art. 2 de l'ordonnance-loi de 1966 est donc abrogé
Art. 3	Le transfert au Congo du siège social en vertu de l'art. 2 n'implique pas le paiement du droit proportionnel	Aucune disposition	L'abrogation de l'article 2 de l'ordonnance-loi de 1966 implique l'abrogation de celle-ci
Art. 4	Dispositions transitoires	Aucune disposition	Disposition obsolète
ARRETE MINISTERIEL CAB/EN/0025/72 DU 17 JUIN 1972 RELATIF AUX ACTES DES SOCIETES PAR ACTIONS A RESPONSABILITE LIMITEE (LEGISLATION REGLEMENTATION ECONOMIQUE ET COMMERCIALE)			
Arrêté Ministériel de 1972 dans son ensemble	Documents à produire au Ministère de l'économie nationale après une augmentation ou réduction du capital	Aucune disposition	Cet Arrêté constitue une précision nationale qui peut être conservée. Cependant, la terminologie doit être adaptée à celle de l'AUSCGIE. L'arrêté Ministériel de 1972 est donc maintenu dans son ensemble
ORDONNANCE-LOI N. 78-012 PORTANT REGLEMENTATION DU PAIEMENT DES DIVIDENDES REVENANT A L'ETAT DANS LES SOCIETES D'ECONOMIE MIXTE			
Art. 1	Obligations pour les sociétés d'économie mixte de payer à l'Etat une part des dividendes	Aucune disposition	Disposition nationale particulière qui peut être maintenue. L'art. 1 de l'ordonnance-loi de 1978 est donc maintenu

Art. 2	Dividendes dus avant l'entrée en vigueur de l'ordonnance-loi	Aucune disposition	Disposition obsolète
Art. 3	Dispositions d'application	Aucune disposition	Disposition qui peut être maintenue. L'art. 3 de l'ordonnance-loi de 1978 est donc maintenu
ORDONNANCE N. 85-214 DU 3 SEPTEMBRE 1985 RELATIVE AUX FRAIS DE DEPOT DES ACTES DE SOCIETES COMMERCIALES			
Ordonnance de 1985 dans son ensemble	Paiement d'un droit fixe pour le dépôt des actes de société	Aucune disposition	L'ordonnance de 1985 est une spécificité nationale qui peut être maintenue

ANNEXE II

TABLEAU SYNOPTIQUE DES INFRACTIONS AU DROIT DES SOCIETES EN DROIT CONGOLAIS ET EN DROIT OHADA

N°	Droit OHADA	Droit congolais	Remarques
1.	Simulation de souscription ou de versement (Article 887 aux points 1° et 3° de l'AUSCGIE)	Escroquerie (article 98 du D. du 30 janvier 1940 portant Code pénal).	Dans la mesure où il y a production de pièces ou de documents.
2.	Publication de faits faux (Article 887 de l'AUSCGIE)	Escroquerie (article 98 du D. du 30 janvier 1940 portant Code pénal). Article 2 de l'Ordonnance-Loi du 24 février 1950 sur la concurrence déloyale	A noter qu'il s'agit des manœuvres frauduleuses par publicité. Dans la mesure où l'une des pratiques de concurrence déloyale est commise (Cfr. Affaire Pierre et Cristal en droit français).
3.	Etablissement mensonger du certificat de dépôt des souscriptions ou de versement (Article 887-1° et 2° de l'AUSCGIE)	—	
4.	Déclarations notariées mensongères (Art. 887- 1° AUSCGIE)	Article 11 du Décret du 27 février 1887 sur les sociétés commerciales.	
5.	Majoration frauduleuse d'apports en nature (Art. 887-4° *in fine* AUSCGIE)	Escroquerie (article 98 du D. du 30 janvier 1940 portant Code pénal).	L'on pourrait penser à l'escroquerie, la manœuvre frauduleuse consistant ici en la majoration frauduleuse de l'apport.
6.	Emission irrégulière d'actions ou de valeurs mobilières (Art. 886 de l'AUSCGIE)	—	
7.	Négociation irrégulière d'actions ou de valeurs mobilières (Art. 888 de l'AUSCGIE)	—	—
8.	Abus de biens et du crédit de la société (Article 891 de l'AUSCGIE)	Abus de confiance (article 95 du Code Pénal Congolais). Recel de choses —	Sous réserve des éléments mentionnés dans le tableau comparatif dressé dans le corps du travail. Pour ce qui est des complices et des coauteurs

9.	Atteintes aux droits d'associés (article 892 de l'AUSCGIE)	————	————
10.	De l'obstacle au contrôle et du refus de contrôle (articles 897, 899 et 900 de l'AUSCGIE)	————	————
11.	De la distribution des dividendes fictifs (Article 889 de l'AUSCGIE)	Escroquerie (Article 98 du D. du 30 janvier 1940 portant Code pénal). ————	————
12.	Des infractions relatives à la communication de la comptabilité (Article 890 de l'AUSCGIE).	————	————
13.	L'augmentation du capital (Article 893 de l'AUSCGIE).	————	————
14.	La réduction du capital (Article 896 de l'AUSCGIE).	————	————
15.	Banqueroute, cas assimilés à la banqueroute, et infractions connexes (Articles 226 et suivants de l'AUPCAP).	Banqueroute, et cas assimilés à la banqueroute (articles 86 et suivants du D. du 30 janvier 1940 portant Code pénal). ————	Pour ce qui est des incriminations connexes (comme « les infractions protégeant les incapables), nous avons déjà abordé la difficulté qu'il y a à identifier la sanction en droit interne qui s'y rapporte.
16	Utilisation indue des expressions contenues dans l'AUSCOOP (Article 386 de l'AUSCOOP).	————	

ANNEXE III

COUR COMMUNE DE JUSTICE ET D'ARBITRAGE (CCJA : AVIS N°001/2001/EP du 30 avril 2001)

ORGANISATION POUR L'HARMONISATION EN AFRIQUE DU DROIT DES AFFAIRES (OHADA)

COUR COMMUNE DE JUSTICE ET D'ARBITRAGE (CCJA) AVIS N°001/2001/EP du 30 avril 2001

La Cour Commune de Justice et d'Arbitrage de l'OHADA, réunie en formation plénière à son siège, le 30 avril 2001

Vu le Traité de Port-Louis du 17 octobre 1993 relatif à l'Harmonisation du Droit des Affaires en Afrique, notamment en ses articles 10 et 14 ;

Vu le Règlement de procédure de la Cour Commune de Justice et d'Arbitrage (CCJA), notamment en ses articles 9, 53, 54, 55 et 58 ;

Vu la demande d'Avis consultatif de la République de COTE D'IVOIRE formulée par lettre n°137/MJ/CAB-3/KK/MB en date du 11 octobre 2000 du Garde des Sceaux, Ministre de la Justice, enregistrée au Greffe de la Cour le 19 octobre 2000 et ainsi libellée :

« La Cour Commune de Justice et d'Arbitrage peut être consultée sur toute question entrant dans le champ de l'article 13 du Traité de l'OHADA en dehors de tout contentieux déjà né entre les parties. A cet effet, elle peut être saisie par un Etat partie ou par le Conseil des Ministres conformément aux articles 14 alinéa 2 du Traité et 53 et suivants du Règlement de procédure de la CCJA.

En application des dispositions citées ci-dessus, j'ai l'honneur de soumettre à la Cour, pour avis, au nom de l'Etat de COTE D'IVOIRE, l'interprétation des articles ci-dessous rappelés :

1-. Article 10 du traité de l'OHADA : « Les Actes Uniformes sont directement applicables et obligatoires dans les Etats parties nonobstant toute disposition contraire de droit interne, antérieure ou postérieure ».

Question : Cette disposition contient-elle une règle de supranationalité ?

Question : Cette disposition contient-elle une règle relative à l'abrogation du droit interne par les Actes Uniformes ?

Dans ce dernier cas, que faut-il entendre par disposition : un article d'un texte ; un alinéa de cet article ; une phrase de cet article ?

2-. Si l'article 10 du Traité contient une règle relative à l'effet abrogatoire des Actes Uniformes sur le droit interne, comment faut-il l'interpréter :

Questions :

- comme abrogeant tout texte législatif ou réglementaire de droit interne ayant le même objet que les Actes Uniformes ?
- comme abrogeant uniquement les dispositions d'un texte législatif ou réglementaire de droit interne ayant le même objet que celle d'un Acte Uniforme et étant contraire à celles-ci ?

Question : Les dispositions abrogatoires contenues dans les Actes Uniformes sont-elles conformes à l'article 10 du Traité ?

3-. Si l'article 10 du Traité ne contient pas une disposition relative à l'abrogation du droit interne par les Actes Uniformes :

Question : Cela signifie-t-il que les Actes Uniformes ont seuls compétence pour déterminer leur effet abrogatoire sur le droit interne ?

Question : Les Etats peuvent-ils prendre des textes d'abrogation expresse ?

4-. Si l'effet abrogatoire du droit uniforme sur le droit interne ne peut être réglé que par les Actes Uniformes ou si cet effet est réglé par eux conformément à l'article 10 du Traité, voici les questions que cette situation suscite :

4a) Article 1er alinéa 1er et 2 de l'Acte Uniforme sur le Droit Commercial Général ;

« Tout commerçant... est soumis aux dispositions du présent Acte Uniforme ».

« En outre, tout commerçant demeure soumis aux lois contraires au présent Acte Uniforme, qui sont applicables dans l'Etat partie où se situe son établissement ou son siège social ».

Question : Que faut-il entendre par loi contraire : une loi ou un règlement ayant le même objet que l'Acte Uniforme et dont toutes les dispositions seraient contraires à cet Acte ou une loi ou un règlement dont seulement l'une de ses dispositions ou quelques-unes de celles-ci seraient contraires ?

4b) Article 1er de l'Acte Uniforme sur les sociétés commerciales et le groupement d'intérêt économique :

« Toute société commerciale... est soumise aux dispositions du présent Acte Uniforme ».

« Tout groupement d'intérêt économique est également soumis aux dispositions du présent Acte uniforme ».

« En outre, les sociétés commerciales et les groupements d'intérêt économique demeurent soumis aux lois non contraires au présent Acte Uniforme qui sont applicables dans l'Etat partie où se situe leur siège social ».

Question : Que faut-il entendre par loi contraire : une loi ou un règlement ayant le même objet que l'Acte Uniforme et dont toutes les dispositions seraient contraires à cet Acte ou une loi ou un règlement dont seulement l'une de ses dispositions ou quelques une de celles-ci seraient contraires ?

4c) Article 919, alinéa 1er de l'Acte Uniforme sur les sociétés commerciales et le groupement d'intérêt économique :

« Sont abrogés... toutes dispositions légales contraires aux dispositions du présent Acte Uniforme ».

Question : Cet article ayant le même objet que l'article 1er mais étant formulé différemment, faut-il comprendre que les formules « lois contraires » et « dispositions contraires » sont absolument équivalentes ? Dans le cas où elles ne le seraient pas, laquelle doit l'emporter dans cet Acte Uniforme ?

4d) Article 916, Alinéa 1er :

« Le présent Acte uniforme n'abroge pas les dispositions législatives auxquelles sont soumises les sociétés soumises à un régime particulier ».

Question : Cette disposition signifie-t-elle que les sociétés autrefois soumises à un régime particulier (Sociétés d'Etat ou nationales, sociétés d'économie mixte, coopératives, mutuelles, sociétés de banque, d'assurance... restent soumises, d'une part au droit commun porté par l'Acte uniforme sur les sociétés commerciales et, d'autre part, par les règles particulières et/ou dérogatoires du régime particulier ?

4e) Article 150 de l'Acte uniforme sur les sociétés commerciales et 257 de l'Acte uniforme sur les procédures collectives d'apurement du passif :

« Sont abrogées toutes les dispositions antérieures contraires à celles du présent Acte uniforme ».

Question : Cette abrogation concerne-t-elle aussi les dispositions postérieures ? Que faut-il entendre par « dispositions contraires » ?

4f) Article 35 de l'Acte uniforme sur l'arbitrage :

« Le présent Acte Uniforme tient lieu de loi relative dans tous les Etats parties ».

Question : Ce texte doit-il être interprété comme abrogeant complètement tout texte national relatif à l'arbitrage antérieur à cet Acte Uniforme dans un Etat partie et rendant totalement impossible l'adoption d'un tel texte à l'avenir ? ou bien doit-il être interprété comme se substituant aux lois nationales existant déjà en la matière sous réserve des dispositions non contraires susceptibles d'exister en droit interne ?

4g) Article 336 de l'Acte Uniforme sur le recouvrement simplifié et les voies d'exécution : « Le présent Acte Uniforme abroge toutes les dispositions relatives aux matières qu'il concerne dans les Etats parties ».

Question : Quel est le sort des procédures fiscales contentieuses ? »

Vu les observations de la République du CAMEROUN du 05 février 2001 enregistrées au greffe de la Cour le 06 février 2001 ;

Sur le rapport de Monsieur Boubacar DICKO, Juge ;

EMET L'AVIS CI-APRES :

1-. Sur la première question, en deux branches :

a) L'article 10 du Traité relatif à l'Harmonisation du Droit des Affaires en Afrique contient une règle de supranationalité parce qu'il prévoit l'application directe et obligatoire dans les Etats Parties des Actes Uniformes et institue, par ailleurs, leur suprématie sur les dispositions de droit interne antérieures ou postérieures.

b) En vertu du principe de supranationalité qu'il consacre, l'article 10 du Traité relatif à l'Harmonisation du Droit des Affaires en Afrique qui prévoit l'application directe et obligatoire des Actes Uniformes dans les Etats Parties nonobstant toute disposition contraire de croit interne, antérieure ou postérieure, contient bien une règle relative à l'abrogation du droit interne par les Actes Uniformes.

2-. Sur la deuxième question, en deux branches :

a) Sauf dérogations prévues par les Actes Uniformes eux-mêmes, l'effet abrogatoire de l'article 10 du Traité relatif à l'Harmonisation du Droit des Affaires en Afrique concerne l'abrogation ou l'interdiction de l'adoption de toute disposition d'un texte législatif ou réglementaire de droit interne présent ou à venir ayant le même objet que les dispositions des Actes Uniformes et étant contraire à celles-ci. Il y a lieu d'ajouter que cette abrogation concerne également les dispositions de droit interne identiques à celles des Actes Uniformes.

Selon les cas d'espèce, « la disposition » peut désigner un article d'un texte, un alinéa de cet article ou une phrase de cet article.

b) Les dispositions abrogatoires contenues dans les Actes uniformes sont conformes à l'article 10 du Traité relatif à l'Harmonisation du Droit des Affaires en Afrique.

3-. Sur la troisième question, en deux branches :

a) L'effet abrogatoire évoqué dans la question découlant du Traité lui-même d'une part, et les Actes uniformes dérivant de celui-ci d'autre part, il s'ensuit que les Actes uniformes n'ont pas seuls, compétence pour déterminer leur effet abrogatoire sur le droit interne.

b) Au regard des dispositions impératives et suffisantes des articles 9 et 10 du Traité relatif à l'Harmonisation du Droit des Affaires en Afrique, sont superfétatoires les textes d'abrogation expresse du droit interne que pourraient prendre les Etats Parties en application des Actes uniformes.

4-. Sur la quatrième question, en sept branches :

4a) et 4b) réunis en raison de leur identité : l'appréciation du caractère contraire d'une loi étant tributaire de la contexture juridique des cas d'espèce, il s'ensuit qu'une loi contraire peut s'entendre aussi bien d'une loi ou d'un règlement de droit interne ayant le même objet qu'un Acte Uniforme et dont toutes les dispositions sont contraires à cet Acte Uniforme que d'une loi ou d'un règlement dont seulement l'une des dispositions ou quelques-unes de celles-ci sont contraires. Dans ce dernier cas, les dispositions non contraires à celles de l'Acte uniforme demeurent applicables.

4c) Dans le cadre de l'Acte Uniforme sur le Droit des Sociétés Commerciales et du Groupement d'Intérêt Economique, les formules « Lois contraires » et « Dispositions contraires » indifféremment employées sont absolument équivalentes.

4d) Les dispositions de l'Acte Uniforme relatif au Droit des Sociétés Commerciales et du Groupement d'Intérêt Economique étant d'ordre public et s'appliquant à toutes les sociétés commerciales à raison de leur forme et quel que soit leur objet régissent les sociétés soumises à un régime particulier entrant dans le cadre juridique ainsi défini. Toutefois, à l'égard de ces sociétés, l'article 916 alinéa 1er de l'Acte Uniforme précité laisse également subsister les dispositions législatives spécifiques auxquelles lesdites sociétés sont soumises.

4e) Au regard de l'article 10 du Traité relatif à l'Harmonisation du Droit des Affaires en Afrique, la disposition abrogatoire de l'article 257 de l'Acte Uniforme sur les procédures collectives d'apurement du passif concerne aussi bien l'abrogation des dispositions antérieures contraires à celles de cet Acte Uniforme que l'interdiction de l'adoption de dispositions postérieures contraires.

Les « dispositions contraires » s'entendent de tout texte législatif ou réglementaire contredisant dans le forme, le font et/ou l'esprit les dispositions d'un Acte Uniforme.

4f) L'article 35 de l'Acte Uniforme relatif au Droit de l'arbitrage ayant édicté que « le présent Acte Uniforme tient lieu de loi relative à l'arbitrage dans tous les Etats parties », ce texte doit être interprété comme se substituant aux lois nationales existantes en la matière sous réserve des dispositions non contraires susceptibles d'exister en droit interne.

4g) Le Droit fiscal ne fait pas partie à ce jour des matières rentrant dans le domaine du droit des affaires harmonisé tel que défini par l'article 2 du Traité relatif à l'harmonisation du Droit des Affaires en Afrique. Toutefois, si les procédures fiscales postérieures à la date d'entrée en vigueur de l'Acte Uniforme concerné mettent en œuvre des mesures conservatoires, mesures d'exécution forcée et procédures de recouvrement déterminées par ledit Acte Uniforme, ces procédures fiscales doivent se conformer aux dispositions de celui-ci.

Le présent Avis a été émis par la Cour Commune de Justice et d'Arbitrage de l'OHADA en sa séance du 30 avril 2001 à laquelle étaient présents :

Messieurs
Seydou BA Président
Jacques M'BOSSO Premier Vice-Président
Joao Aurigemma CRUZ PINTO Juge
Doumssinrinmbaye BAHDJE Juge
Maïnassara MAIDAGI Juge
Boubakar DICKO Juge
Assistés de Maître Pascal Edouard NGANGA Greffier en chef
Le présent avis a été signé par :
Le greffier en chef Pascal Edouard NGANGA
Le président Seydou BA

BIBLIOGRAPHIE

M. ALLIOT, *« Towards the unification of laws in Africa »*, in Int. Comp. L.Q. 14, 1965, pp. 366 et s.

F. ANOUKAHA, P.-G. POUGOUE, J. NGUEBOU-TOUKAM et al., *OHADA- Sociétés commerciales et Groupement d'intérêt économique*, Collection Droit uniforme africain, Bruxelles, éd. Bruylant, 2002.

BA Ibrahima, *« Observations sur l'Acte uniforme sur les sociétés commerciales et le groupement d'intérêt économique du Traité OHADA »*, in EDJA, n° 35, octobre-décembre 1997, pp. 115 et s.

C. BAASCH Andersen, *« Defining uniformity in law »*, in Revue de droit uniforme (UNIDROIT), 2007-1, Vol. XI, pp. 5 et s.

U. BABONGENO, *« De la problématique de la société unipersonnelle en droit congolais eu égard au droit de l'OAHADA »*, in Ohadata, pp. 1 et s.

Gr. BAKANDEJA WA MPUNGU, B. REMICHE, (sous la direction de), *D'une économie populaire à une économie fiscalisée*, INEADEC - Actes du colloque international de Kinshasa du 19 septembre 2008, 2010.

Gr. BAKANDEJA Wa Mpungu, *Le droit du commerce international. Les peurs justifiées de l'Afrique face à la mondialisation des marchés*, 2001.

M. BEHIRA Ehi, *« Le nouveau droit des opérations commerciales : les contrats commerciaux »*, in Communication au 1er colloque national de l'Association ivoirienne Henri Capitant (Abidjan, 2 avril 2001) sur « Le nouvel environnement juridique des entreprises dans la zone franc. Quel bilan ? » Actes du colloque, pp. 84 et s.

M. BEDJAOUI, *« Remarques conclusives »*, in Actes du huitième congrès annuel de la SADIC sur le thème : L'intégration régionale est-elle une solution aux problèmes économiques de l'Afrique ? », Le Caire, 2 au 4 septembre 1996.

L. BEN Kemoun, *« L'OHADA, le temps et le diable, réflexions sur le Traité de Québec »*, in Ohadata, pp. 1 et s.

H. BITSAMANA, *Dictionnaire de Droit OHADA*, Pointe-Noire, in Ohadata, 2000.

J. B. BLAISE et al., *Droit européen des affaires*, t. II, 5ème éd., PUF, 1984.

J. BORE, *« La difficile rencontre du droit pénal et du droit communautaire »*, in Mélanges en l'honneur d'André Vitu, Droit pénal contemporain, Cujas, 1989.

BOULOC, *« La liberté et le droit pénal »*, in Revue des sociétés, 1989.

M. BRIZOUA Bi, *« Le nouveau visage des sûretés personnelles dans l'espace OHADA »*, in Droit et Patrimoine, n° 197, pp. 60 et s.

BUABUA WA KAYEMBE, *La fiscalisation de l'économie informelle au Zaïre*, P.U.Z, Kinshasa.1995.

J. CARBONNIER, *Droit civil, Introduction, les Personnes, la Famille, l'Enfant et le Couple*, Paris, Quadrige PUF, 2004.

V. CHAMBAUD, *Guide fiscal et social du créateur d'entreprise*, 7e éd., Dunod, 2013.

S. CHATILLON, *Le droit des affaires international*, Paris, édition Vuibert (gestion internationale), 2005.

CONSTANTIN, *Droit pénal des sociétés par actions*, Paris, PUF, 1968.

H. COREMANS et M. VAN DAMME, *Beginselen van wetgevingstechniek en behoorlijke regelgeving*, Bruges, Die Keure, 3e éd., 1994.

G. CORNU, *Vocabulaire juridique*, Paris, éd. PUF, 1987.

M. COZIAN, *Droit des sociétés*, 16e éd. Litec, Paris, 2003.

M. DELMAS-MARTY, *Droit pénal des affaires*, partie spécial : infractions, tome 2, Paris, PUF, 1990.

M. DELMAS-MARTY, *Pour un droit commun*, Paris, éditions du Seuil, 1994.

M. DELMAS-MARTY, *« La mondialisation du Droit : chances et risques »*, in Chron., 1999.

F. DECKON Kuassi, *« Les pouvoirs du dirigeant de société commerciale en droit uniforme de l'OHADA »*, in Revue des sociétés, 2013, pp. 467 et s.

P. DENOS, *SAS : Société par actions simplifiée, petit guide pratique*, Eyrolles, 2011.

E. DEWEDI, « *L'attractivité du groupement d'intérêt économique (GIE) en droit OHADA : nouveau regard* », Ohadata, pp. 1 et s.

DIALLO Bakary, KONATE Mamadou Ismaïla, Y. MEUKE Bérenger, « *Gestion de crise en OHADA : anticipation conventionnelle et statutaire - Gestion négociée et règlement des conflits internes* », Jurifis info, n° 4, juillet-août 2009, pp. 2 et s.

P. DIEDHOU, « *L'article 10 du Traité de l'OHADA : quelle portée abrogatoire et supranationale* », in Revue de droit uniforme (UNIDROIT), Vol XII, 2007, pp. 57 et s.

A. DIOUF, BA Yahyah, « *Vers une harmonisation-réconciliation économique et juridique* », in Marchés tropicaux, juin 1993, pp. 1193 et s.

N. DIOUF, « *Actes uniformes et droit pénal des Etats signataires du Traité de l'OHADA : la difficile émergence d'un droit pénal communautaire des affaires dans l'espace OHADA* », in Ohadata, 2003.

A. DIOUNE, « *La révocation des dirigeants des sociétés anonymes et des sociétés à responsabilité limitée à la lumière de l'Acte uniforme relatif au droit des sociétés commerciales et des groupements d'intérêt économique* », Ohadata, pp. 1 et s.

C. DJUITCHOKO Sietchoua, « *Les sources du droit de l'OHADA* », in Penant 2003, p. 174 et s.

DOUDOU NDOYE, « *Le traité relatif à l'OHADA, la Constitution sénégalaise et les principes du droit processuel* », Revue EDJA, n° 22, juillet à septembre 1994.

L. DUBOIS, « *Droits nationaux, droit communautaire : influences croisées. Introduction* », in Actes du colloque organisé par le CERIC de l'Université d'Aix-Marseille III, La doc.fr., 2000, pp. 7 et s.

DUCOULOUX-FAVARD (C.), *Droit pénal des affaires*, Paris, Masson, 1987.

Cl. FEVILIYE-DAWEY, « *La révision du traité de l'OHADA* », in Revue Congolaise de Droit et des Affaires, n° 1 - Oct-Déc. 2009, pp. 35 et s.

M. FONTAINE, « *L'avant-projet d'Acte uniforme OHADA sur le droit des contrats : vue d'ensemble* », in Revue de droit uniforme, UNIDROIT, 2008, n°1/2, pp. 203 et s.

FRISON-ROCHE et W. BARANES, « *Le principe constitutionnel de l'accessibilité et de l'intelligibilité de la loi* », in Chron., 2000.

M. A. FRISON-ROCHE, « *Remarques sur la distinction de la volonté et du consentement en droit des contrats* », in RTD civ. 1995, p. 573, RJ com. Nov. 1995, p. 151 et s.

C. GALVADA, G. PARLEANI, *Droit des affaires de l'Union européenne*, 2ème éd., Litec, 1998.

GRUYON, G. COQUEREAU, *Le nouveau statut des commissaires aux comptes*, Paris, JCP, 1995.

V. GUILLIEN, J. VINCENT, *Lexique des termes juridiques*, Paris, 14e éd. Dalloz, 2003.

F. GUIRAMAND, A. HERAUD, *Droit des sociétés, des autres groupements et des entreprises en difficulté*, Paris, 9èéd. Dunod, 2002.

Y. GUYON, *Droit des affaires*, Paris, Tome I, 7e éd. Economica, 1992.

Y. GUYON, « *La coordination communautaire du droit des sociétés* », in Rev. trim. dr. europ., n. 2, 1990, pp. 243 et s.

C. HAGUENAU, *L'application effective du droit communautaire en droit interne. Analyse comparative des problèmes rencontrés en droit français, anglais et allemand*, thèse, Bruylant/éd., Univ. Brux., 1995.

A. HALOUI, *La responsabilité pénale des dirigeants de l'entreprise*, Toulouse, Université de Toulouse I, Sciences Sociales, Thèse, 2006-2007.

A. HARISSOU, « *Nouveau Traité OHADA : forces et faiblesses* », in Ohadata, Acte de l'Atelier d'information sur le Traité OHADA révisé, Conseil Supérieur du Notariat, Paris, 13 janvier 2009, in Revue de Droit Uniforme Africain n° 00 / 1er trimestre 2010, pp. 1 et s.

B. HESS –FALLON, A-M. SIMON, *Droit des Affaires*, Paris, 14e éd. Dalloz, 2001.

L. HOMMANN-LUDIYE et N. GERAULT, « *L'harmonisation du droit des affaires en Afrique. Présentation générale* », in Cahiers juridiques et fiscaux, C.F.C.E., 1998, n. 2, p. 261 et s.

J-C. HOUNKPE, « *Pactes d'actionnaires et prévention des conflits dans la société anonyme de l'espace OHADA* », Ohadata, pp. 1 et s.

J. ISSA-SAYEGH, P.G. POUGOUE, F. M. AWADOGO, OHADA, *Traité et Actes uniformes commentés et annotés*, Mayenne, Juriscope, 2014.

J. ISSA-SAYEGH, J. LOHOUES-OBLE, *Harmonisation du droit des affaires*, Bruxelles, Collection Droit uniforme africain, éd. Bruylant, 2002.

J. ISSA-SAYEGH, *« La portée abrogatoire des actes uniformes de l'OHADA sur le droit interne des Etats-Parties »*, in Revue Burkinabè de Droit, n. 3940, n. spécial (2001), pp. 57 et s.

J. ISSA-SAYEGH, *« Le caractère d'ordre public des dispositions de l'acte uniforme relatif au droit des sociétés commerciales et du groupement d'intérêt économique (AUSCGIE) »*, in Penant, n° 869, p. 393.

J. ISSA-SAYEGH, *« Présentation des dispositions sur la dissolution et la liquidation des sociétés commerciales »*, in Ohadata, pp. 1 et s.

J. ISSA-SAYEGH, *« Présentation des formalités de constitution des sociétés commerciales »*, in Ohadata, pp. 1 et s.

J. ISSA-SAYEGH, *« Présentation des dispositions particulières sur les sociétés commerciales »*, in Ohadata, pp. 1 et s.

G. JEANSON, *« De la SARL en droits français et OHADA »*, in Révue congolaise de droit et des affaires, n° 8, 2012, pp. 15 et s.

M. JEANTIN, *Droit des Sociétés*, Paris, éd. Montchrestien, 1994.

L. et P. JULIEN-SAINT-AMAND, *« Droit des sociétés et construction du marché européen »*, in Le droit des sociétés et l'Europe, Dr. & Patrim., n. 54, 1997.

KABANGE NTABALA, *Droit administratif*, Tome III, Kinshasa, Imprimeries Saint Paul, 2001.

G. KENFACK Douajni, *« Les innovations du Traité OHADA révisé »*, Acte de l'atelier d'Information sur le Traité OHADA révisé, Conseil supérieur du notariat, Paris, 13 janvier 2009, in Revue de Droit Uniforme Africain n° 000 - 09/08/2010, pp. 1 et s.

J. KINDL, *Gesellschaftsrecht*, Baden-Baden, Nomos, 2011.

KLUWER, *Lexique des sociétés commerciales. SA, SPRL, SCRL, SCRI, SCA*, Waterloo, Wolters Kluwers Belgium, 2007.

KONE Mamadou, *« La notion de groupe de sociétés en droit OHADA »*, in Penant, n° 856, pp. 285 et s.

J-M KUMBU Ki Ngimbi, *Législation en matière économique*, 3ème édition, Kinshasa, Galimage, 2013.

J-M. KUMBU Ki Ngimbi, « *Le silence coupable* », in Afrique d'Espérance, n° 2, février-mai 2003.

Ch. LAMBOTTE, *Technique législative et codification*, Bruxelles, Story-Scientia, 1988.

G. LANFERMANN, S. MAUL, « *Maßnahmenpaket der Europäischen Kommission zum Gesellschaftsrecht und Corporate Governance* », in BB 2014, pp. 1283 et s.

J. LARGUIER, *Droit pénal*, Paris, Armand Colin, 1982.

J. LARGUIER, *Droit pénal des affaires*, Paris, Armand Colin, 9ème éd., 1998.

B. LE BARS, B. MARTOR, « *Management et financement de la société anonyme* », Supplément n° 5 à la Semaine juridique n° 44 du 28 octobre 2004, p. 12. Pratique et actualités du droit Ohada. Journées d'études Juriscope Poitiers, p. 121.

F. LEFEBVRE, *Dirigeants de sociétés commerciales (statut juridique, contrat de travail, protection sociale, régimes fiscal et juridique des rémunérations, responsabilités)*, Paris, Editions Francis LEFEBVRE, 2002.

LIKULIA BOLONGO, *Droit Pénal spécial Zaïrois*, Tome I, 2è édition, Paris, L.G.D.J., 1985.

J. LOHOUES-OBLE, « *L'apparition d'un droit international des affaires en Afrique* », in RIDC, 1999, pp. 543 et s.

LUKOMBE Nghenda, *Droit des sociétés*, Kinshasa, Tome I, PFDUC, 2001.

LUKOMBE Nghenda, *Droit commercial congolais : faillite, concordat et banqueroute*, Kinshasa, Publications des Facultés de Droit, 2001.

P. LUWANSANGU, « *Bilan économique de la RDC. 2001-2005 ; est-ce la fin de la malédiction ?* », Le potentiel, n°2965, 4 novembre 2003.

B. MARTOR, S. THOUVENOT, « *L'uniformisation du droit des affaires en Afrique par l'OHADA* », in Cahiers de droit de l'Entreprise n° 5, supplément au n°44 de la semaine juridique-entreprise et affaires du 28 octobre 2004.

B. MARTOR et al., *Le droit uniforme africain issu de l'OHADA*, Paris, éd. Jurisclasseur, 2004, pp. 1 et s.

R. MASAMBA, « *L'OHADA et le climat d'investissement des affaires en Afrique* », in Revue Penant, n. 855, avril-juin 2006, Paris, Editions Juris Africa, pp. 137 et s.

R. MASAMBA MAKELA, *Rapport-synthèse sur les modalités d'adhésion de la RDC au Traité OHADA*, (Vol.2), Février 2005.

R. MASAMBA MAKELA, *Droit des affaires : cadre juridique de la vie des affaires au Zaïre*, Editions Cadicec, Kinshasa, 1996.

Ch. MBA-OWONO, *« Société de fait et société créée de fait : une distinction empreinte de confusion en droit uniforme OHADA, Des contrats civils et commerciaux aux contrats de consommation »*, in Mélanges en l'honneur du doyen Bernard Gross, pp. 467 et s.

MBAYE Kéba, *« L'histoire et les objectifs de l'OHADA »*, in Les Petites Affiches, N°20, Spécial, 13 octobre 2004, pp. 543 et s.

MBAYE Kéba, *« L'unification du droit en Afrique »*, in Revue sénégalaise de droit n° 10, 1971, pp. 65 et s.

J. M. MBOCK Biumla, OHADA, *Code bleu*, 3ème édition, Juriafrica, 2014.

F. MEMAN, *« La société unipersonnelle dans le droit des affaires de l'OHADA : une œuvre (législation) à parfaire »*, in Penant n° 868, pp. 312 et s.

B. MERCADAL, Ph. JANIN, *Droit des Affaires : Sociétés Commerciales*, Paris, éd. FRANCIS LEFEBVRE, 2003.

MERLE et VITU, *Traité de Droit criminel, tome I : Les problèmes généraux de la science criminelle*, 6ème édition, Paris, Cujas, 1984.

J. MESTRE, *Sociétés commerciales*, Paris, éd. Lamy, 2001.

Y. MEUKE Bérenger, *« La société non personnalisée dans l'O.H.A.D.A. Etudes de l'impact de l'absence de personnalité morale dans la société en participation »*, in Revue juridique tchadienne, n° 12, p. 6. Revue juridique tchadienne, n° 12, juillet 2006, pp. 6 et s.

Y. MEUKE Béranger, *« De la validité en OHADA d'un pacte d'actionnaires précédant les statuts et la constitution de la société »*, in Ohadata, pp. 1 et s.

Y. MEUKE Béranger, *« Qui représente la société en liquidation dans l'espace OHADA ? »*, in Ohadata, pp. 1 et s.

L. D. MUKA Tshibende, *« Voies comparées africaine et européenne d'unification du régime juridique de la société anonyme »*, in Penant n° 856, pp. 294 et s.

E. MIESSAN, *« L'administration et la direction de la société anonyme de type nouveau issue de la réforme du droit des sociétés commerciales applicable dans la zone OHADA »*, Etudes offertes au Professeur Joseph ISSA-SAYEGH, AIDD, 2006, pp. 135 et s., in Penant, n° 864, pp. 261 et s.

Ministère de la justice et des droits humains, Commission nationale OHADA– RDC, *Harmonisation du droit Congolais avec les actes uniformes de l'OHADA*, Kinshasa, COPIREP, 2011.

J. MONSENEPWO Mwakwaye, *Responsabilité pénale des dirigeants sociaux en droit congolais et OHADA des sociétés – Etude du droit pénal issu de l'OHADA, de ses ombres et de ses lumières*, Paris, Editions Universitaires Européennes, 2011.

D. J. MUANDA Nkole Wa Yahve, *L'escroquerie et la distribution des dividendes fictifs en droit pénal des sociétés issu de l'OHADA : esquisse d'une théorie de droit pénal des sociétés*, Kinshasa, FENACO, 2010.

I. N'DIAYE, « *La notion de 'valeur mobilière' après l'adoption des actes uniformes pris en application du traité de l'OHADA* », in Revue internationale de droit africain, EDJA, n° 38, juillet-septembre 1998, pp. 45 et s.

J. NGUEBOU TOUKAM, « *Les sociétés créées de fait entre époux en droit camerounais* », in Revue Penant, 1989, Aout-Septembre, n. 801, p. 461 et s.

A. NZAOU, « *L'OHADA, un nouveau visage avec le Traité de Québec de 2008* », in Ohadata, Ecole doctorale de l'Université de Limoges, 09/12/2011, pp. 1 et s.

OUMAR SAMBE, MAMADOU IBRA DIALLO, *Guide pratique des Sociétés commerciales et du GIE*, Dakar, éd. ECJ, 2004.

G. PARLEANI, « *La société coopérative française après la loi du 3 juillet 2008* », in Revue des sociétés, Nr. 3, 2008, pp. 531 et s.

P-G. POUGOUE, F. ANOUKAHA et J. NGUEBOU, « *Commentaires de l'Acte uniforme relatif au droit des sociétés commerciales et du G.I.E* » in OHADA-Traité et Actes uniformes commentés et annotés, Juriscope, 1999.

P. G. POUGOUE, *Présentation générale et procédure en droit Ohada*, Dakar, P.U.A., 1998.

P. G. POUGOUE, Fr. ANOUKAHA, J. NGUEBOU TOUKAM, « *Sociétés commerciales et GIE* », in Programme de formation en ligne avec le soutien du fonds francophone des inforoutes, pp. 15 et s.

PRICE WATERHOUSE COOPERS, *Mémento droit des sociétés commerciales et du GIE OHADA*, FIDAFRICA juridique et fiscale, 1998.

Y. REINHARD, *Droit commercial*, Paris, Litec, 3ème édition, 1993.
J. ROUX, *Droit général de l'Union européenne*, Paris, Litec, 2008.
A. P. SANTOS, *Droit commercial général OHADA*, Bruxelles, Bruylant, 2002.
G. SAKATA Moke Tawab, *Droit commercial congolais, jurisprudence, commerçants, actes de commerce, registre de commerce, capacité, fonds de commerce, concurrence déloyale, faillite*, Kinshasa, Presse Université de Kinshasa, 2012.
Chr. TEICHMANN, *Binnenmarktkonformes Gesellschaftsrecht*, Berlin, De Gruyter, 2006.
F. TERRE, P : SIMLER, Y. LEQUETTE, *Droit civil les obligations*, Paris, Dalloz, 10ème édition, 2009.
TSHIUNZA Mbiye, *« Vers la fin du triangle de l'hyper-inflation, de l'hyper-dépréciation, de l'hyper-récession »*, in Le potentiel, n°2965,4 Novembre 2003.
Usa Ibp Usa, *France Company Laws and Regulations Handbook*, Int'l Business Publications, 2009.
L. VANDERSTRAETE, *L'impact de la future adhésion de la République démocratique du Congo à l'OHADA*, LLM Paper, Ghent, Ghent University Law School, Faculté de Droit, LLM in European and comparative Law. 2007.
WORMS, *De la volonté unilatérale considérée comme source d'obligations*, thèse Paris 1891.

INDEX ALPHABETIQUE

Les chiffres renvoient aux paragraphes. La mention « ss. » signifie que l'étude de la question se prolonge sur le ou les numéros suivants.

TABLE DES MATIERES

République démocratique du Congo aux éditions L'Harmattan

Dernières parutions

LA SORCELLERIE CHEZ LES DING DE LA RDC
Nkumisongo Vavi Fabiyo François-Xavier
La sorcellerie constitue une force surhumaine, une croyance et une pratique ambiguë, notamment chez les Ding de RDC. L'accent a été mis sur le rôle, le pouvoir et la position du sorcier ainsi que sur les voies d'accès et celle de sa transmission. D'autres phénomènes sont analysés tels que l'incarnation, la réincarnation, l'antisorcellerie, la science et la recherche scientifique. Sans oublier le génie créatif ou inventif propres à chaque peuple. Également liée à la religion, elle est à ce titre l'opium du peuple Ding. Elle bloque par l'envoûtement, il faut chercher à la débloquer par des mécanismes d'antisorcellerie.
(Coll. Géopolitique mondiale, 12.00 euros, 106 p.)
ISBN : 978-2-343-04505-4, ISBN EBOOK : 978-2-336-37078-1

CONVICTIONS ET ESPÉRANCES POUR LA RÉPUBLIQUE DÉMOCRATIQUE DU CONGO
Verbatim (2008-2014)
Mukalay Nsungu Banza - Préface de Manda Tchebwa
Ce livre restitue la vision de l'homme politique pour son pays au travers des «écrits et des dits». Le lecteur découvre les idées-forces du politique qui accompagne le développement d'un secteur socioculturel de la RD Congo. Banza Mukalay Nsungu a été élu quatre fois député de Lubumbashi et ministre dans plusieurs gouvernements. Il est depuis 2012 ministre de la Culture et des Arts de la RD Congo.
(Coll. Comptes Rendus, 21.00 euros, 210 p.)
ISBN : 978-2-343-05743-9, ISBN EBOOK : 978-2-336-37101-6

MA VÉRITÉ SUR LE MARÉCHAL MOBUTU ET SUR LA TRANSITION DÉMOCRATIQUE AU ZAÏRE (1990-1997)
Mukalay Nsungu Banza - Préface de Camille Sesep N'sial
La «transition démocratique» en République démocratique du Congo aura été l'une des plus troubles, complexes et longues de tout le continent africain (1990-2006). Acteur et témoin privilégié de l'histoire politique de ces dernières décennies, l'auteur pose un regard critique sur ces années de tumulte, en interpellant la responsabilité de l'acteur politique congolais. En évoquant ses rapports privilégiés avec le maréchal Mobutu, qui lui confiera la direction de son parti, l'auteur pose aussi son jugement global sur le déroulement de la transition.
(Coll. Comptes Rendus, 16.50 euros, 162 p.)
ISBN : 978-2-343-05741-5, ISBN EBOOK : 978-2-336-37097-2

LES MOTS RÉCURRENTS DE LA TRANSITION POLITIQUE AU ZAÏRE (1990-1997)
Mukalay Nsungu Banza
Rompant avec la tradition qui confine l'étude du vocabulaire et du discours politique dans les sphères des chercheurs spécialisés, l'auteur s'intéresse ici aux mots récurrents de la période politique de la Transition (1990-1997) au Zaïre (actuelle RDC). Une période politique qui va du discours historique de la démocratisation, prononcé par le président Mobutu le 24 avril 1990, à

l'avènement du président Laurent-Désiré Kabila, le 17 mai 1997. L'ouvrage constitue également une contribution à l'étude du français d'Afrique subsaharienne et spécialement de la RDC.
(Coll. Comptes Rendus, 9.00 euros, 56 p.)
ISBN : 978-2-343-05742-2, ISBN EBOOK : 978-2-336-37092-7

L'U.D.P.S. DANS L'ŒIL DU CYCLONE
La violence politique au Zaïre sous Mobutu (octobre 1985)
Mutamba Makombo Jean-Marie
Cet ouvrage relate la traque et la répression d'un mouvement d'opposition clandestin au Zaïre (R.D. Congo) sous la Deuxième République : l'Union pour la Démocratie et le Progrès Social (UDPS). L'auteur s'appuie sur les rapports d'information établis en octobre 1985 par le Corps des Activistes pour la Défense de la Révolution (CADER), qui témoignent des tribulations du petit peuple qui a souffert pour le triomphe du multipartisme et de la démocratie. Ils révèlent aussi les luttes d'influences, la lutte d'intérêts et de clans au sein du Parti unique.
(12.00 euros, 104 p.)
ISBN : 978-2-343-05729-3, ISBN EBOOK : 978-2-336-37252-5

VALORISER L'EXPÉRIENCE DANS L'ENSEIGNEMENT ADMINISTRATIF
Manuel de psychologie et des sciences de l'éducation en République du Congo
Tabezi Pene-Magu Bernard-Gustave
La notion d'expérience est devenue une référence majeure, aussi bien en éducation que dans tous les métiers où des personnes agissent sur l'activité d'autres personnes (orientation, conseil, management, soins). Elle est de plus en plus valorisée au sein de l'enseignement scolaire comme le montre la promotion des pratiques pédagogiques prônant le recours à l'expérience et à l'expérimentation comme source des apprentissages...
(Coll. Études africaines, 19.00 euros, 192 p.)
ISBN : 978-2-343-05376-9, ISBN EBOOK : 978-2-336-37157-3

DES ÉCOLES PRIMAIRES «EFFICACES»
Étude de leurs déterminants à Kisangani
Kamba Eyanganunga Albert
Dans un environnement scolaire marqué par de forts taux de déperdition et des faibles niveaux d'acquis par les élèves, certaines écoles sortent du lot. Ces écoles primaires efficaces fonctionnent dans un climat scolaire positif, recourent à des pratiques éducatives maximisant le temps d'enseignement et à des pratiques managériales participatives et orientées vers les objectifs.
(Coll. Études africaines, 31.00 euros, 290 p.)
ISBN : 978-2-343-05350-9, ISBN EBOOK : 978-2-336-37239-6

LA BANQUE MONDIALE ET LA RÉFORME DES ENTREPRISES PUBLIQUES CONGOLAISES (RDC)
Une analyse critique des enjeux politiques, économiques et sociaux
Mpoy Kadima Godé
Malgré un cadre macroéconomique en relative amélioration, le redressement des entreprises publiques congolaises (RDC) demeure au coeur des enjeux de la relance de l'économie nationale. Victimes des conjonctures et politiques publiques défavorables à leur expansion, ces entreprises sont, pour la plupart d'entre elles, au bord de la faillite. L'option de la privatisation, préconisée comme solution par le gouvernement congolais, ne peut s'imposer comme l'unique voie de recours. Ce vaste plan de privatisation risque d'entraîner des conséquences néfastes sur les plans économique, social et politique.
(Coll. Comptes Rendus, 18.00 euros, 182 p.)
ISBN : 978-2-343-05927-3, ISBN EBOOK : 978-2-336-37273-0

ARCHIVISTIQUE, BIBLIOTHÉCONOMIE, DOCUMENTATION ET LÉGISTIQUE
Des disciplines de la bibliologie
Bobutaka Bateko Bob
En tant que disciplines de la bibliologie (science générale de l'écrit), l'archivistique et la bibliothéconomie ont pris une ampleur considérable dans l'environnement planétaire actuel

caractérisé par l'explosion documentaire. Ces disciplines ont donné naissance à la documentation qui gère l'information actualisée, spécialisée et professionnelle. Outre ces disciplines, ce livre tente de démontrer que la légistique fait également partie des disciplines bibliologiques, au-delà de ses caractères juridiques et politiques.
(Coll. Recherches en Bibliologie, 32.00 euros, 314 p.)
ISBN : 978-2-343-05739-2, ISBN EBOOK : 978-2-336-37076-7

UNE CAUSE SACRÉE
Le dialogue intercongolais, 2000-2003
Winter Philip - Traduit de l'anglais par le professeur Norman Strike
En mars 2000, Philipe Winter est sollicité pour assumer le rôle de chef de cabinet de l'ancien président du Botswana, pressenti pour présider et faciliter le dialogue auquel avaient consenti les trois principales parties belligérantes de la République démocratique du Congo lors de l'Accord de cessez-le-feu de Lusaka en 1999. Ce récit des négociations, basé sur les notes prises par l'auteur ainsi que sur de nombreux procès verbaux et rapports de réunions, constitue un compte rendu qui met en valeur l'importance de la patience et de la diplomatie dans la mise en place d'un cadre pour un meilleur avenir de la RDC.
(Coll. Études africaines, 36.50 euros, 356 p.)
ISBN : 978-2-343-04843-7, ISBN EBOOK : 978-2-336-36842-9

L'INTRODUCTION DE LA TVA EN RÉPUBLIQUE DÉMOCRATIQUE DU CONGO
Critique de la transition fiscale en Afrique
Matenda Kyelu Athanase
Préface de Jean-Claude Martinez – Postface d'Evariste Mabi Mulumba
Le 1er janvier 2012, la TVA entre en vigueur en RDC : aventure de dix ans pour la Direction générale des Impôts d'un pays grand comme l'Europe de l'Ouest. Ce livre pionnier d'une intelligence économique des nations révèle lieux, hommes et déroulement de la réforme pour amener la question iconoclaste : est-ce nécessaire d'avoir la TVA ? N'aurait-il pas été plus efficace de muter la technologie des droits de douane pour les rendre déductibles, plutôt que s'aligner sur la solution de leur réduction puis suppression, avec l'introduction compensatoire d'une TVA ?
(70.00 euros, 510 p.)
ISBN : 978-2-343-03255-9, ISBN EBOOK : 978-2-336-36928-0

LE CONSEIL AGRICOLE RURAL DE GESTION ET DÉVELOPPEMENT À LA BASE EN RDC
Makala Nzengu Patrick - Préface de Thomas Kembola Kejuni
Les évolutions techniques et socioéconomiques dans le secteur agricole de la RDC ont permis d'adopter de nouvelles orientations fondées sur l'approche programme et l'inclusion des acteurs du monde rural dans les politiques agricoles. La nouvelle approche «CARG», objet de ce livre, fait rupture avec celles, directives, d'encadrement et de vulgarisation des pouvoirs publics et partenaires au développement. Elle puise dans les valeurs socioethnologiques congolaises : dynamique communautaire, savoir local ou paysan et autoprise en charge.
(Coll. Études africaines, série Agro-Alimentaire, 17.00 euros, 166 p.)
ISBN : 978-2-343-04888-8, ISBN EBOOK : 978-2-336-36890-0

APPRENTISSAGE DES LANGUES SECONDES EN RD CONGO
(suivi de la version anglaise du texte)
Performance analysis. Imbalance between input and output. A study in second language acquisition
Itangaza Mubangu
La République Démocratique du Congo constitue un vaste territoire linguistique avec une population de près de 70 millions d'habitants répartis en 400 groupes ethniques et autant de langues. À ces langues nationales il faut ajouter le français, langue de l'administration. En se basant sur des textes sélectionnés, l'auteur cherche à savoir si la performance des utilisateurs congolais est proportionnelle au nombre d'heures passées à apprendre le français. Cette étude

intéresse les enseignants et professeurs de langues et didacticiens de différentes disciplines. (Textes en français et en anglais.)
(Coll. Comptes Rendus, 14.00 euros, 130 p.)
ISBN : 978-2-343-05664-7, ISBN EBOOK : 978-2-336-37053-8

INFRASTRUCTURES ROUTIÈRES ET DÉVELOPPEMENT SOCIOÉCONOMIQUE DANS LE MAYOMBÉ (RDC)
Bonkena Bokombola Papy
Ce livre se consacre à la réflexion sur la corrélation entre l'infrastructure routière et le développement socioéconomique. C'est en s'appuyant sur un ensemble très large de variables sociales et économiques jugées pertinentes que cette étude tente de contribuer à la construction d'un dispositif des variables aptes à saisir les changements entraînés par l'intervention du projet routier basée sur la technologie HIMO.
(Coll. Études africaines, 19.00 euros, 188 p.)
ISBN : 978-2-343-04064-6, ISBN EBOOK : 978-2-336-36895-5

LA CONFÉRENCE INTERNATIONALE SUR LA RÉGION DES GRANDS LACS
Une dynamique nouvelle d'intégration en Afrique
Ollandet Jérôme
Il existe en Afrique un nombre important de Communautés économiques régionales qui connaissent des succès mitigés. En s'occupant uniquement des questions de coopération économique entre les États, elles sont inefficaces lorsqu'une crise sociopolitique éclate. Aucun mécanisme n'est prévu pour servir de cadre de résolution des conflits. La Conférence internationale sur la région des Grands Lacs fut créée après la crise de l'est de la RDC et regroupe douze pays : Angola, Burundi, RCA, Congo, RDC, Kenya, Ouganda, Rwanda, Soudan, Soudan du Sud, Tanzanie, Zambie.
(Coll. Harmattan Congo, 29.00 euros, 294 p.)
ISBN : 978-2-343-04937-3, ISBN EBOOK : 978-2-336-36917-4

NGALIEMA (KINSHASA) COMMUNE DES PARADOXES
Kiaki Mayamba Niangi Jean-Baptiste
Ce livre est destiné aux dirigeants et aux aspirants dirigeants des affaires publiques qui devraient connaître et savoir ce que sont et devraient être les infrastructures locales et nationales. L'auteur montre que la réalité de la commune de Ngaliema reflète celle de toutes les entités politico-administratives de la République démocratique du Congo.
(Coll. Harmattan RDC, 38.50 euros, 386 p.)
ISBN : 978-2-343-05353-0, ISBN EBOOK : 978-2-336-36792-7

GUERRES CIVILES DANS LA RÉPUBLIQUE DÉMOCRATIQUE DU CONGO 1960-2010
Emizet Kisangani François
Guerres de sécession, guerres ethniques, rébellions, mutineries et invasions par des Congolais ayant des sanctuaires en Angola caractérisent le paysage politique de la République Démocratique du Congo depuis que le pays devint indépendant en 1960. Pourquoi ? Que pouvons-nous apprendre de ce qui semble apparemment être d'interminables guerres internes ? L'auteur explore ces questions dans une analyse systématique et compréhensive.
(Coll. Études africaines, 37.00 euros, 360 p.)
ISBN : 978-2-343-02198-0, ISBN EBOOK : 978-2-336-36790-3

L'HARMATTAN ITALIA
Via Degli Artisti 15; 10124 Torino

L'HARMATTAN HONGRIE
Könyvesbolt ; Kossuth L. u. 14-16
1053 Budapest

L'HARMATTAN KINSHASA
185, avenue Nyangwe
Commune de Lingwala
Kinshasa, R.D. Congo
(00243) 998697603 ou (00243) 999229662

L'HARMATTAN CONGO
67, av. E. P. Lumumba
Bât. – Congo Pharmacie (Bib. Nat.)
BP2874 Brazzaville
harmattan.congo@yahoo.fr

L'HARMATTAN GUINÉE
Almamya Rue KA 028, en face
du restaurant Le Cèdre
OKB agency BP 3470 Conakry
(00224) 657 20 85 08 / 664 28 91 96
harmattanguinee@yahoo.fr

L'HARMATTAN MALI
Rue 73, Porte 536, Niamakoro,
Cité Unicef, Bamako
Tél. 00 (223) 20205724 / +(223) 76378082
poudiougopaul@yahoo.fr
pp.harmattan@gmail.com

L'HARMATTAN CAMEROUN
BP 11486
Face à la SNI, immeuble Don Bosco
Yaoundé
(00237) 99 76 61 66
harmattancam@yahoo.fr

L'HARMATTAN CÔTE D'IVOIRE
Résidence Karl / cité des arts
Abidjan-Cocody 03 BP 1588 Abidjan 03
(00225) 05 77 87 31
etien_nda@yahoo.fr

L'HARMATTAN BURKINA
Penou Achille Some
Ouagadougou
(+226) 70 26 88 27

L'HARMATTAN SÉNÉGAL
10 VDN en face Mermoz, après le pont de Fann
BP 45034 Dakar Fann
33 825 98 58 / 33 860 9858
senharmattan@gmail.com / senlibraire@gmail.com
www.harmattansenegal.com

L'HARMATTAN BÉNIN
ISOR-BENIN
01 BP 359 COTONOU-RP
Quartier Gbèdjromèdé,
Rue Agbélenco, Lot 1247 I
Tél : 00 229 21 32 53 79
christian_dablaka123@yahoo.fr

656629 - Mai 2016
Achevé d'imprimer par

1livre.com
du rêve à la réalité !

www.ingramcontent.com/pod-product-compliance
Lightning Source LLC
LaVergne TN
LVHW011305061026
849535LV00005B/1415
* 9 7 8 2 3 4 3 0 5 0 0 8 9 *